Илья Яшин

Сопротивление полезно

Freedom Letters
Ижевск
2023

freedom
letters

Сайт издательства freedomletters.org
Телегам-канал freedomltrs
Инстаграм freedomletterspublishing

Издатель *Георгий Урушадзе*
Составитель *Наталия Геворкян*
Технический директор *Владимир Харитонов*
Дизайн обложки *Денис Батуев*
Фотографии *Александра Астахова*, *Евгений Фельдман*
Редакторы *Татьяна Венгерская*, *Георгий Урушадзе*
Корректор *Ольга Ширяева*

Благодарим за помощь
ассистента Ильи Яшина Веронику Шульгину

Илья Яшин. Сопротивление полезно. — Freedom Letters: Ижевск, 2023.

ISBN 978-1-998084-97-5

В России около тысячи политических заключенных. Этих отважных людей лишили права жить и действовать на свободе.
Но оказалось, что их невозможно лишить ни внутренней свободы, ни права высказывать собственное мнение. Их голоса — самые свободные голоса внутри сегодняшней России. Они звучат из залов судов, в письмах, блогах, социальных сетях. Им не страшна цензура. И точно так же, как мы перечитываем письма и речи советских политзаключенных, следующие поколения будут перечитывать слова узников российского режима.
В этой книге представлены письма, интервью, посты и выступления Ильи Яшина — «политика в стране, где не осталось политики».

freedom letters

Серия «Не убоюсь зла»

№ 61

Мама

Когда меня в очередной раз спрашивают, почему же Илья не уехал из России, я вспоминаю один из митингов, на котором он очень эмоционально сказал: «У меня есть мечта. Я мечтаю проснуться в стране, за которую не стыдно». В своей стране, за которую не стыдно. В стране, которую уважают, а не боятся, где счастливы дети и старики, где люди не выживают, а живут, творят и созидают, не боятся мечтать и строить планы. В стране, куда хочется приезжать и возвращаться.

Кто-то скажет — «романтик», кто-то скажет — «наивный». А он так живет и так чувствует. «Это наша страна, и она стоит того, чтобы за нее бороться», — повторяет Илья, когда у кого-то опускаются руки или кто-то говорит, что все бесполезно и ничего уже не исправить.

Страшный февраль 22-го года отбросил эту мечту еще дальше. Весь мир поделил нас, россиян, на хороших, которые уехали, и плохих, которые остались. И смириться с этим для Ильи невозможно. Мы не плохие и не хорошие, мы разные — и те, кто уехал, и те, кто остался. Есть добрые и злые, умные и не очень, одурманенные пропагандой и те, кому важно знать и говорить правду, те, кто привык плыть по течению, и те, кто готов сопротивляться. Вот поэтому он и остался в России рядом с теми, кому не все равно, кто борется за правду и сопереживает чужому горю, кто помогает тем, кому труднее, кто все понимает, но боится, да и с теми, кто сомневается.

Тяжело ли, когда твой сын в тюрьме? Конечно, тяжело и страшно. Ведь сколько бы лет ни было нашим детям, какой бы путь они ни выбрали, для нас они всегда остаются детьми. Сколько бы лет ни прошло, мы помним первые шаги, первые слова, первые «почему». Помним, как читали им на ночь сказки, где добро обязательно побеждает зло, где любовь побеждает ненависть. И они нам верили. А теперь пришел черед верить в них. Ведь наши дети, я убеждена, лучше, умнее и добрее нас. В этом и есть эволюция и смысл жизни. А иначе зачем мы живем.

Я не знаю, сколько еще месяцев, а может и лет, будет продолжаться эта война. Я не знаю, сколько еще месяцев или лет мой сын проведет за решеткой. Я не знаю, когда вновь смогу почувствовать на своем плече его руку и услышать: «Не переживай, мам, все будет хорошо. Ты же знаешь, я всегда рядом». Я гоню от себя мысли о том, что, может быть, и правда лучше было бы уехать, спорю сама с собой. Но снова и снова понимаю, что по-другому поступить он просто не мог. Ведь уехать, да или просто замолчать значило бы для него сдаться, предать все то, во что верил и за что боролся. Все равно что отбежать от обидчика на безопасное расстояние и из-за угла грозить кулаком, приговаривая, что вот сейчас позовет отца или старшего брата, а уж он-то покажет.

«Не надо бояться быть честным и битым, а надо бояться быть лживым и сытым. Умейте всем страхам в лицо рассмеяться — лишь собственной трусости надо бояться». Вот именно таков его «кодекс чести». Знаю, не все понимают и не все принимают его выбор, но это его путь и его решение. Я понимаю и принимаю, хотя смириться с этим очень непросто.

Часто слышу, как родители на вопрос о том, кем бы хотели видеть своих детей, когда они вырастут, отвечают, мол, не важно, кем они будут, главное, чтобы были честными и порядочными людьми. Да, мы все этого хотим. И вот он вырос, мой сын. И именно таким: честным, порядочным, смелым. Хотела бы я, чтобы он стал другим? Конечно, нет. Так о чем же жалеть? Если только о том, что настали такие времена, когда за право быть собой приходится платить очень высокую цену. Но «времена не выбирают».

Я часто вспоминаю своего отца, который воевал, будучи в два раза моложе, чем Илья сейчас. Он воевал за свою, нашу страну, за свой дом и своих родных. Он не любил говорить о войне, фронтовики вообще не любили говорить о ней. Мне кажется, тот, кто первым сказал «можем повторить», «тот ничего не знает про войну», как писала Юлия Друнина, а уж она-то знала, о чем говорит. И вот я думаю, сказал бы мой отец внуку: «Промолчи, кому нужна твоя правда, там лучше знают»? Уверена, да что там — точно знаю, никогда бы так не сказал. Сказал бы уехать? Нет, никогда.

Татьяна Ивановна Яшина

2022.
«Россия должна быть счастливой»

Июнь

28 июня 2022
02:13
Babloyan
Гуляли с моим другом Ильей Яшиным в парке, в Хамовниках. Подошли полицейские и увезли Илью непонятно куда.

Как мне стало известно, Илье предъявляют 19.3. Неповиновение. Будто он оскорблял и ругался при задержании! Что было НЕ ТАК.

Илья Яшин
28 июня
10:19

Везут в Хамовнический суд, который, видимо, оформит мне 15 суток ареста. Расскажу подробности позже.

10:55

Очевидно, что такое наглое и демонстративно незаконное задержание — это очередной намек. Типа: «Ну что ж ты такой непонятливый, парень? Уезжай из страны! Как тебе еще объяснить?» Повторю еще раз. Да, я непонятливый. Нет, я никуда не уеду из своей страны.

11:41

Рапорт на меня составил полицейский снайпер (!) Алексей Митрофанкин. Утверждает, что я хватал его за форму, грязно оскорблял и отталкивал руками. Читаю рапорт и сам удивляюсь, какой я, оказывается, отморозок.

В реальности мы сидели на скамейке в парке с моей подругой Ирой Баблоян, когда ко мне подбежали трое полицейских и молча увели в машину с буквой Z на лобовом стекле.

Я в отделе, кстати, поинтересовался у Митрофанкина, не мешает ли ему офицерская честь так нагло врать и фабриковать материалы.

«Я прапорщик, — ответил он. — Это не офицерская должность».

13:51

Хамовнический суд только что отправил меня под арест на 15 суток. Почитайте мое выступление на заседании, и все поймете.

Гражданин судья!

Я внимательно ознакомился с материалами составленного в отношении меня административного дела. Оцениваю его как юмористическое.

В рапортах сотрудников полиции указано буквально следующее. Они патрулировали парк у Новодевичьего монастыря, выполняя профессиональный долг. В этот момент я, находясь в непосредственной близости, начал их оскорблять и грязно ругаться. Благородные полицейские пытались вежливо меня урезонить, делали замечания и призывали к порядку. В ответ я принялся хватать их за форменную одежду, толкал сержанта и прапорщика, всячески провоцировал драку. Ну тут уж у полицейских не осталось выбора: пришлось задержать опасного хулигана (то есть меня) и доставить в отдел, где и был оформлен протокол по статье 19.3 КоАП.

Разумеется, эта весьма «убедительная» версия не подтверждается ничем, кроме слов самих полицейских. В материалах дела почему-то нет записи с нагрудных регистраторов и видео с телефонов, на которые снимали момент моего задержания. Как вы думаете, почему?

В реальности же обстоятельства моего задержания следующие. Вечером я прогуливался в парке вместе со своей подругой. Когда мы сидели на скамейке, к нам быстрым шагом подошли трое полицейских, которые в категоричной форме потребовали пройти с ними. Несмотря на то, что причины задержания они не пояснили, требование я выполнил (прекрасно зная об ответственности за его невыполнение). Историю, описанную в рапорте, про оскорбления полицейских и отталкивание их руками я расцениваю как анекдот. Я не сумасшедший, чтобы устраивать драку с тремя полицейскими.

Каковы же реальные причины моего задержания? Очевидно, что политические.

Я оппозиционный политик. Независимый депутат, критик президента Путина и противник войны с Украиной. Данное задержание — это способ оказать на меня давление.

Вероятно, это может быть связано с муниципальными выборами, которые стартовали вчера в Москве. Меня пытаются изолировать, чтобы помешать в организации избирательной кампании. В последние дни по городу прокатилась целая серия задержаний независимых мундепов.

Допускаю, что этот мой арест — пролог к будущему уголовному делу. Так же был ранее арестован мой товарищ Владимир Кара-Мурза, которого прямо из спецприемника отправили в СИЗО по уголовному делу за антивоенные выступления.

Но в любом случае это мое задержание — очередной намек властей, настойчивое приглашение в эмиграцию.

В связи с этим хочу официально заявить:

1. Дело в отношении меня сфабриковано, я невиновен.
2. Война с Украиной должна быть немедленно остановлена.
3. Путин должен уйти.
4. Россия должна быть свободной.

Честь имею,
Илья Яшин
Москва, 28.06.2022

14:49

Отбывать административный арест буду в спецприемнике № 2 (Москва, ул. Мневники, дом 6, корпус 2).

18:23

Апелляцию на мой арест Мосгорсуд рассмотрит завтра, 29 июня, прямо в день моего рождения. Так весело я еще не отмечал. Богородский вал, д. 8 (апелляционный корпус), зал 212. Начало в 13:00.

29 июня 2022
10:00

Сегодня мне исполняется 39 лет, и это первый день рождения, который я встречаю за решеткой.

Приятного, конечно, мало, но у меня все равно хорошее настроение. Мне кажется, я достойно провел эти свои 39 лет. Есть ощущение, что жизнь наполнена смыслом — и это главное.

Я тут пока переведу дыхание в камере спецприемника, почитаю книги и постараюсь придумать что-нибудь интересное.

А вы, друзья, не забывайте, что на территории соседней страны идет жестокая и преступная война. Напоминайте о ней, рассказывайте и не молчите. Надо всеми силами останавливать это безумие.

Мира — Украине. Свободы — России.

22:26

Спасибо всем, кто пришел сегодня поддержать меня в суде. Отличный день рождения получился 🤍

30 июня 2022
18:07

Мосгорсуд рассматривал апелляцию на мой арест. Я дотошно перечислял ляпы и противоречия в материалах дела, доказывая, что все это дело сфабриковано от первой и до последней страницы. Но большого смысла в моих стараниях не было. Судья Михаил Моргасов слушал меня со скучающим видом и что-то рисовал в блокноте. Он, конечно, все понимал и без моих доказательств. Судьи в таких процессах всегда все понимают, но это не мешает им выносить противозаконные решения.

«Позволите лирическое отступление, ваша честь?» — сказал я.

«С интересом послушаю», — оживился судья.

«Вы ведь наверняка смотрели фильм “Место встречи изменить нельзя”, правда?»

«Ну еще бы! Я и книгу читал!»

Я напомнил эпизод, когда Жеглов подбросил украденный бумажник рецидивисту Кирпичу. Это заметил Шарапов, который начал протестовать против таких методов, и у двух муровцев произошел конфликт. Жеглов оправдывал свои действия тем, что Кирпич вор, а «вор должен сидеть в тюрьме!». И неважно, каким образом милиционеры его туда отправят. Но главную мысль всего произведения братья Вайнеры вложили в уста Шарапова, который возражал начальнику: «Ты пойми, Глеб, если закон один раз подмять, потом другой, а потом им дырки в следствии затыкать, как нам с тобой будет угодно, то это уже не закон будет...»

«А кистень!» — закончил фразу Шарапова судья Моргасов, оборвав меня на полуслове.

«Верно, ваша честь, — кивнул я. — Не закон, а кистень. И правильно говорил Шарапов, что правоохранительным органам НЕЛЬЗЯ ДО ВРАНЬЯ ОПУСКАТЬСЯ. Понимаю, — продолжил я, — для полицейского и политического начальства нашей страны я преступник. Потому что открыто выступаю против войны с Украиной, потому что считаю президента вором и убийцей...»

«Илья Валерьевич, давайте не будем про то, что к нашему делу не относится...» — занервничал судья.

«Михаил Михалыч, да по большому счету только это к нашему делу и относится», — отвечал я под смех слушателей.

Я закончил свое выступление тем, что нельзя человека отправлять за решетку лишь потому, что начальство по своим соображениям, «по понятиям» считает его преступником. Нельзя подбрасывать краденные кошельки, нельзя фабриковать доказательства, нельзя выдумывать, что человек вдруг начал материться в парке и хватать полицейских за форменное обмундирование.

«Нельзя опускаться до вранья».

«Что ж, — задумчиво потянул судья, — спасибо вам за яркую речь. Суд удаляется для принятия решения».

Через полчаса он вернулся в зал и отчеканил: решение об аресте оставлено в силе.

Ну я хотя бы попытался.

Июль

4 июля 2022

12:18

Ого! Пока я читаю книги в камере спецприемника, журналисты «Холода» опубликовали огромную статью с рассказом про мою жизнь. Интересно получилось. Некоторые детали я уже и сам забыл. Почитайте[1].

20:03

Есть в мире места, где время как будто остановилось. Где ничего не меняется годами, все привычно и одинаково. Спецприемник в Мневниках — как раз такое место. В 2019 году, в разгар московских протестов я провел здесь полтора месяца. И теперь словно перенесся в прошлое.

Та самая камера со скрипучей железной дверью. Та же шконка, которую мне любезно забронировали сотрудники. На стене знакомые надписи с именами арестантов. Те же лица дежурных, которых я помню по именам и которые встречают меня как старого друга. Та же улыбчивая конвоирша Алена, чей игривый маникюр так странно сочетается с болтающимся на поясе наручниками.

Да и ощущения у меня во многом похожи на то, что я переживал в этой камере три года назад. Осталось 8 суток — выйду ли на свободу? Или встретят у ворот, снова автозак и обратно в камеру? Пахнет ли уголовным делом или это засорилась канализация? Ждать ли гостей из следственного комитета?

Сейчас, конечно, более мрачно. В 2019 году мы ломали голову, как добиться регистрации на выборах независимых кандидатов. Сейчас все мысли о том, сколько людей погибло на войне. Тогда сажали за бумажный стаканчик, брошенный в омоновца. Сейчас тебя могут забрать за слова «нет войне», а по ТВ всерьез рассчитывают подлетное время ядерных ракет до Лондона и Парижа.

Кажется, дед в Кремле совсем обезумел и лишил нас всех будущего. Черт возьми, это мой тринадцатый административный арест за последние 10 лет. Почти полгода в таких вот камерах лишь за то, что хочу жить в свободной стране и не хочу войны. В среду мне исполнилось 39 лет, и 22 из них правит Путин. Всю мою взрослую жизнь!

Знаю: хочется опустить руки. Но — нельзя. Это наша с вами страна, другой у нас нет; надо бороться. И надо помнить, что самая темная ночь — перед рассветом.

5 июля 2022
10:00

Это видео я записал всего за несколько часов до своего ареста[2].

Мне хотелось показать, как война раскалывает наше общество, как рвет на части семьи, делает врагами друзей, показывает, кто есть кто. И ярче всего этот раскол виден на примере шоу-бизнеса.

Да, российская попса, купленная Путиным, вызывает отвращение. Басков, который скулит, что перестал принимать украинцев за людей. Лепс, приехавший на Донбасс поиграть в войнушку и размахивающий автоматом. Кривляющиеся на митингах «Единой России» Газманов и Тимати. Давящийся собственным пафосом Дюжев.

Но далеко не все готовы разжигать войну ради бюджетных подачек. Это видео про то, как достойно выглядят на фоне дешевых клоунов настоящие звезды. Люди, не торгующие принципами и поднимающие свой голос против варварской «спецоперации».

Порадуете меня, если посмотрите этот ролик и поделитесь им в своих соцсетях.

6 июля 2022
11:37

Завтра состоится очередное судебное заседание по делу моего товарища — депутата Алексея Горинова[3]*. Уже больше двух месяцев его держат за решеткой по закону «о военной цензуре». Обвинение звучит как бред сумасшедшего. «Мотивированный политической ненавистью» Горинов предложил начать заседание Совета депутатов с минуты молчания в память о жертвах войны в Украине. При этом он цинично использовал служебное положение. Да еще и вступил в преступный сговор с главой муниципалитета, которая дала ему слово на заседании...

Горинову грозит 10 лет колонии, и спасти его может лишь общественная поддержка. Так что приходите к нему на суд.

7 июля. Мещанский суд (Москва, ул. Каланчевская, д. 43А). Начало в 12:30.

Судья Менделеева. Зал 409.

Не забудьте паспорт: без документов в суд не пускают.

00:17

Прочитайте пронзительное выступление депутата Горинова с последним словом в суде[4].
Обвинение запросило для него 7 лет колонии. Оглашение приговора будет завтра, 8 июля, в Мещанском суде. Начало в 10:00, зал заседания 333.

Вы знаете, что делать и как важно сейчас поступить правильно.

8 июля 2022
13:35

7 лет Горинову. Какая жесть, господи.

9 июля 2022
18:58

В 12 часов услышал радостные крики и аплодисменты, которые донеслись до моей камеры. Понял, что Михаил Лобанов[5], который сидел в этом же спецприемнике, вышел на свободу и у входа его не арестовали снова (как это часто бывает). Хоть какие-то хорошие новости. Михаилу — удачи!

10 июля 2022
10:58

Конечно, наивно было ждать гуманного решения по делу моего товарища Алексея Горинова. Гуманизм в наших судах не водится: его там дустом вытравливают.

Понятно было, что дадут реальный срок. Это первый уголовный приговор за антивоенные выступления в Москве. По закону жанра он должен был стать демонстративным и жестким.

Но семь лет колонии? Семь лет! За несколько фраз, сказанных на совете депутатов. Это скорее садистская истерика, чем жесткий приговор. Как будто не судья трясет бумажкой с текстом приговора, а какой-то психопат размахивает бензопилой.

Не буду скрывать: меня этот приговор привел в оцепенение. Я минут пять, кажется, вчитывался в текст, который мне передали в камеру спецприемника, — и просто не мог поверить глазам.

Разумеется, на такой эффект и рассчитывали те, кто придумал дело Горинова. Это акция устрашения. Запугивают независимых депутатов перед выборами: «А вы уверены, что вам стоит выдвигаться? Видите, как выйдет?». Запугивают граждан, которые высказываются в соцсетях: «Может, и вы хотите следом на семь лет уехать?».

Запугивают, конечно, и меня лично. Горинов мой близкий товарищ, мы уже много лет работаем в одной команде. Лютый приговор ему — это, несомненно, черная метка, которую положили передо мной на стол. «Последнее китайское предупреждение».

Мы знакомы с Алексеем почти 15 лет. Вместе создавали «Солидарность», куда нас позвал Немцов. Он один из самых опытных моих товарищей. Еще в 1991 году стоял на баррикадах у Белого дома, размахивая флагом России и встречая танки путчистов. В постсоветские времена успел поработать московским депутатом. Но при этом никогда не лез в вожди: для Горинова политика всегда была историей про ценности и принципы, а не про личные амбиции.

В 2017 году я позвал его на выборы в своем Красносельском районе. Он провел очень спокойную и интеллигентную кампанию: обошел почти все дворы, познакомился с мужичками, обаял бабушек у подъездов... И легко выиграл, оставив позади и единороссов, и коммунистов. В совете депутатов Горинов возглавил социальную комиссию и все эти годы очень добросовестно выполнял свою работу.

...На первом заседании после начала войны он взял слово и сказал, что начать следует с минуты молчания по погибшим на территории Украины. Позже прокуратура расценит это как «проявление политической ненависти». Но в тот момент даже депутаты из «Единой России» не посмели возразить.

Горинов сказал:

— Предлагаю на время боевых действий отказаться от проведения районных праздников. Неэтично как-то праздновать, пока люди гибнут... Да и деньги в бюджете лучше сэкономить. Война все-таки. Наверное, скоро людям надо будет помогать справиться с ее последствиями.

После этого заседания в прокуратуру было направлено не меньше десяти доносов. Стукачи бежали наперегонки, наступая друг другу на пятки и толкаясь локтями — из госдумы, из пропагандистских медиа, из «патриотической общественности».

Через месяц к Горинову пришли с обыском, и в тот же день он был отправлен в СИЗО. Следствие пронеслось молниеносно. И вот уже садистский приговор, который Алексей встретил с гордо поднятой головой и держа в руках плакат «Вам еще нужна эта война?».

Такие, как Алексей Горинов, сделаны из стали. Я бы каждому желал обрести такой внутренний стержень, такое мужество и такие несокрушимые принципы.

Я верю, что тюремное заключение Горинова продлится гораздо меньше семи лет: этот мрак в стране должен рассеяться раньше. Искренне надеюсь, что скоро смогу обнять Алексея на свободе.

12 июля 2022
11:03

Сегодня ночью заканчивается срок моего ареста. В 1:20 меня должны выпустить на свободу из московского спецприемника № 2 (Мневники). Может, выпустят. А может — нет. Самому интересно. Вы как думаете?

18 июля 2022

09:57

Оперативники Центра «Э»[6] *изъяли телефон Яшина, к которому был привязан этот канал, и смогли ограничить к нему доступ. У друзей Ильи получилось вернуть доступ, ждите новые посты.*

Если пропустили посты за прошлую неделю, их можно найти в фейсбуке и в сообществе на Youtube[7].

10:10

Всем привет из следственного изолятора на Петровке. Приятного тут, конечно, мало, но жить можно. Колоритные люди, удивительные судьбы, интересные разговоры. У меня для вас еще много историй будет.

Ну а пока расскажу то, что смог узнать про свое уголовное дело из материалов и многочисленных бесед.

1. Сажать меня не очень хотели. Как я и предполагал, считали меня проблемным зеком, требующим много хлопот. Поэтому люди, принимающие решения в АП[8], предпочли бы видеть меня в эмиграции, а не за решеткой. Обыск в муниципалитете, давление на депутатов из моей команды, демонстративная слежка за близкими, букет административных дел — все это были намеки, «приглашение в эмиграцию».

2. Я много раз публично заявлял, что не уеду из России, но «начальство» считало, что это блеф и надо просто еще немного надавить. Не верили, что человек реально может быть готов отправиться в тюрьму за убеждения. Честно говоря, даже как-то оскорбительно, что они так про меня думали.

3. Последней каплей стало мое интервью Юрию Дудю. Оно вызвало сильное раздражение, и вопрос перед силовиками был поставлен ребром: если не можете выгнать из страны, почему он все еще на свободе? После этого было принято решение о возбуждении уголовного дела.

4. Фамилию человека в АП, который дал непосредственное указание меня посадить, мне так и не назвали. По намекам могу предположить, что это Сергей Кириенко (бывший премьер-министр, ныне курирующий внутреннюю политику в администрации). Если это правда, то судьба подкинула нам просто кинематографический сюжет. Борис Немцов в разное

время был другом нам обоим: именно он пригласил Кириенко из Нижнего Новгорода в правительство в 1997 году. И вот теперь Немцов убит, а один его друг посадил в тюрьму другого.

5. Основным исполнителем по мне был назначен подполковник Центра «Э» Иван Кучеров. Он кропотливо изучал мои эфиры, ролики, выступления, выписывал цитаты, строчил рапорты. Результатом его работы стало уголовное дело.

У Кучерова, к слову, плохая репутация в оппозиционной среде. Он считается «идейным опером»; работал по делам Навального, Пивоварова и многих других. Коллеги писали моему адвокату Марии Эйсмонт: активисты жаловались, что он бьет людей на допросах. Но могу сказать, что со мной Кучеров предельно корректен. Говорит: «Хоть ты и враг, но враг достойный, заслуживающий уважения». Впрочем, ключевое слово здесь: враг.

6. Суть предъявленного мне обвинения в следующем. 7 апреля во время трехчасового стрима я показал фрагмент репортажа BBC из украинского города Буча, где местные жители рассказывали о военных преступлениях российских солдат. Эти кадры расцениваются следствием как «инсценировка и провокация киевского режима», поскольку так сказано в официальном заявлении Минобороны РФ (заявление приобщено к делу). Но вот что забавно: в материалах также указано, что я и сам процитировал на стриме это заявление Минобороны.

Я ведь старался работать по классическим стандартам журналистики. Вот позиция одной стороны, вот позиция другой. Думайте, уважаемые зрители, анализируйте, делайтс выводы.

«В чем же тут криминал, даже по вашим безумным законам, если после сюжета BBC идет цитата заявления Минобороны?» — спрашиваю я Кучерова.

«Ну ты же, Илья Валерьевич, не сказал потом, что согласен с этим заявлением, правда?» — объяснил подполковник.

В этом и состоит мое «преступление», чтоб вы поняли: не сказал, что согласен с заявлением Минобороны. Статья 207.3 ч. 2 п. «Д» УК РФ. До 10 лет тюрьмы.

7. По данным правозащитников, фигурантами этой статьи в России стали уже 70 человек. В реальности же — гораздо больше. Следователь сказал мне и адвокату Прохорову, что

общая сводка дел по 207.3 УК РФ формируется в Главном следственном управлении СКР. На 13 июля в списке было уже 116 фамилий...

21 июля 2022
09:49

Поделюсь с вами любопытным наблюдением.

Заключенным в изоляторе на Петровке вечерами полагается горячий чай. Через «кормушку» в двери камеры вам дают металлическую кружку, заварку и разливают кипяток. И заодно вручают пакетик с сахаром из... «Старбакс».

Ну то есть кофейни «Старбакс» уже несколько месяцев как закрылись, а у московской полиции до сих пор залежи сахара в их фирменной упаковке.

«Откуда? — спрашиваю дежурного. — Вы их склады, что ли, раскупили после закрытия сети?»

Молчит и загадочно улыбается.

Но правда — откуда?

22 июля 2022
10:43

Телеканал «Дождь»

«Никто не обязан быть героем и добровольно идти в пасть к дракону, но иногда оказывается, что другого выбора просто нет». Михаил Фишман в своей колонке рассуждает о том, почему Илья Яшин, понимая, что его ждет, остался в России и сел в тюрьму[9].

25 июля 2022
17:12

Дал свое первое тюремное интервью, сегодня оно вышло на Би-би-си (за репортаж которого из Бучи меня, кстати, и посадили). Объяснил, почему не уехал, как война станет финалом для Путина и как я сделаю из судебной трибуны политическую. Почитайте[10].

«Путин загнал Россию в тупик, обрек на нищету и лишил будущего»

Первое интервью Ильи Яшина после ареста

После начала российского вторжения в Украину Илья Яшин оказался одним из немногих оппозиционных политиков, кто оставался в России, на свободе, при этом занимая жесткую антивоенную позицию. Власти РФ недолго это терпели: в июле Яшин стал обвиняемым по уголовному делу и сейчас находится за решеткой. Повлияли ли арест и перспектива тюремного заключения на отношение политика к происходящему с Россией и с ним самим?

Илья Яшин, который продолжает оставаться муниципальным депутатом Красносельского района Москвы, давал это интервью Би-би-си до того, как в пятницу 22 июля российский минюст внес его вместе с политиком Максимом Кацем, актрисой Татьяной Лазаревой, медиа-менеджером Вероникой Белоцерковской и соратником Навального Русланом Шаведдиновым в список физлиц-«иностранных агентов».

Формальным поводом для ареста и возбуждения уголовного дела против Яшина стала демонстрация в одном из его стримов на YouTube сюжета Би-би-си о преступлениях российской армии в Буче.

Так что первое интервью после ареста он захотел дать именно Би-би-си, письменно ответив на вопросы корреспондента Ильи Барабанова.

Активист, депутат, экстремист, «иноагент»

Совет депутатов Красносельского района Москвы Яшин возглавлял с 2017 по 2021 год, когда ушел в отставку и передал пост председателя Елене Котеночкиной. Из-за ее антивоенных высказываний МВД России объявило Котеночкину в международный розыск.

Яшин, до того как стать муниципальным депутатом, был известен как активист молодежного «Яблока» и движения «Оборона». Вместе с Борисом Немцовым он создавал движение «Солидарность», а также участвовал в деятельности «Партии народной свободы».

После того как Яшина признали причастным к «экстремистской деятельности» и запретили участвовать в выборах, он активно развивал свой канал на Youtube, где высказывал свои мысли о политике Владимира Путина и критиковал его решение напасть на соседнюю страну.

Летом 2022 года, после нескольких антивоенных интервью, которые Яшин дал Юрию Дудю и изданию «Медуза» (и Дудь, и «Медуза» внесены властями России в реестр СМИ-«иностранных агентов»), его арестовали, обвинив в распространении «фейков» о российской армии.

«Меня пытались вытолкать»

Би-би-си: В начале июня ты, объясняя, почему не уезжаешь, говорил, что тебе важно оставаться со своей аудиторией, а в конце мая ты то же самое говорил мне, когда мы виделись последний раз в Стамбуле. Теперь тебя арестовали, разговаривать с этой аудиторией ты больше напрямую не можешь. Ты по-прежнему считаешь, что остаться — было верным решением?

Илья Яшин: То, что меня арестовали, не стало неожиданностью. Власть с первых дней войны четко дала понять, что у публичных оппонентов Владимира Путина только две альтернативы — либо эмиграция, либо тюрьма. Да, за границей можно жить и работать, но вес твоих слов объективно снижается. Потому что бегство легко рифмуется с привычным тезисом Путина про иностранную ориентированность его критиков. Вот, мол, сбежали к своим хозяевам, и народ, к сожалению, нехотя, но кивает. И, кстати, для власти массовая эмиграция оппозиционеров — вполне приемлемый вариант. Многим дали возможность уехать, многих прямо выдавливали.

И меня пытались вытолкать: оперативники по моему делу чуть ли не открытым текстом говорили, что приоритетной задачей была именно моя эмиграция, а не посадка, но я все «не понимал намеков». На самом деле, все я прекрасно понимал, но подарков им делать не хотел. Я и в тюрьме смогу быть для них проблемой. В конце концов, судебную трибуну не так уж сложно превратить в политическую.

— Борьбе с Путиным и его режимом как-то помогло то, что теперь ты находишься в СИЗО?

— Мне кажется важным, что в оппозиции нашлись люди, готовые упереться. И речь не только обо мне — целый ряд политиков и активистов выступают против войны, оставаясь в России, несмотря на очевидные риски. Убежден, что мои аргументы теперь звучат убедительнее, а слова весомее. Потому что я доказал, что готов за эти слова отвечать.

И, кстати, такая позиция вызывает уважение даже по эту сторону решетки. Я приятно удивлен тем, как часто слышу слова поддержки от рядовых полицейских, конвойных, приставов. Причем зачастую эти люди со мной не согласны, но мой поступок заставляет их задуматься. В России ценят мужское поведение. И я хочу достучаться в том числе до людей, которые привыкли скептически воспринимать оппозицию.

«Путин перестал быть компромиссной фигурой»

— *Что, как тебе кажется, остается делать и тем, кто уехал, и тем, кто остался, чтобы попытаться как-то изменить ситуацию в России в сторону нормальности? И веришь ли ты в принципе в то, что пока Владимир Путин находится у власти, перемены в стране возможны?*

— Если бы я не верил в перемены, то давно бы уже махнул на все рукой и занялся чем-то другим. По большому счету, у меня ничего и нет, кроме моей веры и моей внутренней убежденности.

Думаю, нашим гражданам и здесь, и за пределами страны нужно осознать общий интерес: свободная и мирная Россия, открытая миру. Главное наше оружие — это правда. Необходимо научиться доносить ее до людей. Избавиться от снобизма, перестать думать, что Россия населена орками, всеми силами доносить до народа точку зрения, альтернативную пропаганде Кремля. Если мы выиграем эту борьбу за умы и сердца, то шанс отобрать страну у путинской хунты обязательно появится.

— *Мы видим, что власть уничтожила оппозицию, уничтожила медиа, добивает остатки гражданского общества, говорить о каких-то выборах в России тем более кажется странным. Как тебе кажется, какие могут быть сценарии, при которых в России что-то начнет меняться?*

— Как я и сказал, самое важное — это лишить Путина легитимности, то есть ощущения его массовой поддержки. Общим местом должно стать понимание, что президент загнал Россию в тупик, обрек ее на нищету и лишил будущего.

Национальное разочарование может включать любые сценарии. Будь то социально-политические протесты, на сторону которых перейдет полиция, или «дворцовый переворот», устроенный осмелевшей фрондой в Кремле. Ведь объективно Путин своей нынешней политикой создает массу проблем как для населения, так и для элиты. Он перестал быть компромиссной фигурой.

«Главное, чтобы перестали погибать люди»

— Поражение в войне, на твой взгляд, может запустить процесс каких-то политических изменений в России? И допустимо ли, на твой взгляд, гражданину и политику желать военного поражения нынешней российской власти в войне с Украиной?

— Желать надо прекращения войны, немедленного и безоговорочного. Главное, чтобы перестали погибать люди. Но как бы ни завершились боевые действия, пропаганда все равно будет трактовать их результат как выдающийся успех Путина.

По-настоящему же серьезный разговор общества с властью начнется, когда люди на практике ощутят социальные и экономические последствия войны, что неизбежно. Ведь даже эффект от присоединения Крыма развеялся довольно быстро, и уже в 2018 году на фоне пенсионной реформы рейтинг Путина заметно просел.

А эта война гораздо менее популярна и понятна обществу, чем история с Крымом. Так что и расхлебывать ее последствия Путину будет непросто — особенно с учетом того, что пряники у него заканчиваются и остались только кнуты.

«Посмотрим еще, кто кого»

— Как ты следишь сейчас за новостями и тем, что происходит в мире, если в СИЗО информацию можно получать только от российского телевидения? Уже удалось наладить доставку газет, книг, писем от друзей и соратников?

— Первые десять дней заключенных держат в ИВС (изоляторе временного содержания. — *Би-би-си*), потом на пару недель переводят в транзитно-карантинный изолятор. И только после этого я «расквартируюсь» в одной из московских тюрем, дожидаясь суда. Надеюсь, удастся оформить подписку на газеты. Пока же получаю информацию в основном со слов своих адвокатов. И каждый день в камере включают государственное радио, которое выливает потоки такой лютой пропаганды, что просто уши вянут.

— Твоему коллеге, [московскому муниципальному] депутату [Алексею] Горинову дали семь лет, [экс-директору «Открытой России» Андрею] Пивоварову — четыре года, сроки Навальному уже все запутались считать. Теперь арестовали и тебя. Что бы ты хотел сказать тем, кто продолжает оставаться в России, несмотря на все это? Это рациональное поведение, или им имеет смысл пересмотреть свою стратегию?

— Я не буду давать советы, потому что все понимают свои риски и каждый сам выбирает, как себя вести. Уверен, что упомянутые тобой люди, которые достойно держат удар и даже в тюрьмах отстаивают свои убеждения, приносят России большую пользу. Они дают пример стойкости и мужества единомышленникам — в том числе и мне, между прочим. Они сеют зерна сомнений в головах оппонентов. При этом я с пониманием отношусь и к тем, кто покинул Россию, опасаясь ареста. Повторю: личный выбор каждого.

— Большинство людей по своей природе не являются героями, готовыми к риску, и боятся оказаться в тюрьме. Расскажи, как перестал бояться ты? Что бы ты посоветовал людям, которые хотят делать правильные вещи и не идти против своей совести, но боятся при этом оказаться в заключении?

— Ничего не боятся только сумасшедшие. И я бы соврал, если бы сказал, что не испытываю никакого страха. Тюрьма есть тюрьма. Но если хочешь всерьез заниматься политикой в России, ты должен быть готов платить серьезную цену. В то же время есть довольно много дел, которые приносят пользу, но не вызывают агрессивную реакцию государства. Кто-то становится волонтером, кто-то принимает у себя беженцев с Украины, кто-то участвует в правозащитной работе, кто-то помогает независимым СМИ деньгами... Самое главное — не отсиживаться в стороне и быть частью гражданского общества.

— Бывают ли моменты, когда тебе кажется, что твоя жизнь прошла зря, что ничего в России никогда не изменится и твоя работа не принесет никакого результата? Как ты с этим справлялся?

— Наверное, у любого человека бывают периоды апатии, когда хочется себя пожалеть. Но я очень не нравлюсь себе в такие моменты, поэтому надолго в таком состоянии не задерживаюсь. В целом у меня есть ощущение осмысленности моего пути, я вижу большую поддержку со стороны людей, у меня сильная мотивация. Это помогает двигаться вперед. Ну а подводить итоги моей жизни пока точно рано. Посмотрим еще, кто кого.

«Путину на Россию плевать»

— Нынешняя российская власть очень любит говорить о патриотизме, обвиняя всех несогласных с ней в том, что они как раз против России и вообще агенты Запада. Кто, на твой взгляд, является настоящим патриотом России и можно ли вообще говорить про какой-то патриотизм сейчас, когда Россия развязала захватническую войну?

— В обвинительном заключении написано, что, выступая против войны, я нанес ущерб интересам России. В реальности же все наоборот: я действую из патриотических соображений, потому что вижу, как война подрывает нашу экономику, как вокруг нашей страны растет забор изоляции, как ломаются человеческие жизни и судьбы. Я не знаю, как патриот может молчать, видя все это.

Путину же, по моему убеждению, на Россию плевать. Он удовлетворяет свои амбиции, пытается доказать всему миру собственную крутость. И, кажется, даже не замечает, как его распухшее эго лишает мою Родину будущего.

— Мог ли, на твой взгляд, Запад как-то предотвратить эту войну, если бы, например, ввел жесткие санкции против Кремля еще в 2014 году? Сейчас много говорят о коллективной ответственности россиян, но есть ли, на твой взгляд, какая-то доля ответственности западных политиков в том, что они допустили то, что ситуация дошла до такой трагедии, которую мы сейчас наблюдаем? Или они не могли ничего предпринять, и Владимир Путин в любом случае развязал бы эту бойню?

— Проблема западных политиков в том, что они разговаривают с Путиным в широком смысле на разных языках. В европейской культуре компромисс, способность уступить оппоненту в интересах избирателей воспринимается как норма. Для Путина же любая уступка — это слабость. Его пытаются уговаривать, умиротворять, а в результате он действует только агрессивнее. Жесткого отпора он практически нигде не встречал. Ну вот разве что на территории Украины в этом году.

В то же время я убежден, что никакие иностранные политики не способны изменить линию Путина и нашего государства. Это может сделать только российский народ. Поэтому я, собственно, и апеллирую к гражданам России, а не к лидерам Запада.

«Битва с очень высокими ставками»

— Сейчас часть лидеров российской оппозиции в эмиграции, часть — в тюрьме. На воле и в России остается не так много оппозиционных политиков — вроде Евгения Ройзмана, Льва Шлосберга или Григория Явлинского. На твой взгляд, в нынешних условиях есть шанс, что у оппозиции появится какой-то сильный кандидат на президентских выборах 2024 года, чье выдвижение ты был бы готов поддержать из заключения, если предположить, что оно затянется до этого времени?

— Говорить о президентской кампании сейчас явно преждевременно. Как минимум потому, что заявившийся независимый кандидат сразу станет объектом особого интереса для спецслужб и вряд ли встретит 2024 год на свободе. Хорошо, если вообще доживет.

У меня есть мысли, как можно было бы организовать эту кампанию. И сильные — в том числе неожиданные — фигуры могут появиться. Возможно, стоит внимательнее изучить белорусский опыт, где оппозиция выставила сразу несколько кандидатов, но их штабы тесно сотрудничали.

При этом надо понимать, что выборами запланированную на 2024 год процедуру назвать будет сложно. Это скорее поле битвы, причем с очень высокими ставками для ее участников.

«Россия должна быть счастливой»

— Ты допускаешь, что в каком-то обозримом будущем Россия может вернуться к нормальному, демократическому пути развития? Или в 2022 году говорить об этом уже не приходится?

— Я не умею гадать, да и политические прогнозы никогда не были моей сильной стороной. Могу лишь сказать, что сделаю все от меня зависящее, чтобы Россия стала свободной и справедливой, мирной и цивилизованной. Страной, в которой хотелось бы жить и которой можно было бы гордиться.

— *Какой ты видишь Россию через 10 лет и какое место в этой России будет занимать Илья Яшин?*

— Через 10 лет Россия должна быть счастливой. Если это получится, то не так уж и важно, какое я буду занимать в ней место.

26 июля 2022
10:23

Каждое утро в моей камере ИВС[11] включается «Радио России». В 6 утра звучит гимн, а потом начинается промывка мозгов.

Новости мало отличаются друг от друга. Российские войска нанесли очередной «удар ювелирной точности» по расположениям ВСУ; уничтожено более трехсот националистов и около ста единиц боевой техники. Украинские каратели ответили новым обстрелом жилых кварталов ДНР из американского (акцент на американском) вооружения; ракета попала в детский сад, чудом удалось избежать жертв.

Потом эфир заполняется аудиописьмами в редакцию: «Мария из Саратова» или «Елена Николаевна из Кирова» зачитывают стихи собственного сочинения, посвященные нашим героям, которые, воюя на Украине, поставили себя в один ряд с «ветеранами Великой Победы». И на десерт «песни русской весны» — ансамбли художественной самодеятельности гнусаво поют про возвращение Мариуполя в родную гавань или о преступлениях майдана.

И так по кругу. Каждый божий день. Иногда чувствую себя персонажем фильма «Заводной апельсин», которого усадили в кресло перед экраном и скрепами зафиксировали широко открытые глаза. Мне кажется, ООН должен признать вынужденное прослушивание таких вот эфиров формой пыток.

Но если всерьез — по моим наблюдениям, все меньше людей воспринимает на веру такую промывку мозгов. Удивительно, но, несмотря на агрессивную пропаганду войны, я вообще не сталкиваюсь с проявлениями ненависти по эту сторону решетки. Даже наоборот. То конвойный, защелкивая наручники, шепнет: «Илья, держись». То дежурная в ИВС даст лишнее одеяло, «чтобы хоть спалось помягче». То пристав в суде поблагодарит за ролик про Кадырова. Такие моменты укрепляют ощущение моральной правоты.

Даже сейчас, сидя в камере перед угрозой 10-летнего заключения, я понимаю: решение остаться в России было правильным. Очень сложным — но правильным. Потому что оно выбивает у Путина главный козырь про иностранную ориентированность оппозиции и про то, что мы все сбежим при первой же опасности. И вот люди видят: мы никуда не бежим, мы стоим на своем и разделяем судьбу своей страны. Это делает наши слова весомее, а аргументы крепче. Но главное — оставляет нам шанс вернуть себе свою родину.

Ведь побеждает не тот, кто сильнее прямо сейчас, а тот, кто готов идти до конца.

27 июля 2022
10:33

Информация от адвокатов. Илью Яшина перевели в московское СИЗО-7 (Капотня), где он проведет примерно две недели.

29 июля 2022
10:07

В 6 утра «кормушка» в двери моей камеры отворилась с неприятным, но уже привычным металлическим скрежетом. В проеме появилось лицо дежурного.

— Яшин? Подойдите.

Протирая глаза спросонья, я пошаркал к двери. Мне вручили огромную папку слегка пожелтевших листов бумаги, на каждом из которых стоял аккуратный штамп «ЦЕНЗУРА». Почти тысяча писем...

— Знаете, — уважительно сказал дежурный, — я такого никогда не видел. У нас весь СИЗО меньше писем получает, чем вам сегодня пришло.

Честно говоря, я и сам такого никогда не видел. Потрясающе, сколько в ваших посланиях любви и тепла. Вы даже не представляете, какую суперсилу придаете мне своей поддержкой.

Спасибо, друзья! Хочется просто обнять каждого из вас ❤️

P.S. Кстати, цензор, по-моему, ошалел от такого потока писем и проштамповал их все не глядя. Вы сломали систему :)

Август

1 августа 2022
10:35

Капитошка
ИВС на Петровке, 38 встречал меня хмуро. Я оказался в клетке, которая оборудована прямо в кабинете дежурного. Напротив сидел за столом и возился с бумагами очень колоритный сержант.

— Жалобы есть? — начал он.

— Нет.

— Будут, — полицейский с ухмылкой откинулся на стуле, разминая толстые пальцы.

Он выглядел, как тучная гора мяса, тяжело дышал и медленно передвигался. Лысый, с тройным подбородком и складками кожи на лбу, сержант производил жутковатое впечатление.

Периодически глядя в мою сторону, он чертыхался из-за того, что 21-й век, а компьютера нет и приходится все писать от руки. Неуклюжим школьным почерком выводил на карточке мою фамилию. Наконец, вышел куда-то из кабинета...

В дверь заглянул один из конвойных, которые доставляли меня в ИВС.

— Кто сегодня дежурит? — спросил из коридора его напарник.

— Капитошка, — ответил тот. — Только он вышел куда-то.

«Надо же, — подумал я. — Капитошка».

Сержант вернулся минут через десять, выдал мне подушку с матрасом и вдруг улыбнулся. Честно говоря, улыбка его тоже выглядела пугающе. Но вскоре я убедился, что дядька он вполне добрый и миролюбивый, а первое впечатление бывает обманчивым. Ну и сами подумайте: разве станут злодея называть Капитошкой?

Подрывник

Первую ночь в камере моим соседом оказался Серега из Славянска. Тот самый город на Донбассе, где сейчас проходит линия фронта.

Его задержал в Брянской области вооруженный спецназ и доставил в какой-то подвал. Там с Серегой, по его словам, «крепко поработали» сотрудники ФСБ. В итоге он подписал бумагу, в которой признался, что по заданию украинской военной разведки подорвал мост, по которому должен был пройти состав с военной техникой.

Серега называл себя бывшим лейтенантом ВСУ, который уволился много лет назад. Последнее время подрабатывал на стройке.

Он нервно шатался по камере, уничтожая одну сигарету за другой, и что-то бормотал себе под нос. Вдруг резко остановился и посмотрел на меня.

— А хочешь знать, взрывал я этот мост или нет?

Я покачал головой.

— Нет, Серега. Не хочу.

На следующий день его обвинили в терроризме и перевели в Лефортово. В Славянске бывшего офицера ждут жена и дочь, которые, судя по всему, ничего не знают о его судьбе.

Любовь

Я стоял в коридоре изолятора с мокрой головой, после душа, и пытался вытереть волосы. В наручниках это делать не очень удобно.

Дежурный где-то застрял с ключами от камеры. А двое конвойных в стороне увлеченно болтали, кажется, забыв о моем присутствии.

Он — молодой прапорщик с пивным животиком. Она — обладательница полицейской формы и длиннющих ресниц.

Парень красноречиво хвастался, как победил кого-то в уличной драке. Увернулся от удара ноги и как дал с правой! Тот улетел! Девушка восторженно хлопала ресницами и заливисто смеялась над шутками коллеги.

— Ребят... — подал я голос, и они вздрогнули, словно удивившись, что здесь кто-то есть.

— Что?

— А вы не встречаетесь?

После секундной паузы прапорщик испуганно замотал головой.

— Зря, — вздохнул я и тут же поймал горящий взгляд девицы.

Генерал Андрей

— Здравствуйте, — сказал, протискиваясь в автозак, высокий мужчина. — Я Андрей. Генерал, замминистра МЧС в отставке. А вы, стало быть, Илья Яшин?

Генерала Андрея арестовали, обвинив в халатности. По версии следствия, он плохо контролировал разворачивание мобильного госпиталя под Мурманском. А он возмущался: «Как это плохо контролировал? Две проверки организовал! Двести миллионов в бюджет вернул!»

Генерал называл фамилию высокопоставленного силовика, который его заказал, и ошарашенно смотрел по сторонам. Ему было сложно поверить в реальность происходящего.

А еще он рассказывал, что во время обыска следователь ошибся дверью — и ОМОН стал ломиться к его соседу. Ну а соседом оказался один из заместителей мэра Москвы, который, разумеется, решил, что все: силовики пришли за собянинскими, и едва не упал в обморок.

Впрочем, не удивлюсь, если вскоре нам с генералом компанию в автозаке составит кто-нибудь из правительства Москвы. Время такое.

4 августа 2022
10:15

Спустя 10 дней после ареста меня перевели в СИЗО-7 (Капотня). В отличие от ИВС, который напоминает привычный мне административный спецприемник, это настоящая тюрьма. Со своими порядками и особым колоритом.

При оформлении сотрудники сразу прочитали лекцию о том, что изоляторы в России, как и зоны, бывают двух типов — черные (где заключенные чувствуют себя посвободнее) и красные (где строго соблюдается режим). «У нас тут красный объект, — объяснил старший. — Никаких вольностей».

Его слова подтвердил уже сам вид тюремной камеры, куда меня вскоре завели. В двух метрах от окна установлена стена-решетка, которая рассекает пространство. На мой немой вопрос конвоир усмехнулся: «Это чтобы зеки "дороги" не протягивали: межкамерное общение строго запрещено».

«Дороги» — это веревки, которые во многих тюрьмах заключенные перекидывают через окна по внешней стороне стены и таким образом обмениваются записками. Но если нет доступа к окну, тот нет и «дорог».

Сама камера напоминает привокзальный туалет, в который поставили двухъярусные металлические кровати. Больше всего, конечно, угнетают бесконечные решетки, колючая проволока и постоянный скрежет стальных дверей в коридоре... На этом фоне бегающая ночью по камере мышка вместо естественного раздражения даже вызывает симпатию. Хоть что-то живое.

Впрочем, адаптироваться к новой обстановке мне оказалось даже проще, чем я ожидал. В течение последних десяти лет меня почти ежегодно отправляли под арест на 15 суток, и опыт спецприемников сильно помогает. Морально я в общем-то тоже был готов к тюрьме. Да и общественная поддержка, конечно, придает сил.

Но я с ужасом думаю о людях, которые оказываются в тюрьме случайно и неожиданно. Это чудовищный стресс, который может сломать неподготовленную психику. Я вспоминаю безумные глаза Никиты Белых на первых судах по мере пресечения и теперь понимаю все гораздо лучше.

***

Не секрет, что судебная система в России работает на унижение и подавление личности. Камера СИЗО — это инструмент давления в руках следствия. Если даешь нужные показания и сотрудничаешь, то тебя манят, как морковкой, домашним арестом или подпиской о невыезде. Но если упрямишься, то тюрьма со всеми ее «прелестями» тебе гарантирована. В автозаке на суд со мной ездили парни, которые сидят в СИЗО, ожидая приговора, уже по три-четыре года. Их вина еще даже не доказана, а они уже наказаны.

Я много думал, почему, несмотря на все законы о гуманизации, суть нашей русской тюрьмы никогда не меняется. И кажется, что ответ на поверхности: никто из руководителей государства (за исключением большевиков столетие назад) в тюрьмах не сидел и не понимает в реальности, что это такое. Поэтому если история однажды предоставит шанс мне и моим товарищам что-то поменять в России, то реформа системы исполнения наказаний будет далеко не на последнем месте. Мы видим все это изнутри и понимаем: так быть не должно. Тюрьма — это, конечно, не курорт и должна выполнять свои функции. Но — не калечить людям психику.

***

Отдельного описания заслуживает оборудованный в СИЗО прогулочный дворик. На последнем этаже тюремного блока камеры представляют собой небольшие бетонные колодцы. Шучу про себя, что всегда хотел жить в лофте — вот, пожалуйста. Под потолком, разумеется, решетка и колонка, из которой что есть мочи орет радио (это чтобы заключенные не перекрикивались между собой). К моему удивлению, правда, в колонке играет «Наше Радио», а не привычный официоз. Так что пару дней назад песня Шевчука «Не стреляй» во время тюремной прогулки создала мне прямо кинематографичную атмосферу. Под какую же еще песню должен гулять в тюремном дворике человек, арестованный за антивоенные выступления?

Во дворике, кстати, висит турник, что тоже порадовало. В первый же день я подтянулся 15 раз и с тех пор продолжаю ежедневные упражнения. Чувствую себя в хорошей физической и интеллектуальной форме. Как и обещал: выйду на свободу сильнее и мудрее.

11:15

Еще одно интересное наблюдение. Дверь туалета в моей камере обклеена обвинительным заключением в отношении некоего Олимжона Саидмуродова. Ох, какое это обвинительное заключение, ребята — зачитаешься! Он входил в банду Раджабова, которая совершала вооруженные нападения на подмосковные коттеджи, связывала хозяев, грабила. Чего там только нет: конспиративные явки, погони, перестрелки. И вот буквально на моей шконке ночевал разбойник, замешанный во всех этих криминальных приключениях. А теперь я: «дискредитировал армию, показав на ютубе фрагмент репортажа BBC». Представляю себе недоумение Олимжона Саидмуродова, если бы я ему дал почитать свое обвинительное заключение и сказал бы, что мне грозит 10 лет.

Неудобно перед пацанами, в общем. Есть ощущение, что я здесь лишний.

8 августа 2022
14:16

Только что Московский городской суд отклонил апелляцию Яшина на незаконный арест, но Илья бодр, весел и в хорошей форме. Речь, которую он произнес на заседании:

Уважаемый суд!

Знаете, каждый раз обращаюсь к вашим коллегам словами «Уважаемый суд», и каждый раз потом себя обрываю. Ну в самом деле, о каком уважении к нашей судебной системе может идти речь? Особенно если вы своими глазами видели, как работает эта система, как отправляет в переполненные тюрьмы невиновных. Как судьи позорятся и выслуживаются ради теплых мест.

Скажу сразу: у меня нет иллюзий. Я прекрасно понимаю, что сегодня суд примет очередное позорное и несправедливое решение, как бы ни старались мои адвокаты, какие бы доводы ни приводили. Это заседание — пустая формальность, и все решено до его начала.

Я не собираюсь унижаться перед вами, гражданин судья, рассказывая, как мне тяжело в тюрьме. Я не буду жаловаться на здоровье, не буду строить из себя жертву. Если кто-то и является жертвой, то точно не я.

Не сомневайтесь: мое здоровье в порядке, моральный дух силен, как никогда, и я в хорошем настроении, несмотря на заключение. На моей стороне здравый смысл, меня поддерживает огромное число людей, и я горжусь тем, что не боялся и не боюсь говорить правду о преступной войне с Украиной. Но вы отлично знаете, что мой арест — незаконный, и что от него воняет грязной политикой. Смысл этого ареста в том, чтобы надавить на меня, лишить меня трибуны и запугать тех, кто разделяет мои антивоенные взгляды. В материалах дела, которые вы лениво перелистываете, нет ничего общего с правом. Есть только военная цензура и наглый произвол.

На койке, что я занимаю в СИЗО, еще недавно ночевал злодей, который грабил подмосковные коттеджи в составе вооруженной банды. Я видел в тюрьме разных людей. У всех свои судьбы, человеческие трагедии, драматические ошибки, приведшие их за решетку. Есть серьезные преступники. Есть невиновные. Есть те, кто оказался здесь по нелепой случайности. Но я единственный, кто сидит в этом СИЗО за то, что назвал войну войной. Когда я рассказываю, что мне теперь грозит 10 лет лагеря, мало кто верит, потому что настоящим бандитам здесь иногда светят меньшие сроки. Но не буду скрывать: многие уголовники мне кажутся более приятными людьми по сравнению с судьями, которые выносят заведомо противозаконные решения. Ведь, как говорят у нас в России, «неправый суд разбоя злее». Не забывайте об этом, гражданин судья.

И, пользуясь случаем, повторю: чудовищная война с Украиной должна быть немедленно остановлена, а Владимир Путин должен быть отправлен в отставку.

9 августа 2022
10:02

Записал первое видео после ареста в новом формате. Обязательно посмотрите и поддержите лайком[12].

О чем этот ролик? О том, что Путин стал проблемой для всех. Еще недавно он гарантировал защиту интересов олигархам и бюрократии. Теперь крупный бизнес теряет активы, чиновники под санкциями, а народ с каждым днем беднеет. В России сложились объективные предпосылки для госпереворота.

Сегодня я хочу разобрать, какие группировки в Кремле готовятся к большой игре и как может выглядеть отстранение Путина от власти.

Тема интересная и касается нас всех. Посмотрите и, если понравится, делитесь на своих страницах.

12 августа 2022
15:19

Почитайте мое новое тюремное интервью «Дойче Велле». Про то, как вместо империи Зла у Путина получилась банановая республика Зла. Про наш давний спор с Ксенией Собчак. И про коллективную ответственность россиян. Надеюсь, вам будет интересно[13].

Илья Яшин из СИЗО: Мой народ — тоже жертва режима Путина

Илья Яшин, находящийся в московском СИЗО-7, ответил на вопросы DW, высказавшись о международной изоляции России, ослаблении Путина и «элитарности» российской оппозиции.

Российский оппозиционный политик Илья Яшин уже полтора месяца находится за решеткой. 28 июня суд арестовал его на 15 суток за «неповиновение полиции», но за несколько часов до выхода Яшина из спецприемника стало известно, что против него возбуждено уголовное дело за публикацию «фейков о российской армии» (ст. 207.3 УК РФ). Яшину грозит до 10 лет лишения свободы за рассказ об убийстве мирных жителей в украинской Буче в прямом эфире YouTube-канала.

Несмотря на давно существовавшую угрозу попасть за решетку, Илья Яшин, по его словам, сознательно остался в России и теперь рассчитывает превратить судебный процесс по его делу в политическую трибуну. О философском отношении к аресту, санкциях Запада в отношении РФ и новой мотивации президента Путина Илья Яшин рассказал в интервью DW. Вопросы и ответы были переданы в письменном виде через адвоката.

— *Как вы свыкаетесь с мыслью, что сидеть в тюрьме вам, возможно, придется долго?*

— Помогают внутренняя мотивация и философский настрой. Я понимаю, что тюрьма и аресты несогласных — это важный и, видимо, неизбежный этап, который должно пройти наше общество на пути к свободе. Мы должны преодолеть свой страх, чтобы он перестал быть таким эффективным инструментом в руках власти. Нельзя превращаться в скот, который парализован страхом и безропотно повинуется кнуту погонщика. Поэтому в день ареста я обратился к сторонникам со словами: «Я не боюсь, и вы не бойтесь».

Знаю, что за мной правда. Вижу большую, очень искреннюю поддержку людей. И никогда еще не ощущал такой силы, как сейчас. Так что какой бы приговор ни озвучил в итоге судья, я уверен, что со всем справлюсь.

«Тюрьма и аресты — этап на пути общества к свободе»

— Вы остались в России, почти наверняка зная о скором аресте. Почему вас как политика не испугала угроза потерять сторонников из-за вынужденной изоляции?

— Думаю, что, наоборот, многих сторонников я бы потерял, уехав за границу. А ведь иной альтернативы для оппозиционного политика в России по факту нет: либо тюрьма, либо эмиграция. Обратите внимание: даже по официальным соцопросам (с учетом понятного страха респондентов), в нашей стране миллионы граждан выступают против войны. А среди молодых россиян таких и вовсе большинство. Это мой народ. Некоторые его представители могут уехать, но сам народ никуда не денется. И для меня важно быть здесь, вместе с людьми. Так я понимаю свою политическую ответственность. Да, за решеткой гораздо меньше возможностей обращаться к обществу. Зато ценность слов, сказанных здесь, увеличивается в разы. Постараюсь сделать так, чтобы тюрьма и суд стали моей политической трибуной. Молчать я точно не собираюсь.

— В последнее время в России число лиц, которых правозащитники признают политзаключенными, растет небывалыми темпами. Как это влияет на возможность позитивных перемен в стране?

— Не существует математической формулы, которая позволила бы спрогнозировать такие изменения. История — не точная наука. Но то, что тюрьмы в России забиты политзаключенными, определенно говорит об ослаблении Путина. Ведь если лидер не сомневается в собственной популярности, то он не боится критики и не нуждается в репрессиях.

Когда-то президент был уверен в своих силах и даже на уличные протесты реагировал спокойно. А сейчас ты можешь легко оказаться в колонии за неаккуратно сказанное слово. Ослабление Путина создает объективный шанс на перемены.

Да, какое-то время можно удерживать власть силой и запугиванием. Но, во-первых, это не будет длиться вечно. А во-вторых, ты неизбежно запачкаешь свое имя грязью в учебниках истории. Хотя в случае Путина грязь давно уже смешалась с кровью.

«„Элитарность“ демократической оппозиции — ловушка»

— Многие несогласные с курсом властей, часто это высококвалифицированные специалисты, сейчас уезжают из России. Значит ли это, что перемены в стране становятся все менее вероятными?

— С моей точки зрения, перемены не зависят от квалификации тех, кто уехал, и тех, кто остался. Ситуация сдвинется с мертвой точки, когда большинство граждан осознает, что дальше так жить нельзя. Когда это станет очевидно и водителю автобуса в Чите, и учительнице из Воронежа, и менеджеру в Петербурге, и рабочему «Уралвагонзавода». Демократические институты станут устойчивыми, только если большинство осознает свою прямую выгоду от их функционирования.

«Элитарность» демократической оппозиции — это ловушка, в которую мы не должны попасть снова. Настоящая задача оппозиции состоит в том, чтобы делать популярными идеи местного самоуправления, независимых профсоюзов, политического представительства. Показывать, какую практическую пользу приносят эти механизмы и насколько они эффективнее авторитарной системы.

Понимаю, что это чудовищно сложная задача. Но без ее решения у нас ничего не получится. Поэтому, кстати, я сам участвовал в муниципальных выборах и пошел работать на районный уровень. И других призывал следовать моему примеру.

— Опросы «Левада-центра» показывают, что после вторжения РФ в Украину заметно больше россиян стали одобрять работу Владимира Путина и направление развития страны. Почему это произошло и что заставит этих людей поменять свое мнение?

— Как я уже сказал, любые опросы сейчас надо анализировать со скидкой на опасения тех, кого опрашивают. Путин много лет приучал общество жить в страхе. Война и массовые аресты этот страх гипертрофировали. Вот представьте: вы сидите вечером дома и смотрите телевизор. Вам показывают солдат и стреляющие танки. Рассказывают, что госдума опять ужесточила Уголовный кодекс, что арестован очередной оппозиционер или журналист. Вдруг звонит телефон, и незнакомый голос в трубке спрашивает: «Какое у вас, гражданин, отношение к президенту Российской Федерации?».

Учитывая атмосферу в стране, военную цензуру, удивительно, что кто-то вообще признается в антипатии к власти. А по опросу ВЦИОМ (от 25 февраля 2022 года. — *Ред.*), против войны (то есть против Путина) и вовсе выступают 55% граждан в возрасте 18–24 лет и 45% респондентов в возрасте 25–34 лет. Важно понимать, что для такого заявления в разговоре с социологом сегодня требуется мужество. И что многие люди предпочитают скрывать свое реальное отношение, опасаясь давления.

Кстати, думаю, что Путин и сам понимает иллюзорность своих рейтингов. Иначе бы не сажал всех подряд.

«Допускаю, что не вполне верно понимал мотивацию президента»

— *В фильме «Срок» показан ваш спор с Ксенией Собчак, в ходе которого вы говорите, что «Наполеон мечтал создать великую империю, а Путин не создает великую империю. Он — про бабки». Учитывая вторжение в Украину — Путин уже не «про бабки» или никогда не был таким?*

— С момента этого спора прошло десять лет, и есть ощущение, что Путин за это время пресытился деньгами. По некоторым оценкам, сегодня он — богатейший человек в мире. Допускаю, что я не вполне верно понимал мотивацию президента, хотя и сейчас считаю его предельно алчным человеком, который испытывает трепет перед деньгами и роскошью.

Но очевидно, что к жажде денег добавилось намерение занять выдающееся место в учебниках истории. Путин все чаще сравнивает себя с Петром Первым, с великими правителями. Конечно, он хочет остаться в памяти поколений крупной фигурой, императором. Одна проблема с этим планом: как говорится, не по Сеньке шапка. Критики Путина часто заявляют, что он создает империю зла. Только вот на практике у него получает банановая республика зла.

— В недавнем интервью вы сказали, что у Путина заканчиваются пряники для населения, остались только кнуты. Как долго россияне готовы терпеть кнуты?

— Такие вещи непредсказуемы. Народ в России терпелив и боится революций. Я часто привожу пример из сюжета «Редакции» Алексея Пивоварова о протестах дальнобойщиков. У одного из водителей сгорел дом, он буквально жил на пепелище. При этом отказывался участвовать в протестах из-за опасений, что станет хуже...

Но знаете, любому терпению рано или поздно приходит конец. Всегда есть психологический предел, за которым даже самый безобидный школьный ботаник даст сдачи хулигану. Метод кнута и пряника весьма эффективен, чтобы манипулировать обществом. Но одни лишь кнуты неизбежно приведут к сопротивлению, это вопрос времени.

— Когда Владимир Путин так или иначе лишится власти, откажется ли Россия от конфронтации с Западом и подавления несогласных с официальным курсом? От чего это зависит?

— Это зависит от того, кто сменит Путина во главе страны. А главное — удастся ли нам изменить государственную систему после его ухода. Если пост в Кремле займет очередной популист, который потребует сверхполномочий «для наведения порядка», то мы снова выйдем на тот же исторический виток. Боюсь, ценой этой ошибки станет развал России, потому что еще одного Путина страна просто не выдержит.

Понятно, что национальным интересам России соответствует не война, а сотрудничество с Западом. Как, между прочим, и с Востоком. У нашей страны уникальное географическое положение, мы можем выгодно торговать со всем миром. У нас есть все, чтобы радикально повысить уровень жизни, решить демографические проблемы, создать свободную и счастливую страну.

Что для этого нужно? Всего лишь работающая демократия и 50 лет мирного развития.

«Жесткие меры для разжигателей войны» и рука помощи российскому народу

— Некоторые европейские страны сейчас отказываются выдавать визы россиянам, крупные западные компании ушли из России.

Как вы оцениваете политику Запада, направленную на изоляцию России? Не вызовет ли она у россиян обиду на Запад и не сплотит ли их вокруг президента?

— Решение западных лидеров наказать всех россиян за развязанную Путиным войну мне кажется, мягко говоря, спорным. Ощущение, что в этом решении больше эмоций, чем прагматического расчета. Кремлевская пропаганда, разумеется, извлекает из этого пользу, доказывая нашему обществу, что США и Европа мотивированы русофобией. Понятно, что такого рода санкции помогают лепить из Запада образ врага.

Гораздо более разумным мне представляется подход, предложенный в свое время Борисом Немцовым: страну не трогать, а негодяев наказывать. Жесткие меры в отношении воров, убийц и разжигателей войны должны сопровождаться открытой рукой, протянутой российскому народу. Потому что мой народ тоже является жертвой этого политического режима: часть его обманута, часть запугана, часть репрессирована. Не стоит отталкивать людей, им нужно показать альтернативу.

— *За антивоенную позицию российских политиков отправляют за решетку. Допустимо ли для оппозиционеров в публичном поле избегать темы войны? Как оставаться честным и не сесть в тюрьму?*

— Я не готов брать на себя роль чьей-то совести и указывать, как надо себя вести в этой драматической ситуации. Совесть у каждого своя. А я могу лишь мотивировать других личным примером. Лично для меня невозможно молчать во время преступной войны, невозможно отводить глаза и не пытаться остановить это безумие. Невозможно, даже если платой за такую позицию становится тюрьма.

13 августа 2022
10:59

Мне продолжает приходить много писем в тюрьму, и это очень приятно. Кто-то пишет слова поддержки, кто-то делится новостями или своими историями; люди рассказывают о себе и спрашивают обо мне.

Еще у меня собралась целая коллекция с фотографиями ваших котов. Девушки присылают селфи, что радует, так как красота спасет мир. А некоторые люди еще и рисуют!

Все это создает ощущение, что, несмотря на изоляцию, я живу полноценной социальной жизнью. Мне интересно читать то, что вы пишете. Кажется, что ответить на все тысячи писем невозможно физически — но ты никогда не узнаешь, пока не попробуешь. Поэтому пару часов в день я стабильно провожу за столом и пишу вам ответы.

Будем на связи 😉

Напоминаю: https://fsin-pismo.ru/

16 августа 2022
11:24

В одном из писем в СИЗО мне прислали целый сборник цитат кремлевских пропагандистов, которые комментируют мой арест.

Очень интересно, конечно.

По существу про уголовное дело они в общем-то и не говорят. Что неудивительно: существа там никакого нет, а выставлять себя дураками, доказывая мою «вину», желающих не нашлось. Поэтому главный аргумент такой: Яшин радикал, чего же вы ждали? Место политических радикалов в тюрьме; и уж тем более «по законам военного времени» (читай — по понятиям).

Что ж... Радикал, значит, да?

Состоял в легальных партиях. Участвовал в законных выборных процедурах. Получил доверие избирателей — работал главой муниципалитета. Честно платил налоги. Защищал Конституцию. За всю жизнь не разбил ни одной витрины и ни разу не видел коктейль Молотова.

Именно так в глазах государства выглядит радикал и «лицо, причастное к экстремистской деятельности» (то есть я).

А знаете, кто у нас не радикал?

Человек, который втянул Россию в несколько войн и грозит стереть весь мир в ядерный пепел. Который запрещает оппозиционные партии и выжигает напалмом предвыборное поле. Запугивает свой народ, приказывая избивать мирных граждан, сажая в тюрьмы за брошенный бумажный стаканчик или сказанную вслух фразу «Нет войне». Который изнасиловал Конституцию, а критиков которого либо убивают выстрелами в спину, либо травят боевыми ядами.

Ну в самом деле, чего же тут радикального? Солидный и взвешенный политик, гарант благополучия и стабильности.

Я смотрю по сторонам и не могу понять. Как мы оказались в зазеркалье, где черное — это белое, где добро и зло поменялись местами?

Вы понимаете?

17 августа 2022
13:18

Самое удивительное в Бутырской тюрьме — это коты. Их здесь много, и они чувствуют себя настоящими хозяевами учреждения. Спокойно гуляют по коридорам; лежат на баулах арестантов, ожидающих распределения на сборном пункте; выпрашивают еду с абсолютно невозмутимым видом.

Если же дежурный оставляет в вашей камере открытой кормушку, то коты свободно могут в нее запрыгнуть и прийти к вам в гости.

Представьте мое удивление, когда, проснувшись утром, я обнаружил в ногах мурлыкающий комок. Он потянулся, попросил почесать его за ухом и направился к столу, интересуясь, что там у нас сегодня на завтрак.

Всюду жизнь.

18 августа 2022
11:10

В газете Le Monde вышло большое «тюремное» интервью Ильи Яшина. Если вы владеете французским или английским языком, почитайте. А если нет, то просто оцените красивую первую полосу газеты[14].

22 августа 2022
12:08

Первые две недели я сидел один в четырехместной камере. Это выглядело странно, потому что капотнинская тюрьма переполнена. Через стену, например, восемнадцать заключенных делили двенадцать коек. Меня все устраивало: никто не отвлекает, есть возможность спокойно читать и писать.

Честно говоря, я был уверен, что мне создают привилегированные условия. И лишь спустя время выяснилось, что это было психологическое давление. Администрация, оказывается, таким образом «воспитывает» проблемных арестантов.

«Тебя полностью изолировали от людей, — объяснял мне позже опытный сокамерник. — Грязная хата. Нет ни холодильника, ни телевизора, ни чайника. Передачи не пропускают, сидишь на голой баланде. Ты реально не понял, что тебя крепят?

Я и правда ничего не понял. И когда гражданин начальник догадался, что такое психологическое давление я воспринимаю как привилегию, меня перевели в общую камеру.

***

«Обвиняемый, с вещами на выход!»

Через 10 минут после этого объявления я уже стоял в обнимку с матрасом перед своей новой камерой. Как только дверь за спиной захлопнулась, ко мне подошел крупный мужик с бритой головой и хмурым выражением лица. Начался напряженный и довольно неприятный допрос. Обоснуй то, обоснуй это, а ровно ли все по жизни.

— Валерич, это же Илюха Яшин, — сказал вдруг парень с верхней шконки. — Все у него ровно, отвечаю.

Валерич с недоверием оценил меня взглядом и указал на свободное место.

— Падай. Через двадцать минут отбой.

***

Большинство моих сокамерников — «экономические». В основном это предприниматели, которых обвиняют в мошенничестве. Разбавляют компанию молодые пацаны, которых взяли по 228-й статье (наркотики).

Совсем юный улыбчивый киргиз пока еще явно не осознал, что происходит. Накануне ареста он устроился поваром в московский суши-бар. До выхода на работу оставалась неделя; решил «срубить по-легкому» 10 тысяч рублей, разложив закладки[15] в подъезде. Кто-то из жильцов заметил и вызвал полицию. Теперь парню грозит от 10 до 15 лет тюрьмы.

— Ну как же ты так? — спрашиваю.

— Шайтан попутал, — жмет он плечами и расстилает коврик для вечернего намаза.

***

Перед встречей с адвокатами заключенных из разных камер собирают в небольшой клетке между этажами. Здесь очень разная и колоритная публика: грабители, наркоторговцы, убийцы. Все «проявляют интерес» и расспрашивают друг друга о статьях и сроках.

— Что за беда у тебя?

— Два два восемь. Народная. А ты чего?

— Тяжкие телесные. Теща-сука подставила...

Рядом со мной стоит пузатый азербайджанец. Под глазом — пожелтевший уже синяк. Неделю назад он подрался на западе Москвы с парнем из Дагестана, когда один задел второго на выходе из ресторана. Оба достали ножи. Итог: дагестанец в морге, азербайджанец в тюрьме.

Он выглядит как большой добрый медведь. Сложно представить, что всего несколько дней назад он смывал с рук кровь после убийства человека. Спрашиваю про жизнь, про семью, и мужик начинает с восторгом рассказывать про своих пятерых детей.

— Старший — это моя гордость! В МГИМО поступил в этом году. Он меня понимает... Никому нельзя бить его папку по лицу.

Замолкает ненадолго.

— А вот Бусинка моя пока не знает. Ей завтра четыре годика исполнится.

***

На пороге нашей камеры появляется пожилой уставший зек. Он уже получил свой приговор и остался работать в СИЗО-7, устроившись здесь библиотекарем. Обходит заключенных, принимает заказы на литературу.

Я попросил Стругацких и Довлатова. Через пару часов он вручил мне потрепанные книжки. На верхней обложке красовалась фамилия Донцовой.

«Что не так? — сразу осадил меня библиотекарь. — Тоже на «Д» фамилия. Никто не жаловался, всем нравится».

Ну ладно. Хоть за Стругацких спасибо.

24 августа 2022
11:53

Узнал про уголовное дело в отношении моего друга Евгения Ройзмана.

Он честный, порядочный и смелый человек. Настоящий патриот России. Дело против него — политическое и позорное.

Желаю Евгению стойкости и сил. Уверен, что еще пробежимся по набережной. А потом чаю попьем с пирогами.

25 августа 2022
12:21

В тюрьме довольно часто говорят о происходящем в Украине. Арестанты собираются за столом; спорят, когда и как закончатся боевые действия. Обсуждают санкции, рост цен, сокращение рабочих мест. Делятся байками о том, как зеков вербуют в лагерях, обещая деньги и помилование.

Но удивительно — я очень редко встречал за решеткой искренних сторонников войны. Буквально несколько человек.

***

В очереди перед кабинетом дактилоскопии рядом со мной стоит коренастый мужик средних лет. Взъерошенный, суетливый, с легкой растерянностью во взгляде.

— За что тебя, браток? — завязывает он диалог.

Я рассказываю, что выступал против войны. Мужик явно удивлен. Презрительно фыркнул.

— Глупо, — говорит. — Ты же ничего про эту войну не знаешь.

После этого меня окатил поток отборной конспирологии. Собеседник щедро делился «разведданными», пересказывал «прослушки секретных переговоров». А еще он точно знает о запланированных украинцами ударах по Крыму, Кубани и Белгороду. Путин-то воевать не хотел, просто «на опережение сыграл». Потому что стратег выдающийся. Да и сам мужик не промах: лично видел карты и в курсе, откуда готовилось нападение.

Я хотел уточнить, не доводилось ли этому гражданину выпивать в компании Лукашенко. Тот ведь тоже может карты показать, как известно. Но не успел — дядьку завели в кабинет катать пальцы.

— Ну как, понравилось? — спросил меня заключенный, стоявший вместе с нами в очереди. — Мы каждый вечер эти лекции в хате слушаем. Уши вянут.

В общем, мужик оказался мелким чиновником министерства обороны. Сидит за взятку: пытался чьего-то сына от армии отмазать.

***

Посреди ночи в нашу камеру заехал помятый гражданин лет пятидесяти. Проснувшись к завтраку, он сел на шконке, недоуменно огляделся и рассказал свою историю.

Все банально: наделал детей и не платит алименты. Суд наказал его исправительными работами, но трудиться руками наш герой тоже не захотел. В итоге получил 30 суток ареста. По меркам СИЗО срок смешной, но все равно неприятно.

По камере мужик ходил в камуфляжной форме. Кто-то из заключенных пошутил:

— На Донбасс, что ли, воевать собрался, отец?

Алиментщик принял гордую позу и объявил:

— Зря смеетесь! Я вообще-то подавал заявление в военкомат. По возрасту не прошел просто...

— А чего ты туда рвался-то? Денег хотел?

— Да плевать я хотел на деньги! Я вообще не про деньги!

— Детям своим это расскажи, вояка.

27 августа 2022

Вышло интервью Süddeutsche Zeitung

— Илья, здравствуйте! Расскажите, как ваши дела? Как с вами обращаются в тюрьме?

— Дела мои бывали и лучше, конечно. Тюрьма есть тюрьма, это не самое приятное место. Однако и физически, и психологически чувствую себя нормально. Я понимал, что путинские законы о «военной цензуре» делают мой арест практически неизбежным. И когда на моих запястьях защелкнулись наручники, был к этому морально готов.

Сейчас я нахожусь в Бутырской тюрьме. Это историческое место: русские цари отправляли сюда лидеров крестьянских восстаний, многие оппоненты советской власти прошли через эти стены. Печально осознавать, что моя страна не может вырваться из порочного круга репрессий. Впрочем, отношение тюремщиков ко мне вполне корректное; от некоторых охранников я даже слышал слова поддержки. Другие заключенные тоже настроены дружелюбно, потому что все понимают — мое уголовное дело политическое и несправедливое.

Самое важное — у меня пока сохраняется возможность работать. Доступа к интернету и другим источникам информации не хватает, но в моем распоряжении есть книги, бумага и ручка. Я много читаю, пишу и стараюсь держать свой мозг в тонусе.

— *Оппозиционные политики в России привыкли к арестам. Вы и сами не раз оказывались за решеткой. Насколько сейчас все по-другому?*

— За последние десять лет я провел за решеткой более 150 суток. Власть систематически отправляла меня под арест на 10–15 дней за участие в протестных митингах и за оппозиционные выступления в соцсетях. Но сейчас все гораздо серьезнее: сфабриковано уголовное дело, по которому мне грозит 10 лет тюрьмы. В чем суть обвинения? На своем YouTube-канале во время стрима я показал фрагмент репортажа британской телекомпании BBC о гибели мирных жителей в украинском городе Буча. Это и стало поводом для ареста, потому что Кремль назвал трагедию в Буче провокацией западных спецслужб. Все, кто публично с этим не соглашаются, становятся преступниками и врагами государства. Мы имеем дело с самой настоящей военной цензурой, которая вообще-то запрещена Конституцией России. Но Путину и его силовикам плевать на такие мелочи.

— *Что помогает вам в заключении? Чувствуете ли поддержку граждан и своих сторонников?*

— Очень помогает осознание моей моральной правоты. Знаете, поколение наших детей когда-нибудь обязательно спросит: где вы были, когда Путин бомбил Киев, Одессу и Харьков? Что вы делали в минуту национального позора? И отвечая на этот вопрос, мне не придется стыдливо опускать глаза. Моя совесть чиста. Я сделал все, что в моих силах, чтобы остановить войну: я не боялся говорить правду, не сбежал и не спрятался.

К тому же я знаю, что не один. Даже из-за решетки вижу огромную поддержку сограждан, которые разделяют мои антивоенные взгляды. Ежедневно мне в камеру приносят по несколько сот писем со словами поддержки. Многие люди пишут, что мой пример помог им справиться со страхом и они остались в России. Это очень воодушевляет и придает сил.

— *Последний раз я видела вас лично 27 февраля, в годовщину убийства Немцова, на месте его гибели. Накануне этого началась война, и казалось, что Москва в шоке. Можете вспомнить свое настроение в тот день? Возникали мысли об эмиграции? Ранее в интервью вы говорили, что память о Немцове удерживает вас в России. Можете пояснить?*

— У меня было ощущение катастрофы, и казалось, что привычный мир просто рушится. Напряжение на границе росло уже не первый месяц. Многие эксперты говорили, что Путин всерьез готовится к войне. Но до последнего момента мне казалось, что это блеф и попытка шантажировать западных лидеров. Я в страшном сне не мог представить, что российская армия начнет штурм украинских городов, что наши ракеты полетят в соседей, что прольется столько крови. Случившееся стало для меня личной трагедией.

Однако планы эмигрировать я даже не рассматривал. Какие-то сомнения на этот счет были разве что в 2015 году, когда я стоял в центре Москвы над телом моего убитого друга, оппозиционного лидера Бориса Немцова. Не стану скрывать: было действительно страшно. Но как я могу уехать? Здесь могила моего друга, который жизнью заплатил за то, чтобы Россия стала свободной страной. Здесь мой дом и мой народ. Я просто не смог бы себя уважать, если бы сбежал.

— *Вероятность ареста была очень высока, и вы пошли на большой риск. Но какая польза от заключения в русской тюрьме? Не разумнее ли было выбрать свободу за границей?*

— Никакой пользы от заключения в русской тюрьме, конечно, нет. Но и выбора у меня, к сожалению, не было. Да, уехав за границу, российский политик может сохранить личную свободу, может выступать в интернете и давать интервью журналистам. Но может ли он при этом остаться российским политиком? Очень спорный вопрос. Понимаете, любые слова имеют свой вес. Если вы бросаетесь лозунгами издалека, вашему оппоненту не так уж сложно их отбивать. Но когда вы демонстрируете решительность и принимаете на себя риски, когда готовы жертвовать личной свободой — ценность ваших слов увеличивается многократно. В разговорах со сторонниками я часто приводил пример немецкого политика Конрада Аденауэра, который открыто противостоял Гитлеру в самые мрачные годы нацисткой диктатуры. Он не покинул свою страну, подвергался репрессиям и был арестован гестапо. Аденауэр остался верен своей Родине и своему народу, а после победы стал первым лидером демократической Германии. Достойный пример смелого и ответственного политика, который по-человечески мне очень близок.

— Многие критики Путина уехали из России после предупреждения со стороны властей. Вам тоже давали понять, что лучше покинуть страну? Почему Кремлю кажется, что оппозиционер в изгнании лучше оппозиционера в тюрьме?

— По сути, меня просто выдавливали из России. Суд трижды штрафовал меня за «дискредитацию армии» по нелепым основаниям. Один из штрафов я, например, получил, когда процитировал выступление академика Сахарова конца восьмидесятых годов, когда он критиковал советское вторжение в Афганистан. Спецслужбы открыто следили за мной и давили на моих близких. Мою подругу, в частности, встретили у дома двое оперативников и в грубой форме объяснили, что общение со мной опасно и может привести к проблемам. Полиция буквально разгромила мой муниципалитет, который мы контролировали после победы на выборах. Поводом стало принятое нами антивоенное заявление, за которым последовали обыски и допросы. В итоге один из депутатов моей команды был арестован, а другая объявлена в розыск. Позже во время допроса следователь прямо сказал, что я не понимаю намеков и что власть до последнего момента рассчитывала на мою эмиграцию. И понятно почему. Сбежавшего оппозиционера гораздо проще дискредитировать и объявить иностранным агентом. А вот если политик готов сесть в тюрьму за свои взгляды, он вызывает сочувствие и уважение даже у людей, которые изначально были настроены к нему скептически.

— Покинувшие Россию политики и журналисты говорят, что за границей им проще работать, так как нет постоянного стра-

ха тюрьмы. Ваши возможности за решеткой, Илья, сильно ограничены. Было ли все-таки решение остаться на родине правильным с прагматической точки зрения?

— Я принимаю аргументы коллег по оппозиции, которые приняли решение эмигрировать. Никого не хочу осуждать. Соглашаюсь, что действительно важно создавать информационные структуры, которые могли бы работать в безопасных условиях. Но если мы все уедем — это будет слишком щедрый подарок обитателям Кремля.

Уезжать или оставаться — это личный выбор. Если ты готов сопротивляться в России, принимая на себя очевидные риски, это заслуживает уважения. Если ты доносишь правду до наших сограждан, сидя в европейской студии, это тоже важная работа. Если ты расследуешь кремлевскую коррупцию, физически находясь на Западе, честь тебе и хвала. Мы все — и те, кто уехал, и те, кто остался — должны приносить пользу своей стране. Мы все должны делать общее дело, вместо того чтобы искать противоречия и упрекать друг друга.

— Не беспокоит ли вас то, что ваши возможности для общения с внешним миром могут быть полностью заблокированы?

— Такое может случиться. Понятно, что власть, отправляя оппозиционера в тюрьму, старается заткнуть ему рот и заглушить его голос. Мои суды, например, уже проходят в закрытом режиме. Прокуратура обосновывает это тем, что надо лишить меня возможности доносить свои взгляды до граждан.

Но даже Алексей Навальный, который уже полтора года находится в тотальной изоляции за решеткой, время от времени находит способ высказать свою точку зрения. И общество его слышит. Мы знаем, что Навальный думает о войне, он высказывался и об экономике, и о санкциях. Думаю, что и я найду способ высказываться. Но тут важно и другое — чтобы Навальный, Горинов, Кара-Мурза, я и другие политзаключенные личным примером мотивировали не молчать других. Чтобы антивоенная риторика в России стала массовым явлением. Чтобы власть поняла: аресты лидеров оппозиции не решают проблему, и общество все равно не молчит.

— Как, по вашим ощущениям, изменилась Москва после начала войны? Изменилось ли отношение людей к вам лично? Возможно, кто-то отдалился от вас из-за опасений и рисков?

— В Москве повисло тяжелое напряжение. Люди боялись эскалации конфликта и того, что война придет на нашу землю. Многие переживали из-за ухудшения экономического и социального положения, из-за потери работы и роста цен.

Я хорошо помню, какой патриотический подъем ощущался в российской столице в 2014 году, когда Путин забрал Крым. Рейтинг президента вырос, люди размещали на своих машинах проправительственные лозунги, вывешивали флаги из окон. В 2022 году ничего подобного в Москве нет. Символику спецоперации и лозунги вы встретите разве что на административных зданиях и полицейском транспорте. Люди понимают, что война привела к изоляции России и сломала привычный образ жизни рядовых граждан.

На этом фоне резко выросла потребность в альтернативных источниках информации, и возник живой интерес к политикам, публично выступающим против войны. Мой YouTube-канал, например, за первые четыре месяца боевых действий вырос на 700 тысяч подписчиков. Несмотря на то, что официальная пропаганда объявила меня врагом государства, на улицах моего города я не услышал в свой адрес ни одного плохого слова. В метро, в магазинах и парках люди ежедневно подходили ко мне со словами благодарности. На самом деле, я никогда еще не ощущал такой огромной поддержки и никогда еще не чувствовал такую востребованность. Это было еще одним важным аргументом, почему я отказался эмигрировать.

— Я помню, что многие люди до 24 февраля не верили в реальность войны против Украины. Считалось, что это приведет к массовым протестам в Москве и других городах. Но сейчас на российских улицах тихо. Кажется, что большинство поддерживает действия Путина. Вас это удивляет?

— Не соглашусь с вами. Да, многие (включая меня) не верили в реальность большой войны. Но скорее потому, что это создает для России самоубийственные риски политической изоляции и экономического коллапса. Вероятность же массовых уличных протестов изначально не казалась высокой. Поймите: в моей стране установлена полицейская диктатура. Путин год за годом подавлял любое недовольство все более жестокими методами. Лидеров оппозиции сажают и убивают, независимые СМИ под запретом, людей отправляют в тюрьму всего лишь за лайки в соцсетях. Общество запугано, и не стоит ждать от него героического подвига.

Однако и тотальной поддержки войны в обществе, как я уже сказал, не наблюдается. Телевидение и кремлевская социология уверяют, что большинство россиян хотят сражаться до победного конца. Но обратите внимание: несмотря на серьезные потери, власть не объявляет мобилизацию резервистов и старательно избегает термина «война». Гробов уже и так слишком много; видимо, больше, чем за десять лет советской войны в Афганистане. И Путин наверняка понимает, что дальнейшее затягивание боевых действий неизбежно повлечет рост социальных издержек и может обрушить его рейтинг, а также привести к расколу элит. Но и приемлемого для себя выхода из этого кровавого кризиса он пока тоже, судя по всему, не видит.

— *Илья, вы много лет добивались демократических реформ в России. Но общество, наоборот, становилось все менее свободным. Как вы справляетесь с тем, что ваши цели с каждым годом лишь отдаляются?*

— Я всегда понимал, что борьба за демократию в России потребует очень много времени. Как говорил Борис Немцов, это не спринт, а марафонский забег. Поэтому важно развивать выносливость и запастись терпением.

Возможно, сейчас мы переживаем самый важный процесс в истории России. На фоне репрессий, крови и настоящей драмы формируется первое поколение по-настоящему свободных граждан. Вчерашние школьники, студенты — сегодня это самая активная, самая независимая часть нашего общества. Они свободно мыслят, не верят пропаганде, умеют получать информацию из разных источников. У них есть чувство собственного достоинства, они способны постоять за себя в дискуссиях с консервативно настроенными педагогами. Они были в первых рядах всех протестных демонстраций последних лет.

И самое главное — молодые граждане России ощущают себя частью большого мира. Курс Путина на изоляцию страны им не близок и не понятен. У меня огромные надежды на это поколение. Рано или поздно оно станет определять судьбу моей Родины и сформирует здесь устойчивые демократические институты. На самом деле, такая смена поколений гораздо важнее, чем механическая замена одного президента на другого.

— Вы не раз подвергались репрессиям. Вас вынудили покинуть пост главы муниципалитета в Красносельском районе Москвы. Как можно сохранять оптимизм, если возможности заниматься своим делом и любимой работой практически не остается?

— Вы правы: очень угнетает, когда вам запрещают заниматься легальной политикой, лишают шанса реализовать свои идеи, снимают с выборов и сажают в тюрьму буквально ни за что. Тем не менее я понимаю, что моя жизнь наполнена смыслом, что я стою на передовой линии в борьбе с мракобесием, и что мой пример воодушевляет множество людей. Было время, когда рядом со мной стояло буквально несколько единомышленников. Потом нас были сотни, потом — тысячи. Сейчас моя аудитория составляет несколько миллионов человек, а в Москве я, возможно, представляю мнение большинства граждан.

Я точно знаю, что если мы продолжим гнуть свою линию, то победим. В силу исторических причин, да и просто в результате смены поколений. Путин цепляется за прошлое, все его идеи и ценности покрыты толстым слоем пыли. А мы конструируем образ будущей России — свободной, справедливой, не агрессивной и открытой миру. России, которой мы могли бы гордиться.

— Гарри Каспаров недавно упрекнул оставшихся в России граждан в том, что они тоже несут ответственность за войну. Что вы об этом думаете? Как вообще относитесь к принципу коллективной ответственности россиян за агрессию против Украины?

— Не думаю, что у Каспарова, который давно уже потерял связь с Родиной, есть моральное право судить тех, кто остался. Он называл себя будущим президентом, но оставил свой народ один на один с путинской диктатурой, выбрав личный комфорт и безопасность. Это, конечно, его право. Однако попытки стать моральным прокурором в такой ситуации выглядят, мягко говоря, некорректно.

Вообще концепция коллективной ответственности, которую нам сегодня навязывают, выгодна в первую очередь именно Путину. Ведь если «виноваты все», по факту это значит, что не виноват никто. Не стоит позволять Путину, Шойгу, Патрушеву и другим разжигателям войны размывать свою личную ответственность, прикрываясь российским народом. Не надо давать Кремлю возможности кричать о русофобии на Западе. Я понимаю, что эмоции сейчас зашкаливают. Но важно осознавать, что мой народ находится в заложниках у путинского режима. Русских унижают и запугивают репрессиями, зомбируют пропагандой и годами обманывают. Но русские не заслуживают ненависти.

— *Что могут сделать оставшиеся в России люди, если они против войны, но не хотят попасть в тюрьму. Многим не хватает мужества. Есть ли безопасные способы сопротивления?*

— Путин удерживает власть во многом благодаря монополии на информацию. Шло последовательное давление на независимые СМИ, а после начала войны все они по факту объявлены вне закона. Поэтому очень важно сейчас выстроить систему распространения альтернативной точки зрения. Через соцсети, паблики, мессенджеры и даже банальные листовки. Каждый человек может внести свой вклад в эту работу. Создать чат с друзьями, соседями и обмениваться информацией, научить бабушку, которая привыкла смотреть телевизор, пользоваться ютубом; помочь родственнику из провинции установить на телефон VPN, чтобы он мог читать новости на заблокированных сайтах. По сути, речь идет о формировании низовых социальных связей — фундамента гражданского общества. На этом фундаменте можно и создавать механизмы взаимопомощи, и развивать протестные инициативы. Работа долгая и сложная, но без такой сети противостоять агрессивной власти практически невозможно.

Требует ли такая работа личного мужества? Конечно. Сейчас любая независимая активность требует мужества. Но если людей, готовых делать хоть что-то, станет много — это парализует репрессивный аппарат. Можно посадить в тюрьму сотни, тысячи граждан. Но миллионы — нельзя. Миллионы можно только запугать. Поэтому так или иначе нашему народу придется преодолевать страх. Иначе эта власть загонит нас в скотское состояние.

— *Может ли Запад помочь российской демократии? Как вы оцениваете политику санкций?*

— Я не верю, что кто-то может подарить России свободу и построить здесь для нас демократию. Эту работу наш народ должен выполнить самостоятельно, осознав ущербность диктатуры и необходимость перемен. И моя ответственность как оппозиционного политика — помочь людям обрести мотивацию, вдохновить их (в том числе личным примером).

Что же касается Запада, думаю, ему стоит сосредоточиться на спасении Украины. Если Путин окончательно сожрет наших соседей, это придаст ему уверенности, сделает агрессивнее. Это усилит репрессии в России и создаст угрозу того, что война перекинется на территорию других европейских стран. Если же Украина выстоит, сохранит суверенитет, а после войны станет витриной демократии на постсоветском пространстве — это нанесет мощнейший удар по кремлевской хунте. Так что формула простая: хотите помочь России — спасите Украину. И, пожалуйста, не отождествляйте Россию с Путиным.

Избавьтесь в своей риторике от термина «антироссийские санкции». Ведь санкции должны бить по разжигателям войны, по коррупционерам, по олигархам, а не по российскому народу. Поймите: российский народ должен стать союзником цивилизованного мира в противостоянии Путину. А западные политики своими действиями зачастую просто толкают россиян к нему в объятия.

— *Есть ли что-то такое, чего вы сами боитесь?*

— Ничего не боятся лишь сумасшедшие. Как и любой нормальный человек, я боюсь смерти. Боюсь потерять родных и близких. Конечно, еще до ареста я боялся тюрьмы. Да и сейчас меня трясет от мысли, что, возможно, придется провести за решеткой ближайшие 10 лет. Но если вы позволяете страху контролировать свою жизнь, то превращаетесь в животное. Поэтому в любой ситуации важно сохранять чувство собственного достоинства. В истории много примеров, когда в тюрьмы и даже на эшафот люди шли с гордо поднятой головой. Даже перед лицом смертельной опасности оставались людьми.

30 августа 2022
11:01

На YouTube вышло мое первое тюремное интервью в видеоформате. Обязательно посмотрите и поставьте лайк по ссылке для продвижения ролика[16].

Пока Путин, брызгая слюной и проливая кровь, уничтожает репутацию России, я, сидя в Бутырке, пытаюсь ее защитить. Просто больно смотреть на то, что творят с нашей страной. Хочу объяснить, что русские в заложниках у кремлевской хунты, и что мы не заслуживаем ненависти. Помогайте распространять интервью.

Сентябрь

2 сентября 2022
12:21

День в тюрьме проходит одним глубоким вдохом. Ты пишешь, читаешь, выходишь на прогулку, иногда отвлекаешься на телевизор. А потом поднимаешь глаза: уже вечер.

Если кто-то выдергивает тебя из рутины, это воспринимается как событие — будь то баня, визит правозащитников или следственные действия. Но самое большое событие в тюрьме — это свидание с родственниками. В обычной жизни ты можешь общаться с родителями, когда захочешь. А за решеткой это привилегия, настоящая роскошь.

Впервые после ареста ко мне пустили маму и отца. Представьте: узкий и тесный стакан, в котором вас запирают на замок. Напротив в таком же стакане — близкие люди. Вас разделяют два грязных стекла и решетка, разговор идет через телефонные трубки.

Очень странные ощущения, но клянусь: это лучшее, что случилось со мной за прошедшие два месяца. Тюрьма вообще быстро учит понимать и ценить то, что действительно важно в жизни.

К чему я это рассказываю?

Позвоните родителям, друзья. А еще лучше — навестите их.

5 сентября 2022
11:30

12 сентября истекает срок ареста Ильи Яшина, и скоро будет рассмотрен вопрос о продлении ему меры пресечения. Адвокаты намерены добиваться освобождения оппозиционера из тюрьмы, а лидер группы «ДДТ» Юрий Шевчук направил в суд личное поручительство за Илью.

Вот текст этого документа:

Я, Шевчук Юрий Юлианович, руководитель гр. ДДТ, паспорт РФ номер (...), зарегистрированный по адресу (...), ручаюсь за надлежащее поведение Яшина Ильи Валерьевича, 29.07.1983 года рождения, обвиняемого в совершении преступления, ответственность за которое предусмотрена п. «д» ч. 2 ст. 207.3 УК, и его явку по вызову следователя, прокурора, суда.

Я поставлен в известность, что обвиняемому Яшину И. В. избрана мера пресечения в связи с обвинением по п. «д» ч. 2 ст. 207.3 УК и об ответственности по ст. 103 УПК РФ в случае совершения обвиняемым действий, для предупреждения которых была применена мера пресечения в виде личного поручительства.

Я знаю Илью как честного, порядочного человека, у которого душа болит за Россию и мир во всем мире!

В Конституции Российской Федерации написано: «Каждому гарантируется свобода мысли и слова».

И ее никто не отменял!

Поручитель Шевчук Юрий Юлианович.

9 сентября 2022
13:35

Сегодня срок моего содержания под стражей продлен еще на два месяца. Ничего другого от «басманного правосудия» мы не ожидали. Иллюзий — ноль.

Меня продолжают держать в Бутырской тюрьме за публичное выступление против позорной войны, развязанной Путиным. Войны, которая несет смерть, разрушения и нищету. Войны, которая сама по себе является преступлением.

Еще в день ареста следователь говорил, что «в общем-то есть варианты». Признание вины, сотрудничество с органами помогут смягчить меру пресечения на домашний арест, например. Но сказав это, следователь сам же и рассмеялся, прекрасно понимая мою реакцию на такие предложения.

Разумеется, я не буду сотрудничать со следствием и выпрашивать себе поблажки. Я заплатил дорогую цену за право говорить то, что считаю нужным. И не собираюсь это право ни на что разменивать.

Тюрьма — неприятное место. Крепостные стены, решетки, колючая проволока создают мрачную, гнетущую атмосферу. Каждый день я вижу здесь людей с потухшими глазами, которые годами ждут приговора. Но поверьте: даже в этих стенах можно оставаться человеком, если сохранить самоуважение и чувство собственного достоинства.

Я смотрю на судью с прокурором. Заседание закончилось, и скоро они поедут домой — а на моих запястьях снова щелкнут наручники. Но они были и остаются добровольными узниками людоедской системы, ее винтиками, функциями. А я был и остаюсь свободным человеком.

Ничего не бойтесь, друзья. Я рядом.

15 сентября 2022
16:50

Больше месяца я сижу в спецблоке Бутырской тюрьмы. Здесь крошечные камеры на четверых заключенных. Но по сравнению с общими «хатами», где 30 человек делят 20 коек и спят по очереди, жизнь кажется относительно спокойной.

Главной проблемой последних недель был холод, потому что еще летом на окнах поснимали стекла. Из гуманных соображений: чтобы арестанты не страдали от жары. А в начале сентября температура ночью опустилась до пяти градусов. Камеры продувались и промерзали, а люди спали в одежде.

Зато я теперь умею делать «арестантские грелки»: набираешь кипяток в пластиковую бутылку, оборачиваешь полотенцем и кладешь себе под одеяло. А потом включаешь ТВ и слушаешь, как Европа замерзает без российского газа.

На вопросы об окнах сотрудники СИЗО шутили, что еще даже снег не выпал. Но вроде бы стекла начали поднимать со складов.

Ждем.

***

Перед встречей с адвокатами заключенных собирают на сборном пункте, который представляет собой часть тюремного продола, отгороженную решеткой. На сборке можно провести несколько часов, но зато есть возможность общаться с арестантами из других блоков.

— Знаешь слухи, что зеков на войну отправляют? — спросил меня морщинистый мужик.

Я кивнул.

— Так вот это не слухи, — он затянулся сигаретой.

Мужик рассказал, что сидел в колонии строгого режима, а недавно вернулся в Бутырку для следствия по новому эпизоду. Если верить его словам, в июле заключенных навестили рекрутеры, которые обещали 100 тысяч рублей в месяц готовым взять в руки оружие. Говорили, что после отъезда из колонии в зону боевых действий каждый попадет в базу федерального розыска. Это страховка: чтобы не возникло мыслей сбежать или дезертировать. Но зато через полгода — полная реабилитация. Тем, кто выживет.

— В нашем бараке полтора десятка согласилось, — сказал мужик. — Один позавчера вышел на связь с моими родными. Единственный из пятнадцати, кто остался в живых.

***

Во время утренней проверки нас вывели на продол. Из-за угла показался пожилой джентльмен в сопровождении конвоиров. Он вежливо поздоровался и пожелал всем доброго дня.

— Какой приятный человек, — подумал я. — Интересно, за что его посадили.

Ответ не заставил себя ждать. Вечером мой сокамерник включил новости, и на экране появился тот самый мужчина. Диктор сообщил, что в Москве отклонена апелляция граждан, осужденных за убийство известного криминального авторитета...

22 сентября 2022
10:57

У меня вышло новое видео в «тюремном» формате. Обязательно посмотрите и поставьте лайк по ссылке: https://youtu.be/sBjljQdL6F4

Война в Украине явно пошла не плану Путина. Армия увязла в тяжелых боях, конца и края этому кровавому кошмару не видно. А вот у Кадырова, похоже, все нормально. Он красуется перед телекамерами, бережет своих бойцов, получает лучшее оружие из российских арсеналов и даже запросил у Москвы системы ПВО.

Рамзан становится все более автономным и при полном попустительстве Кремля проводит милитаризацию Чечни. Все выглядит так, что он готовится воевать. Но вопрос — с кем? Против кого в итоге обернется оружие, которым сейчас так щедро снабжают кадыровцев?

Об этом я и рассказываю в свежем видео. Спасибо, что сохраняете интерес к моей работе.

23 сентября 2022
12:09

Вы даже не представляете, друзья, как я люблю читать письма, которые вы присылаете мне в Бутырскую тюрьму. Не знаю, удастся ли ответить на все, но дорогу осилит идущий. Вчера вот из моей камеры ушло ровно тысячное по счету письмо.

Я, кстати, обратил внимание, какие эмоции вызывают у вас коты, живущие тут с нами в СИЗО. Многие об этом писали, а девушка Оля даже нарисовала мой тюремный портрет в компании с котом. Классно получилось, мне нравится.

Ну а чтобы вас приободрить, расскажу историю, которую услышал на сборном пункте.

Почти год в тюрьме по экономической статье сидел мужик. Когда он только заехал, в его блоке родилось несколько котят. Одного из них арестант взял с собой в камеру.

Котенка кормили, приучили к лотку, и через год он превратился в красивого пушистого зверя. Мужик очень к нему привязался, но тут случилось чудо: суд изменил ему меру пресечения на домашний арест. Прямо из зала заседаний он уехал домой, а кот остался в тюрьме. Две недели родственники и адвокаты обвиняемого пытались забрать кота — и добились своего. Ранним утром жена арестанта пришла к воротам тюрьмы и получила его на руки.

Так тоже бывает.

24 сентября 2022
11:54

Путин очень не хотел объявлять мобилизацию. Тянул до последнего и надеялся, что получится обойтись относительно «малой кровью».

Понятно почему.

Война на чужой территории может быть популярной в двух случаях: если она «маленькая и победоносная» и если она не касается большинства граждан. У нас же все наоборот: затянувшаяся кровавая бойня, гонка которой требует все новых человеческих жизней. Профессиональных военных, добровольцев и «солдат удачи», очевидно, уже не хватает. И теперь Кремль вынужден из-под палки сгонять в зону боевых действий тех, кто способен держать в руках оружие и не успел спрятаться.

Мобилизация для Путина — это катастрофа. Во-первых, он расписался в собственной слабости. Раздувал щеки на весь мир, но в итоге все видят, что силенок ему не хватает. Во-вторых, он соврал своему народу — нарушил свое же публичное обещание, что мобилизации не будет.

В глазах миллионов людей Путин теперь лжец и слабак. Но диктатор не может позволить себе такую репутацию. Обычно для диктаторов это становится началом конца.

25 сентября 2022
13:38

Вчера исполнилось ровно 7 месяцев с начала войны. За это время мы вплотную подошли к апокалипсису. Путин открыто говорит, что готов использовать ядерное оружие, если его требования не будут выполнены. Я же просто хочу напомнить, что случится с планетой, если он и правда это сделает[17].

26 сентября 2022
17:00

Когда-то Владимир Путин назвал распад СССР геополитической катастрофой. На самом деле, геополитической катастрофой стал его приход к власти. И чем дальше, тем более очевидным это становится.

С именем Путина связан крупнейший вооруженный конфликт в Европе со времен Второй мировой войны. На его совести кровь огромного числа людей и колоссальный миграционный кризис. Миллионы остались без домов и превратились в беженцев. Путин сделал кровными врагами народы, которые называли друг друга братьями. Посеял ненависть, которая будет отравлять жизнь целых поколений.

Казалось бы, масштаб катастрофы, начавшейся 24 февраля, таков, что даже самый упертый безумец уже должен остановиться в ужасе от этой мясорубки, должен пытаться все исправить. Но Путин не останавливается. Он свято верит, будто можно поставить мат всему миру одним решительным ходом, переиграть всех. Только вот каждый его новый ход — присоединение Крыма, вторжение в Украину, «референдумы» на Донбассе — ведет лишь к эскалации, делает только хуже.

В итоге «решительность» российского президента подвела человечество вплотную к третьей мировой войне. Планета не была так близка к ядерному апокалипсису со времен Карибского кризиса, когда только чудо спасло США и СССР от взаимного уничтожения.

А ведь отправной точкой этого безумия стал всего лишь малодушный страх нескольких человек. Я говорю про членов семьи Бориса Ельцина, которые отдали власть и ядерный чемоданчик буквально случайному прохожему, получив от него гарантии личной безопасности. Мелочный эгоизм «Тани и Вали» сейчас поставил нашу страну и весь мир на грань катастрофы.

Вот вам и роль личности в истории.

29 сентября 2022
14:37

Украденное придется возвращать. Без иллюзий.

30 сентября 2022
10:58

Быть в курсе событий за решеткой не так уж легко. Адвокаты, конечно, делятся информацией; можно подписаться на газеты. Но приходится смотреть и государственное ТВ, где половина эфира сейчас забита «политическими ток-шоу».

Развлечение не для слабонервных, стоит признать. Сначала недоумеваешь — чего они все время орут? Потом чешешь репу и пытаешься выловить аргументы. Наконец, понимаешь, что все это нельзя воспринимать со звериной серьезностью. И становится очевидно, что пропаганда высмеивает сама себя. Новости про «референдумы», например, вообще невозможно было смотреть без улыбки.

***

Голосование в Донецке, прямое включение. Корреспондент подходит к скамейке, на которой стоит урна. Рядом — несколько старушек с бюллетенями. Протягивает одной из них микрофон:

— Вы поддерживаете вхождение в состав России?

— Конечно! Я же сама из России, с Ростова приехала.

***

Выпуск новостей. Диктор объясняет, что «референдумы» проходят в строгом соответствии с мировыми нормами. Это подтверждают международные наблюдатели, которые прибыли из разных стран.

На экране появляется упитанное лицо депутата госдумы РФ, который говорит: да, все честно, все легитимно. В углу титр: Александр Хинштейн, международный наблюдатель.

***

Волеизъявление близится к финалу. Ведущую ток-шоу буквально корежит в студии; кажется, из нее вот-вот начнут вылезать бесы.

«Они нам указывают, что нельзя проводить референдум в зоне боевых действий[18]!»

Пауза.

«Ха!»

Пауза.

«А знаете, где еще проходил референдум во время боевых действий? В Техасе! Во время войны США с Мексикой!»

Торжествующий взгляд с экрана. Что, съели?

***

Смех смехом, друзья, но признаюсь: я очень сочувствую президенту России, который сменит Путина. Такие завалы придется разгребать... И в экономике, и в международных отношениях, и главное — в головах. Тяжелая работа предстоит. Но благородная.

Октябрь

5 октября 2022
11:32

Друзья, всем привет!

Спешу поделиться новостями по моему уголовному делу.

Во-первых, мои защитники заявили ходатайство о допросе в качестве свидетеля генерал-лейтенанта Игоря Конашенкова. Согласитесь, это логично? Ведь его выступления обществу предлагается воспринимать как истину в последней инстанции. Если ты говоришь что-то, противоречащее словам Конашенкова, это становится основанием для уголовного преследования. Ну вот мы и хотим допросить мрачного генерала о том, где он черпает информацию и почему ее необходимо принимать на веру.

Во-вторых, вчера следователь по особо важным делам предъявил мне обвинение в окончательной редакции. Мой адвокат Вадим Прохоров остроумно охарактеризовал его как «тупое, но сформулированное витиевато».

Оцените вот абзац:

«Яшин И. В. испытывает неприязнь к политической системе в РФ, отрицает явную необходимость обеспечения безопасности РФ от внешних угроз и пресечения нарушений основополагающих прав граждан ДНР и ЛНР, понимает, что он (Яшин И. В.) является публичным лицом, в связи с чем его деятельность вызывает повышенный интерес неопределенного круга лиц, а высказываемые личные утверждения воспринимаются ими как достоверные...»

Ну и в чем не прав Прохоров?

До конца октября мое дело будет передано в суд.

Готовимся дать бой.

7 октября 2022
16:28

Басманный суд сегодня отклонил требование адвокатов Ильи Яшина о признании возбуждения уголовного дела незаконным в связи с отсутствием состава преступления. Судья мрачно проигнорировала аргументы защиты, но заседание все равно превратилось в политическую трибуну.

Почитайте выступление Яшина:

«Уважаемый суд!

Перед вами несколько тонких папок с уголовным делом, по которому меня уже три месяца держат в тюрьме. А грозит мне вообще до 10 лет колонии. Несмотря на тяжесть предъявленных обвинений, я уверен — вы до сих пор не видели настолько пустых и бестолковых дел.

Полистайте эти папки. Несколько рапортов, протокол осмотра видеоролика, т. н. «экспертиза» — вот и все доказательства вины. Не густо, согласитесь. Но это весь результат усердной работы целой группы из трех следователей по особо важным делам.

Так в чем же особая важность этого дела, и что за страшное преступление мной совершено?

Я посмел усомниться в официальной версии Министерства обороны РФ о событиях в Украине, которые власть называет спецоперацией, а я считаю самой настоящей войной. И государство на моем примере недвусмысленно говорит обществу: все, что говорят чиновники об этой войне, вы ОБЯЗАНЫ принимать на веру. А если нет — вас будут сажать на такие сроки, которые в России зачастую не получают грабители, насильники и даже убийцы. Такой вот диалог власти и общества.

Но я хочу спросить: а почему, собственно, нас лишили права сомневаться в заявлениях Минобороны? Пресс-релизы военного ведомства — это что, святое писание? Чиновники — это апостолы, безгрешные небожители?

Нет, мы прекрасно знаем, что святых в правительстве нет. А уж сколько воров и лжецов в Минобороны, вообще говорить не приходится: достаточно вспомнить коррупционные скандалы времен Анатолия Сердюкова, которые еще недавно обсуждали на всех телеканалах.

Давайте говорить откровенно: у нашей власти очень плохая репутация. И я утверждаю, что общество не обязано верить правительственным органам на слово. Напротив, наш гражданский долг — критически относиться к заявлениям чиновников, подвергать их сомнению и тщательно проверять все, что говорят эти люди. Такое отношение к власти отличает граждан от холопов. Неужели надо разъяснять столь очевидные вещи?

В марте президент Путин подписал закон, который ввел в Уголовный кодекс новую статью: 207.3. В народе документ назвали законом «о военной цензуре», и это верное определение. Путин де-юре и де-факто установил в нашей стране цензуру; в то время как Конституция РФ прямо декларирует: цензура запрещена. По сути, статья 207.3 УК РФ противоречит основам государственного устройства России. И она же дала возможность сфабриковать в отношении меня позорное и противозаконное уголовное дело.

Уважаемый суд, я апеллирую к Конституции и к здравому смыслу. Нельзя сажать в тюрьму человека за публичные сомнения в том, что власть говорит правду и все делает правильно. Не я преступник в этом деле — а люди, положившие вам на стол эту папку. Не я совершил криминал — а те, кто развязал бойню в соседней стране. И не я должен сидеть за решеткой — а негодяи, что несут ответственность за пролитую кровь россиян и украинцев.

Мое уголовное дело должно быть немедленно прекращено.

Найдите в себе мужество, ваша честь, и примите такое решение. Это наверняка будет стоить вам карьеры. Но точно гарантирует вам уважение и почет огромной части нашего общества, которая хочет жить в свободной и мирной России».

12 октября 2022
13:48

Мосгорсуд сегодня снова отклонил апелляцию на мой арест. Раньше такие новости вызывали сочувствие других заключенных, а сейчас на сборках тебя поздравляют. В шутку, конечно — но, как известно, в каждой шутке есть только доля шутки.

Самые популярные разговоры в тюрьме сейчас о том, что за решеткой безопаснее, чем на воле. Потому как хотя бы не загребут под мобилизацию и не отправят умирать на фронт. А еще некоторые арестанты выдвигают гипотезу, что толстые и древние стены Бутырской тюрьмы способны выдержать ударную волну от ядерного взрыва.

Все это было бы смешно, если бы не было так грустно. Впрочем, хочу напомнить, друзья, что уныние — это смертный грех. Сохраняйте оптимизм и поддерживайте тех, кто рядом.

19 октября 2022
16:19

Сегодня меня навестил в тюрьме следователь Пахомов и радостно сообщил, что расследование моего уголовного дела закончено. Порадовал также новостью, что все мои банковские счета арестованы.

Когда-нибудь я буду показывать материалы этого дела внукам, и оно будет источником многочисленных шуток.

Ну а пока готовлюсь к суду и, как принято говорить в тюрьме, «держу фасон».

21 октября 2022
12:24

До моей тюремной камеры долетела новость, в которой прекрасно абсолютно все.

Московский театр Ермоловой заключил договор о ТВОРЧЕСКОМ СОТРУДНИЧЕСТВЕ со следственным комитетом РФ. «Объединив устремления со следственными органами, мы сможем реализовать интересные творческие инициативы», — пояснили в театре.

Классная идея.

Предлагаю в рамках этого сотрудничества отправить в театр Ермоловой всех трех следователей по особо важным делам, которые ведут мое уголовное преследование. Пусть устроят там мастер-класс для актеров, научат их работать с душой и огоньком, а также нести полную чушь с непроницаемо серьезным лицом.

Ну а что? Какое время, такое и творчество.

25 октября 2022
12:17

Почитайте мое большое интервью португальскому изданию Observador[19].

«Путиным недовольны как противники войны, так и самые радикальные ее сторонники»: интервью Ильи Яшина португальскому изданию Observador

— Как вы проводите свои дни? Какие условия в тюрьме, в которой вы находитесь?

— Меня держат в Бутырской крепости, одной из старейших тюрем Москвы. Еще в царские времена сюда бросали лидеров крестьянских восстаний, здесь сидели сотни революционеров, советских диссидентов, журналистов и поэтов, ученых и офицеров. Это не просто тюрьма, а историческое место, где по-настоящему ощущается связь поколений русского инакомыслия.

Сама же тюрьма довольно большая и переполнена людьми. В общих камерах по 30 арестантов делят 20 кроватей. Но я содержусь в отдельном спецблоке, где камеры меньше, а заключенные строже контролируются. Площадь моей камеры всего 9 квадратных метров, и вместе со мной здесь еще трое арестантов.

Рано утром нас выводят на прогулку в небольшой бетонный колодец. Раз в неделю полагается душ. Иногда приходит следователь, который что-то уточняет и проводит допросы. При этом у меня довольно много свободного времени, которое я посвящаю чтению, переписке и бумажной работе.

— Угрожали ли вам после задержания? Или, наоборот, выражали поддержку и солидарность?

— Я получал достаточно угроз и недвусмысленных посланий от власти накануне ареста. Меня трижды штрафовали по статье о дискредитации армии. Муниципалитет, который я возглавлял, буквально разгромили силовики: там прошли обыски, одного из моих коллег арестовали, другую объявили в розыск. За мной открыто следили. Мою подругу задержали у подъезда и пугали словами о том, что дружить со мной опасно.

Наконец, последовал арест. И на первом же допросе полковник полиции открыто спросил, почему я не уехал из страны. Ведь они так последовательно и явно намекали, что после начала войны мое пребывание в России для власти неприемлемо.

Но, как ни странно, в заключении я сталкиваюсь скорее с уважительным отношением людей в форме. Для меня стало сюрпризом, как много, оказывается, противников войны среди рядовых московских силовиков. Я слышал слова поддержки и от полицейских, и от конвойных в тюрьме, и от судебных приставов. Люди хоть и работают в этой системе, но видят все ее пороки, следят за информационными ресурсами оппозиции и в частных разговорах не стесняясь критикуют власть.

— *Как российское общественное мнение реагирует на происходящие события: выражает широкую поддержку и обеспокоенность? Или все же в повседневных разговорах уже проявляется недовольство по отношению к ведению боевых действий?*

— Не забывайте, что я уже больше трех месяцев нахожусь за решеткой и не могу судить о том, что сейчас люди обсуждают на улицах в повседневных разговорах. Однако первые четыре месяца войны я был на свободе и жил в Москве. Каждый день ходил по городу, пользовался общественным транспортом, посещал магазины. И никакой массовой поддержки войны в обществе я не замечал. Символика спецоперации и милитаристские лозунги размещались в основном на административных зданиях, на машинах полиции — но вот обычные люди использовали такую символику крайне редко. Настроение в обществе я оценивал как тревожное ожидание. Большинству хотелось, чтобы конфликт скорее закончился и страна вернулась к нормальной жизни. Власть явно ожидала большого патриотического подъема, но народ скорее беспокоился экономическими и социальными проблемами, спровоцированными войной. Массово протестовать общество тоже было не готово; обыватели скорее дистанцировались от происходящего в надежде, что война и ее последствия их не коснутся.

Сейчас же, после эскалации конфликта и объявления мобилизации, дистанция между властью и обществом увеличилась еще больше, а тревога сменилась откровенным страхом и паническими настроениями.

— Владимир Путин распорядился провести частичную мобилизацию населения, чтобы увеличить количество людей, участвующих в войне в Украине. По вашему мнению, может ли это стать триггером к общественным протестам населения против войны? Как вы думаете, может ли Кремль усилить репрессии против тех, кто выражает антивоенную позицию? Считаете ли вы безопасным для русского народа проведение демонстраций в России?

— Нет, в восстание я не верю. Слишком уж долго россиян запугивали, слишком уж жестко полиция подавляла протесты и гражданскую активность. Важно понимать, что люди в России чувствуют себя жертвами, поэтому стратегия большинства — выживание, адаптация или бегство. Но не сопротивление. Все осознают, что у Кремля давно уже нет никаких моральных ограничений, что власть готова на самые радикальные способы подавления протестов. Если для сохранения своих полномочий Путину понадобится отдать приказ стрелять по демонстрантам и умыть Россию кровью — не сомневаюсь, он сделает это без раздумий. Война в Украине ярко показала, что для президента моей страны ценность человеческой жизни равна нулю.

Однако несмотря на очевидные риски, отважные люди в российских городах все равно систематически выходят на улицу и публично выступают против войны. Эти акции не поражают своим масштабом, они объединяют сотни, иногда тысячи протестующих. Причина в опасности. Демонстрантов избивают, полиция приходит к ним домой, выламывает двери, переворачивает все вверх дном. Тюрьмы в моей стране заполнены оппозиционными активистами. К сожалению, мировое сообщество почти не замечает этого отчаянного антивоенного сопротивления и забывает о сотнях политзаключенных, которые томятся за решеткой.

Зато все видят очереди на границах из россиян, которые бегут от призыва в армию. Но стоит помнить, что это бегство — тоже форма протеста. И это тоже свидетельствует о том, что воевать в России хочет лишь Путин, но не народ.

— Как вы думаете, возможна ли на данный момент смена путинского режима посредством переворота?

— С моей точки зрения, в России складываются объективные условия для смены власти, поскольку режим Путина утрачивает свою социальную базу. На протяжении первой части своего правления президент смог договориться и с населением, и с бюрократией, и с олигархами. С людьми он делился нефтедоходами, и уровень жизни в стране заметно подрос. Чиновникам предложил карьерные лифты и широкие привилегии. Олигархам позволил забрать жирные куски национальной промышленности и вести красивую жизнь наравне с арабскими шейхами. Платой за это для всех стала личная лояльность Путину и отказ от реального участия в политике. Такой социальный контракт позволил главе государства создать политическую монополию, приобрести исключительные полномочия и, по сути, стать новым монархом, хозяином России.

Теперь же Путин своими руками разорвал этот контракт. Раньше стоять рядом с президентом было выгодно и комфортно, но после начала войны он стал токсичной фигурой. Связанные с ним олигархи оказались под санкциями и лишились всех активов за рубежом. Чиновники также под санкциями и рискуют полнить списки военных преступников. Народ беднеет и все сильнее боится за свое будущее.

В ситуации, когда глава государства не устраивает практически никого, возникает объективная угроза политической турбулентности. И, разумеется, это создает риски для личной власти Путина. Уместно напомнить, что крах царского режима столетие назад в России тоже начался с ввязывания в войну, которая начиналась в нашей стране патриотическим подъемом, а спустя три года привела к революции. Думаю, президент и сам видит такие риски, поэтому все время усиливает собственную охрану и углубляет репрессии в обществе.

— Как вы относитесь к угрозам Путина Западу в сфере применения ядерного вооружения? Как вы думаете, он действительно способен нажать на кнопку?

— Хочется думать, что Путин блефует. Ведь он говорит по-настоящему страшные вещи: прямо угрожает ядерной войной, которая может унести миллиарды жизней и, вероятно, поставит точку в истории человечества. Нужно быть абсолютным безумцем, маньяком, чтобы решиться на такое.

Является ли Путин маньяком? Правда в том, что этого никто не знает наверняка. Он систематически делает шаги, которые становятся полной неожиданностью для всех. Действует агрессивно, иррационально, ломает правила. Например, мало кто верил, что он решится отобрать Крым у суверенной Украины в 2014 году, ведь было понятно, к каким последствиям это приведет. Невозможно было представить и то, что Кремль начнет крупнейшую после Второй мировой войну на территории Европы. Все это выглядит сумасшествием с точки зрения современного цивилизованного человека — но Путин все это делал.

Поэтому, рассуждая, может ли Путин и правда применить ядерное оружие, необходимо ориентироваться на самый жесткий сценарий. Да, черт возьми, он может. И задача мирового сообщества заключается в создании эффективного механизма сдерживания, который сведет этот риск к минимуму.

— *Как вы думаете, как закончится война?*

— Эта война закончится либо ядерным Армагеддоном, либо переговорами. И, кстати, Путин явно дает понять, что он заинтересован в возобновлении диалога. Да, по сути, он прямо говорил об этом, в том числе на встречах с восточными лидерами, обвиняя Киев в саботаже переговорного процесса. Полагаю, что в Кремле сейчас осознанно повышают градус напряжения, прибегая к ядерному шантажу. Это попытка принудить оппонентов к диалогу об урегулировании конфликта.

Уверен, что и в Киеве, и на Западе считывают послание Путина и понимают, что он хочет договариваться. Почему же не спешат садиться с ним за стол, — очевидно, потому что стремятся добиться для себя более выгодных переговорных позиций, нанеся Кремлю еще несколько чувствительных поражений на поле боя, освободив еще больше территорий от российской армии и создав еще больше проблем российской экономике.

Однако я верю, что в итоге диалог все же начнется. Разговор будет долгий, тяжелый, но результатом его станет режим прекращения огня и шаткий мир.

— Что насчет политического будущего Путина: сможет ли он сохранить поддержку, которая позволит ему остаться у власти? Или все же существуют элементы (политические, экономические, военные), обладающие достаточной властью и желанием, чтобы повлиять на отстранение президента России от его нынешних обязанностей?

— Это будет во многом зависеть от исхода войны. Если Путин сможет убедить российское общество, что он добился победы — шанс сохранить власть у него останется. Но прямо сейчас кажется, что у президента возникнут с этим серьезные проблемы.

Дело в том, что Путиным сейчас недовольны как противники войны, так и самые радикальные ее сторонники. Первые обвиняют его в кровавой авантюре, приведшей к изоляции нашей страны. Вторые чувствуют себя обманутыми и разочарованными. Пропаганда много лет убеждала этих людей в непобедимости российской армии, в возрождении могущества нашей империи. Но первый же серьезный военный конфликт показал, что это миф: украинцы вполне успешно обороняются, жгут наши танки, утопили флагман нашего флота, а в Россию возвращаются тысячи гробов.

Власть Путина всегда базировалась на всеобщей уверенности, что это сильный лидер. Теперь же весь мир убедился, что сильный Путин только на словах и на экране ТВ. А страной он управляет слабо, бездарно: и вертикаль власти, и армию разъедает коррупция и неэффективность. Глядя на то, как развивается война, россияне все чаще чувствуют национальный позор.

В таких условиях попытки отстранить президента от власти после войны кажутся вполне вероятными. Теоретически группы заговорщиков могут возникнуть и среди недовольных генералов, и среди крупного бизнеса, потерявшего активы из-за санкций, и среди правительственных чиновников, желающих реинтеграции России обратно в цивилизованный мир.

— Россия обвинила Украину в установлении нацистского режима и оправдала свое вторжение необходимостью проведения денацификации. Как вы оцениваете этот аргумент?

— Рассказы про украинский нацизм — это, разумеется, не более чем повод, оправдывающий вторжение на территорию суверенного государства. Думаю, все это понимают.

Путин часто жалуется, что в 2014 году в Украине произошел нацистский госпереворот и что с тех пор власть в Киеве незаконна и нелегитимна. Однако эта риторика не мешала Путину иметь дела с Петром Порошенко, который стал президентом тогда же в 2014 году. В Кремле его официально признали законным лидером, Путин пожимал ему руку, подписывал с ним договоры, заключал контракты. Точно также — и с президентом Зеленским вплоть до начала боевых действий. Что же вы восемь лет сотрудничали с Киевом, господин Путин, если там установлен нацистский режим, как вы всех уверяете?

Понятно, что в Украине есть ультраправые группировки — как, впрочем, и в любой стране, включая Россию. Однако степень влияния правых радикалов на общественно-политическую жизнь Украины не стоит переоценивать. Они проиграли все последние крупные выборы, почти не имеют представительства в парламенте, не контролируют ни одно из министерств. Да, честно говоря, с моей точки зрения, в российской власти на ключевых должностях ультраправых политиков, говорящих на языке ненависти, куда больше.

Господи, да украинцы избрали президентом Владимира Зеленского, который никогда не скрывал своего еврейского происхождения. Нацисты в годы Второй мировой войны целенаправленно уничтожали миллионы людей его национальности; у любого еврея в крови презрение к этой идеологии. Можно было бы просто посмеяться над аргументами Кремля про нацистский режим в Киеве, если бы эта пропаганда не имела таких страшных последствий.

— Что вы думаете о расширении НАТО и утверждении Путина о том, что это представляет угрозу безопасности и целостности России?

— Хочу напомнить, что в первые годы правления Путина наша страна вполне конструктивно сотрудничала с НАТО. По признанию российского президента, он даже предлагал американскому коллеге Биллу Клинтону принять нашу страну в состав альянса. Мы координировали свои действия, натовцы использовали нашу военную базу в Ульяновске, а граничащие с нами балтийские страны стали полноценными членами НАТО. Правда в том, что мы давно живем в соседстве с Североатлантическим альянсом, и на протяжении долгих лет это не было проблемой.

Но даже если воспринять нынешнюю риторику Путина всерьез и допустить, что цель спецоперации в Украине — отодвигание НАТО от российских границ... Каков результат? Россия теперь воспринимается на Западе как явная угроза, которой надо противодействовать. К нашим границам стягивается все больше военных формирований, альянс расширяется за счет отказавшихся от нейтралитета Финляндии и Швеции. Своей агрессией в Украине Путин мобилизовал НАТО, придал его существованию новый смысл и вдохнул в него новую жизнь.

— *Как вы относитесь к заявлению Владимира Путина о том, что Запад желает распада Российский Федерации?*

— Сомневаюсь, что хоть один крупный политик в здравом уме станет желать развала России. У нас огромная страна, на ее обломках могут появиться десятки государственных образований. Возникнут новые территориальные споры, межэтнические конфликты, горячие точки — настоящий хаос. Да еще и невозможно будет контролировать, в чьих руках оказалось ядерное оружие. Просто представьте этот бардак на 1/8 части земной суши. Уверен, никто не желает такого сценария. Полагаю, что Запад, да и весь мир заинтересованы лишь в том, чтобы моя страна была мирной и предсказуемой. Страной, от которой не исходит угроза и с которой можно спокойно сотрудничать, взаимовыгодно торговать. Ну а Путин своими рассказами про коварные планы иностранцев просто запугивает наше общество и разжигает милитаристскую истерию.

— *Что поменяется после проведенных референдумов на украинской территории и как вы как этому относитесь?*

— Думаю, что с помощью так называемых референдумов Путин пытается закончить войну на приемлемых для себя условиях и с пониманием, что у России заканчиваются силы для продолжения боевых действий. Президент буквально говорит: оставьте мне то, что я успел захватить, дальше не пойду, давайте проведем черту по линии соприкосновения. Он больше не требует смены власти в Киеве, забыл про демилитаризацию Украины и не ставит под вопрос ее суверенитет. По сути, Путин признает, что проиграл, но хочет сохранить лицо, получив ряд территориальных уступок. Украинцы, разумеется, будут игнорировать результаты «референдумов» и при поддержке союзников продолжат наступление. Вероятно, они смогут вернуть еще какую-то часть своей территории. Но учитывая то, что рука Путина занесена над ядерной кнопкой, ситуация будет накаляться с каждым днем. И в итоге мы либо получим разрядку международной напряженности и мирные переговоры, либо станем свидетелями конца света.

28 октября 2022
11:38

Прочитал новости про арест помощников Ксении Собчак, которых обвиняют в вымогательстве денег у Чемезова[20]. Расскажу вам в связи с этим небольшой, но характерный сюжет.

В августе, когда я еще сидел в СИЗО «Капотня», к нам в камеру завели парня, которого этапировали из Петербурга. Вместе с парой друзей они модерировали несколько политических телеграм-каналов, где публиковали разный компромат на чиновников. В числе прочих прилетало Чемезову и возглавляемому им «Ростеху».

В итоге они взяли деньги у помощников Чемезова за снятие публикаций, а тот написал заявление в СКР. Всех троих посадили.

Но любопытно тут другое.

Когда к моему бывшему сокамернику ранним утром пришли с обыском, оперативники ФСБ вывели его на лестничную клетку и предложили альтернативу — либо он прямо сейчас извиняется перед Чемезовым на видео, либо полицейская дубинка окажется у него в заднем проходе. Выбрал первое, как вы можете догадаться.

Интересные, конечно, методы у Чемезова. Вроде генерал ФСБ еще советской школы. А присмотришься повнимательнее: не очень-то от Кадырова отличается, который тоже любит всех принуждать к извинениям.

29 октября 2022
12:08

Закончил ознакомление с материалами уголовного дела. Будете смеяться, но местами дело напоминает веселый комикс.

Вот, например, ВРИО начальника спецприемника Голдобина «добровольно выдает» следователю мой мобильный телефон. Правда, судя по выражению лица, не очень добровольно…

31 октября 2022
10:49

Несколько лет назад Дима Гудков рассказал мне одну историю из своей юности. Он отдыхал где-то на юге и вечером отправился на дискотеку. В разгар вечеринки его друг вышел на улицу покурить и зацепился там языками с местными пацанами. Слово за слово, и друг получил по физиономии.

Вернувшись в клуб с разбитым носом, он встретил Диму. Тот возмутился, что наших бьют, — и оба выбежали на улицу, чтобы взять реванш. Но пацаны к тому времени уже прыгнули в свою малиновую «Ладу» и уехали. Гудков с другом поймали такси и отправились в погоню.

Догнали. Вышли разобраться и… снова получили по физиономиям. Но уже вдвоем.

Дима со свойственной ему самоиронией назвал свое повествование «такси за пиздюлями».

К чему я это рассказал?

Просто чем дольше я смотрю на приключения Путина в Украине, тем чаще вспоминаю эту историю.

За мат извините.

Ноябрь

4 ноября 2022
12:30

Кажется, это самое трогательное послание, которое я получил за все время своего тюремного заключения 🩶

Меня вообще очень радуют ваши письма, друзья.

7 ноября 2022
16:44

Сегодняшнее выступление Ильи Яшина в Басманном суде. Суд удовлетворил ходатайство следствия о продлении содержания Яшина под стражей до 26 ноября.

Граждане судья, прокурор, следователь!

Уже четыре месяца вы держите меня в тюрьме. Вроде бы совсем недавно я был арестован, но посмотрите, как много всего изменилось за это время.

Еще летом любая критика армейского руководства приравнивалась к криминалу. Да что там критика — даже простое сомнение в безгрешности генералов могло привести вас за решетку. Каждое заявление Шойгу и Конашенкова преподносилось как истина в последней инстанции, а несогласные приравнивались к государственным преступникам.

Но что мы видим сейчас?

Единороссы в госдуме громко обвиняют Министерство обороны во вранье и коррупции. Пригожин, окруживший себя вооруженными зеками, унижает армию России и высмеивает ее командование. Кадыров называет генералов бездарными и нагло учит их, как надо воевать. Пропагандисты в телеэфирах поддакивают и намекают, что в Генштабе засели предатели.

Я понимаю, конечно, что главная задача всех этих криков — выгородить Путина. Объяснить обществу, что Верховный главнокомандующий не виноват в провалах на фронте, его просто подставили некомпетентные подчиненные. Все как обычно: бояре плохие, а царь, который вообще-то и развязал эту войну, хороший.

Но тем не менее у меня вопрос к представителям следственных органов и прокуратуры, так уютно устроившимся тут в зале судебных заседаний и делающим вид, что мои слова их не касаются. Скажите, господа хорошие, а как же ваши законы о военной цензуре? Нет ли здесь избирательного правоприменения?

Вы посадили меня в тюрьму за то, что я поставил под сомнение правдивость заявлений Минобороны о войне в Украине. Но у вас почему-то нет претензий к Пригожину и Кадырову, которые пока разве что не заставляют генералов сортиры чистить зубными щетками.

Что, коленки трясутся? Понимаю.

Мое оружие — слово. В стране, где уничтожены общественное мнение и публичная политика, слово вам не страшно. А вот кадыровских головорезов и пригожинских бандитов вы боитесь. Поэтому когда Рамзан говорит во всеуслышание, что он будет спрашивать с генерала армии России Лапина и что он отправил своих ребят его разыскивать, — никто в этот момент не одергивает Кадырова и не ставит его на место. Вы все отмалчиваетесь и отводите взгляд в сторону. А Путин ваш ему еще и очередную звезду героя на грудь вешает.

Вам, разумеется, проще сажать студентов, муниципальных депутатов, журналистов и других людей, мирно выступавших против войны. Это ведь гораздо безопаснее, чем противостоять хозяевам частных армий, которые на самом деле угрожают будущему нашей страны. Но не кажется ли вам, что эта трусость и это малодушие по сути своей ничем не отличаются от государственной измены? Неужели вы не понимаете, что просто сдаете Родину обнаглевшему криминалу, который на наших глазах сращивается с государственной властью?

Хочу задать пару вопросов и суду, который, как только я закончу говорить, понятное дело, вернет меня обратно в Бутырскую тюрьму, где с каждым днем становится все больше политзаключенных.

Надевая свои длинные черные мантии, вы требуете, чтобы мы обращались к вам не иначе как «уважаемый суд» и «ваша честь». Но где она, эта честь? Скажите, вы хотя бы сами-то себя уважаете, граждане судьи?

Неужели вы не понимаете, что почти все беды нашей страны происходят от того, что суды даже не пытаются быть независимыми? Почему же вы так безропотно смирились с ролью политической обслуги Кремля? Неужели об этом вы мечтали, поступая на юридические факультеты своих вузов? Вы вообще о чем-нибудь мечтали? Или кабинет, зарплата и отпуск в Сочи всегда были пределом ваших устремлений?

Сажая невиновных, вы ведь не просто подыгрываете коррумпированным политикам и силовикам. Вы наделяете их — и в первую очередь президента Путина — ощущением безнаказанности и полной вседозволенности. Это ощущение в итоге и привело нашу страну к кровавой войне и десяткам тысяч жертв.

Знаю, что никакие доводы адвокатов на вас не подействуют и сегодня я вернусь в камеру. Но также знаю, что даже там я свободнее, чем вы — люди, насилующие правосудие. Потому что, в отличие от вас, моя совесть чиста, а душа не отравлена страхом и цинизмом. Тюремное заключение рано или поздно закончится, но мое чувство собственного достоинства останется.

А вам, господа хорошие, со всем этим жить.

8 ноября 2022
10:01

«Позор! У генералов трясутся коленки перед Кадыровым и Пригожиным!» Видео выступления Ильи Яшина в Басманном суде[21].

11 ноября 2022
14:55

Знаете, что меня поражает больше всего? Они совершенно перестали стесняться.

Вспомните, как яростно Конашенков опровергал удары по гражданской инфраструктуре в первые месяцы войны. Пропаганда вопила: «Вы что?! Мы уничтожаем только военные объекты. Мирному населению Украины нечего бояться, мы о нем позаботимся! Ведь мы же не оккупанты какие-то. Мы — освободители!»

А вот сейчас я включаю ТВ в своей тюремной камере и слушаю, как беснуется депутат Евгений Попов, комментируя ракетные удары по Киеву. На экране темные улицы, сгоревшие машины и следы взрывов на дороге. Депутат очень доволен.

«Посмотрите, как теперь выглядит некогда цветущий и красивый русскоязычный город Киев. Сегодня две трети его районов осталось без электричества».

Радость-то какая, правда, Попов? Миллионы людей сидят в холодных квартирах без света. Больницы переходят на аварийный режим. Метро превратилось в бомбоубежище.

На экране вновь появляется ухмыляющееся лицо единоросса. Он подводит итог: «Как видите, при Зеленском Киев пришел в полный упадок и разруху...»

Ну да, ну да. Дело в Зеленском. С управлением ЖКХ плохо справляется, наверное.

12 ноября 2022
13:20

Если вы купите свежий номер «Собеседника», то найдете там мое интервью. Советую воспользоваться возможностью подержать в руках независимую прессу; по нынешним временам это роскошь. Ну или просто почитайте на сайте[22].

15 ноября 2022
13:03

Летом, примерно через неделю после ареста, Кремль включил мою фамилию в реестр иностранных агентов. Я проигнорировал и долгое время никак не комментировал это событие. Подробно сформулировал свое отношение только в недавнем интервью газете «Собеседник» и хочу акцентировать внимание на этом фрагменте разговора.

— *Что значит для вас ваш статус иноагента? Мешает жить или воспринимаете его как награду?*

— Как награду я этот ярлык точно не воспринимаю. Хотя понимаю, конечно, что вы имеете в виду. Множество достойных, уважаемых людей, которыми Россия гордится, получили от Кремля статус иноагента. Оказаться в их компании, можно сказать, почетно.

Тем не менее штамп иноагента считаю оскорбительным и мириться с ним не собираюсь. Мои адвокаты обжаловали это в суде, и я использую все возможности, чтобы отстоять свое честное имя. Понимаю, конечно, что «басманное правосудие» не воспримет мои аргументы, но как минимум использую судебную трибуну, чтобы громко их озвучить.

Я патриот России и всю жизнь работал в ее интересах. Да, у нас с действующей властью разное понимание национальных интересов нашей страны. Они видят Россию агрессивной по отношению к соседям и жестокой к своему народу. С их точки зрения, это и есть сильное государство. Я же хочу, чтобы моя Родина была открыта миру, уважала своих граждан и сосредоточилась на развитии собственных территорий, а не на захвате чужих. Это что, делает меня агентом другой страны?

Поскребите членов правительства, лидеров «Единой России», известных пропагандистов. У каждого второго — банковские счета за рубежом, роскошная недвижимость по всему миру. Их дети учатся в западных вузах и уже забывают русский язык. Я уж не говорю про то, с каким энтузиазмом обитатели Кремля превращают нашу страну в сырьевой придаток Китая. И эти люди называют меня иноагентом? Серьезно?

Я никогда в жизни не получал и копейки от иностранных держав. Годами отстаивал репутацию России на международных площадках. Отказался эмигрировать, даже когда мне, по сути, прямо сказали: если не уедешь, посадим. Так что пусть эти ребята во власти идут к черту со своими ярлыками. Сами они иноагенты!

17 ноября 2022
14:45

Что-то давно, друзья, не рассказывал я вам про свою тюремную жизнь. Не то чтобы она была очень увлекательной — скорее наоборот. Но это все-таки жизнь.

***

Рано утром арестантов вывозят из тюрьмы на судебные заседания. Трясущийся автозак собирает людей по централам, они жмутся в тесных стаканах, знакомятся и курят.

Напротив меня интеллигентный парень в очках. Так обычно выглядят фигуранты дел по 159-й статье УК (мошенничество). Но нет, я мыслю слишком стандартно. Парень представляет себя как одного из лучших в стране спецов по подделке документов.

— Профессионалов моего уровня в России всего пятеро, — хвастается он. — Делал паспорта, свидетельства, визы, что угодно. Вообще не отличишь от настоящих. Знаешь, в чем секрет? Я реально любил свое дело.

Семь лет он работал и не знал горя. Но пару месяцев назад принял от некой дамы заказ на фальшивый техпаспорт для «Мини Купера». Сделал и забыл. Когда же его во время прогулки с собакой задержал спецназ ФСБ, выяснилось, что с документами он помог украинке, подозреваемой в убийстве Дарьи Дугиной.

— Не фартануло, — вздыхает.

***

Поздним вечером «КамАЗ» собирает заключенных по судам, чтобы вернуть в СИЗО. Кому-то продлили арест, у кого-то допросили свидетелей. А кто-то уже получил приговор.

— Что-то многовато мне дали, — грустит крупный мужик, поудобнее устраиваясь на скамейке. — Восемь лет...

— А статья какая?

— Ну 105-я, убийство... Я вообще-то на шесть лет рассчитывал.

— Слушай, не гневи бога, — говорю. — Моему товарищу семь лет дали за то, что он несколько слов против войны сказал. А ты человека жизни лишил и получил всего на год больше.

— Так-то да... — задумался мужик. — Но человек-то говно был.

***

По возвращении в тюрьму нас ожидает многочасовая сборка[23], в камеры арестантов поднимут уже за полночь. Вижу знакомого из спецблока; спрашиваю, как дела.

— Да вообще жесть, — выпалил он.

Перед заседанием его, как обычно, держали в конвойной камере Мещанского суда. Там же с ним сидел дяденька лет пятидесяти. Веселый такой, чай пили, о жизни говорили, шутили. А потом дяденьку подняли наверх, и прямо во время судебного разбирательства он упал в клетке и умер. Сердце.

***

Странный у меня текст получился. Хотел рассказать про жизнь. А свелось все к смерти.

22 ноября 2022
13:32

Завтра Мещанский суд начнет рассмотрение по существу моего уголовного дела по статье «о военной цензуре». Странная история, согласитесь? Уже почти девять месяцев люди погибают по вине Путина, а судят почему-то не его, а меня.

Вообще по именам дело выглядит солидно: возбуждал его начальник Главного управления СКР с генеральскими погонами, вели трое «особо важных» следователей, а обвинение утверждал первый заместитель Генерального прокурора РФ. Но гора родила мышь — дело получилось совершенно пустое, позорное и за километр воняющее политикой. В ходе процесса мы это убедительно докажем и превратим суд в антивоенную трибуну.

Пожелайте удачи мне и моим адвокатам!

Адрес суда: Москва, ул. Каланчевская, д. 43А, зал № 319. Судья Оксана Горюнова.

Начало в 15:00.

18:40
22 ноября 2022

В испанской газете El Pais вышло мое интервью. Еще одна отчаянная попытка объяснить западной аудитории, что общество и власть в моей стране это не одно и то же, и что противостояние с Путиным не должно превратиться в борьбу с народом России, взятым в заложники кремлевской хунтой[24].

23 ноября 2022
17:54

Сегодня в Мещанском суде началось рассмотрение моего уголовного дела. Напомню: поводом для его возбуждения стал один из моих антивоенных эфиров на ютубе. Уже больше четырех месяцев меня держат за решеткой, и сегодня арест был продлен. Приговор может составить от 5 до 10 лет колонии.

Впереди разбор «доказательств», допрос подполковника Центра Э, по доносу которого меня посадили, и лингвиста, который «экспертно подтвердил» мою вину.

Следующее заседание состоится 29 ноября, в 11:30.

А пока хочу предложить вашему вниманию большое интервью «Медузе», практически мой манифест[25].

Интервью Ильи Яшина, которого обвиняют в распространении «фейков» о российской армии

Бывшему муниципальному депутату грозит до 10 лет колонии за то, что во время стрима на своем ютуб-канале он рассказал об убийстве мирных жителей в Буче. Почти пять месяцев политик находится в СИЗО. Перед началом процесса спецкор «Медузы» Светлана Рейтер задала Илье Яшину главные вопросы о войне, тюрьме и возможной эмиграции — а политик письменно на них ответил.

В чем именно обвиняют Яшина

— Жалеешь ли ты сейчас о том, что не уехал за границу?

— Наоборот — убедился в том, что все сделал правильно. Хотя не буду скрывать: в первый месяц под арестом мучили рефлексии и сомнения. Адаптация к тюрьме ни у кого не проходит просто. Ты просыпаешься утром, видишь решетки, мрачные стены и думаешь: какого черта я здесь делаю? Кому и что пытаюсь доказать?

Много раз представлял в мыслях альтернативную реальность, в которой я сел в самолет с билетом в один конец и покинул Россию. Прислушивался ко внутренним ощущениям и понимал, что я просто морально сломался бы за границей. Каждый день искал бы себе оправдание, раздражался, злился на собственное малодушие и был бы в совершенно разобранном психологическом состоянии. В конце концов мне стало очевидно: этой альтернативной реальности не существует. Я просто не смог бы уехать.

Да, изоляция и бытовые условия в тюрьме очень напрягают. Это не курорт. Но мне гораздо проще находить в себе силы, чтобы справиться с этим испытанием, чем жалеть и оправдывать себя в эмиграции. Держать удар психологически проще, чем бежать от драки.

— *Что ты почувствовал, когда тебя задержали?*

— Сильную тревогу. Меня взяли на выходе из спецприемника после пятнадцати суток административного ареста, и силовики старались создать максимально драматическую атмосферу. Автозак, бойцы спецназа в бронежилетах и балаклавах, оперативники ЦПЭ с болгаркой для выпиливания двери...

Опыт общения с такой публикой у меня есть, да и арест был вполне ожидаем, поэтому я довольно быстро взял себя в руки. Но когда меня привезли домой на обыск, стало грустно, конечно. Понимал, что в следующий раз уже не скоро окажусь в родных стенах.

В это время под окнами собирались люди, в том числе мои родители и друзья. Когда меня в наручниках вывели на улицу, я хорошо осознавал, что это начало новой и очень непростой главы моей жизни.

— *Готовился ли ты к аресту? Оформил ли доверенность, продал квартиру?*

— К аресту я начал готовиться фактически на следующий день после того, как Путин подписал пакет поправок к Уголовному кодексу, который журналисты назвали «законом о военной цензуре». Месседж государства был предельно понятен: либо заткнитесь, либо валите, либо сядете. Молчать и уезжать я не собирался, поэтому решил действовать рационально: взял лист бумаги и составил список дел, которые надо успеть завершить до того, как за мной придут. Оформить доверенность у нотариуса, закрыть кредит, собрать команду адвокатов... Постепенно ставил галочки напротив каждого из пунктов.

Очень рад, например, что успел привести в порядок здоровье. Смотрю, как сейчас мучается мой сокамерник после визитов к тюремному стоматологу, и думаю: хорошо, что заранее вылечил зубы. Но самое главное — я морально подготовил к своему аресту (насколько это вообще возможно) родственников и друзей. И очень благодарен близким за то, что они приняли мое решение. Хотя понимаю, что для мамы этот арест гораздо тяжелее, чем для меня самого. Тем не менее она держится очень достойно и всеми силами поддерживает меня вместе с отцом. Большое счастье, когда родители тебя не только любят, но еще и уважают.

Что же касается квартиры, то мне и в голову не приходило ее продавать. Зачем? Я же не собираюсь никуда уезжать. А из тюрьмы, надеюсь, когда-нибудь выйду.

— *В каких условиях ты сидишь в СИЗО?*

— У Бутырской тюрьмы специфическая репутация. Еще в царские времена сюда сажали бунтовщиков: одну из местных камер, в частности, занимал Емельян Пугачев. Советская власть отправляла сюда многочисленных диссидентов, ученых, писателей.

Однако условия моего содержания вполне сносные. Меня держат в спецблоке, где заключенных более строго контролируют. Камера крошечная: девять квадратных метров я делю с тремя соседями. Но у меня хотя бы есть своя койка. В общих блоках «Бутырки» двадцатиместные «хаты» населяют по тридцать арестантов, и сидят там люди по очереди.

Дни здесь проходят рутинно. Около семи утра нас выводят в один из бетонных колодцев, оборудованных под прогулочный дворик. В некоторых из них есть турник, так что можно поупражняться. Потом проверка камер и завтрак. В первой половине дня пару раз в неделю меня навещают адвокаты. Время между обедом и ужином, а также вечера я, как правило, провожу за чтением или за работой. В основном пишу — готовлю тексты для своих соцсетей, отвечаю на письма, которые мне в большом объеме приходят в СИЗО, переписываюсь с журналистами.

Ощущение, что время в тюрьме пролетает очень быстро. Дни походят один на другой. Ты просыпаешься, делаешь глубокий вдох — и уже почти ночь. Ну а быт... Условия не самые комфортные, но я знаю, как тяжело сидят некоторые политзэки в России. Так что, наверное, грех жаловаться.

— *Подсаживали ли к тебе кого-нибудь? «Прессовали» ли тебя?*

— Была пара странных сокамерников в первые дни, когда меня еще держали в ИВС на Петровке, 38. Первый представился сержантом украинской армии и рассказал, что взорвал мост где-то в Брянской области. Он странно вел беседу и как будто вытягивал из меня слова одобрения подобных диверсий, ну то есть в логике российских властей оправдывал теракты. Впрочем, я в основном слушал и не говорил слов, которые можно было бы использовать против меня. Так что вскоре этого парня сменил пожилой мужчина, который заявил, что был арестован во время антивоенного митинга где-то на окраине Москвы.

Но это, насколько я могу судить, была настолько явная подсадная утка, что местами становилось просто смешно. Дед как бы невзначай поинтересовался, не платят ли мне иностранные спецслужбы. При этом растерялся, когда я спросил, по какой статье его задержали и когда попытался уточнить подробности того самого митинга, в котором он якобы участвовал.

В общем, качество агентурной сети у наших силовиков оставляет желать лучшего. Какие-то артисты погорелого театра.

— *Просили ли тебя дать показания на кого-то из ваших знакомых?*

— Нет. На первом же допросе следователь и оперативники ЦПЭ прямо сказали, что понимают: никакого сотрудничества у нас не получится и они просто выполнят поручение начальства. Ну то есть доведут дело до суда. Должен признать, что вели они себя вполне корректно. Заявили даже, что понимают мою мотивацию и чисто по-человечески считают врагом, достойным уважения. Так что никаких оскорбительных сделок (типа «сдай товарища в обмен на домашний арест») мне и не пытались предлагать. Я это ценю.

— *О чем ты больше всего сейчас жалеешь?*

— Жалею разве что о собственной наивности. Мои соратники и я сам все время пребывали в иллюзиях и верили, что можно как-то фундаментально поменять путинскую систему цивилизованными методами. Вот мы сейчас соберем миллион подписей под петицией. Вот изберем пятьсот муниципальных депутатов. Проведем митинг или серию одиночных пикетов. Напишем статью или снимем ролик, в которых объясним все понятным языком. Еще немного поднажмем, и Путин сбежит, а «свобода нас встретит радостно у входа».

Как говорил Борис Немцов, мы каждый раз, на каждом историческом этапе недооценивали отмороженность этого человека и потому проигрывали. На митинги он отвечал мордобоем посреди городских улиц и арестами. За антикоррупционными расследованиями Немцова и Навального следовали убийства и покушения. А на вопрос о смене власти он ответил большой кровавой войной.

С другой стороны, я спрашиваю себя: а что нам надо было делать? Стать еще более отмороженными? Жечь, взрывать, убивать? Но это невозможно — мы не убийцы, мы из другого теста. Я знаю, что честно и последовательно делал все, что мог в условиях усиливающейся диктатуры. Но мне действительно искренне жаль, что это не принесло желаемого результата и моя страна скатилась в чудовищную мешанину из крови и грязи.

— *Что ты видишь из окна?*

— Окна спецблока выходят на внутренний двор Бутырской тюрьмы. Пейзаж не очень веселый. Кирпичные обшарпанные стены. Решетки на окнах, через которые выглядывают арестанты. Высоченная стена с колючей проволокой, небо, тучи. Всю эту депрессивную [картину] оживляет разве что кот, который безуспешно пытается охотиться на голубей. В русской тюрьме, как оказалось, вообще на удивление много котов. Это радует.

— *Сколько у тебя было допросов?*

— Всего два, да и допросами их можно назвать с большой натяжкой. В день задержания меня доставили в главное здание СКР в Техническом переулке. После первого же вопроса следователя я пояснил, что не собираюсь ничего говорить, так как считаю дело заказным и политическим, а 51-я статья Конституции дает мне право не свидетельствовать против самого себя.

Следователь был явно готов к тому, что я займу такую позицию, и никак не возражал. Еще раз он предложил мне дать показания спустя три месяца, сразу после предъявления обвинения в окончательной редакции. Я вкратце изложил под протокол свое отношение к обвинению, и это позволило моим адвокатам приобщить к материалам дела объемные доклады ООН и ОБСЕ о военной агрессии Кремля против Украины, на которые я ссылался. Эти документы, содержащие многочисленные свидетельства военных преступлений, составили в итоге два тома уголовного дела.

— Сколько томов в твоем уголовном деле?

— Пять. Но кроме документов, приобщенных моей защитой, в основном там какая-то бессмысленная макулатура. Гора рапортов, переписка следователя с начальством, справки из ЦПЭ, пресс-релизы Минобороны, цитаты генерала [Игоря] Конашенкова и Марии Захаровой...

У меня сложилось впечатление, что руководству СКР было как-то неловко передавать в прокуратуру и суд один-два тома уголовного дела. Для группы из трех следователей по особо важным делам такой объем выглядел несолидно и легковесно — вот и начали запихивать в материалы все подряд.

Собрали, например, целую кипу административных протоколов, связанных с моими задержаниями на протестных митингах, за много лет. Здесь же — три судебных решения, когда меня штрафовали якобы за «дискредитацию» вооруженных сил РФ. Помнишь, я весной опубликовал фотографию 1963, кажется, года, на которой американские девушки-хиппи держали плакат против войны во Вьетнаме с лозунгом «Бомбить за мир — все равно что трахаться за девственность»? Все это попало в материалы уголовного дела.

Отдельно следователь изучил, что про меня пишут в интернете. В протоколе он так и описывает проделанную работу: открыл сайт «Яндекс», вбил в строку поиска «илья яшин депутат»... обнаружил статью в РБК, где Яшин критикует партию «Единая Россия»... выявил доклад Яшина с критикой в адрес главы Чечни Рамзана Кадырова...

Из всего этого следователь делает глубокомысленный вывод, что я «испытываю неприязнь к политической системе России и негативно оцениваю деятельность органов государственной власти». Такое вот страшное преступление.

Единственный документ в материале дела, заслуживающий внимания, — это экспертиза, которая представляет мнение работающего в СКР лингвиста. Этот специалист посмотрел мой ролик на ютьюбе и посчитал, что я «с помощью риторических приемов оболгал российскую армию». На основании такого мнения меня и хотят отправить в колонию на срок от пяти до десяти лет. Никаких иных доказательств моей вины в пяти томах уголовного дела нет.

— По чему ты сейчас больше всего скучаешь?

— Скучаю по нормальному человеческому общению. Я привык к активной и насыщенной социальной жизни. На воле каждый день с кем-то встречался, часто принимал гостей, обсуждал что-нибудь с друзьями и знакомыми. Сейчас близких мне людей я вижу разве что в коридоре суда, когда меня в наручниках заводят в зал. Заседания проходят в закрытом режиме, поэтому внутрь не пускают даже родителей.

Впрочем, мама и отец иногда навещают меня в тюрьме; это положено по закону. Мы разговариваем по телефонным трубкам через стекло с решеткой. А вот с друзьями приходится общаться исключительно по переписке. Уже привыкли, конечно; я за последнее время здорово прокачался в эпистолярном жанре. Но знаешь, как хочется иногда собрать всех за столом и просто поговорить о всякой ерунде?

И еще очень не хватает полноценных прогулок. Я люблю ходить пешком — в центре Москвы по бульварам, в Сокольниках, в Лосином Острове. А Мещерский лес мне вообще буквально снится ночами. Все-таки в крошечной камере тесновато. Возникает жажда воздуха и пространства.

— Когда ты был муниципальным депутатом, ты был главой призывной комиссии. Что входило в твои полномочия? За что тебя вывел из состава комиссии Сергей Собянин?

— В 2017 году меня избрали главой муниципалитета, а пост председателя районной призывной комиссии по закону прилагается к этой должности. Я мог отказаться, конечно. В этом случае во главе комиссии осталась бы моя предшественница из «Единой России», которой в военкомате были очень довольны. Она лично разносила повестки призывникам, вместе с полицией участвовала в рейдах на уклонистов и придерживалась весьма жестких милитаристских взглядов.

Мой стиль работы, как ты понимаешь, сильно отличался. На первой же встрече с комиссаром у нас произошел конфликт, потому что он пытался добиться от меня обещания деятельно помогать в выполнении призывного плана. А я объяснял, что не ношу погоны и у меня иные приоритеты: защита прав призывников, контроль сотрудников военкомата, пресечение нарушений закона.

По сути, я взял на себя правозащитную роль. Разъяснял парням, какие документы надо собрать для оформления отсрочки, что нужно делать для прохождения альтернативной гражданской службы ну и так далее. Разумеется, план призыва из-за этого страдал, и на меня жаловались Собянину, который совмещает пост мэра Москвы с должностью главы общегородской призывной комиссии. В какой-то момент он попытался лишить меня полномочий из-за недовольства военных, но действовал совсем уж топорно, поэтому вскоре я смог вернуться на пост.

По итогу этой эпопеи в наш район пришел новый комиссар, с которым все-таки удалось выстроить рабочие отношения. Через пару лет он даже вручил грамоту с удивительной формулировкой: военкомат официально благодарит меня за то, что я не оставил его сотрудникам возможности нарушать закон. Это дословная цитата, я не шучу.

Так что вообще не понимаю, какие претензии ко мне могут быть по поводу работы в призывной комиссии. Я никого на войну не отправлял. Наоборот — помогал избежать службы тем, кто имел на это законное право.

Ну и кстати, сразу после 24 февраля наш совет депутатов полностью прекратил сотрудничество с военкоматом. Ни одной бумаги мы им не подписали, ни одного решения не завизировали. Насколько я понимаю, это одна из причин, почему сейчас из семи независимых депутатов нашего района двое сидят в тюрьме, а одна заочно арестована и объявлена в розыск.

— *Многие политологи и сами политики говорят: для того чтобы российскому политику оставаться политиком, нужно оставаться в России. Чем сидеть лучше, чем не сидеть и продолжать какую-то деятельность?*

— Нет ничего хорошего в том, чтобы сидеть в тюрьме. И поверь, я совершенно сюда не рвался. Да, наверное, можно оставаться политиком и за пределами России. У кого-то получается, хотя это очень сложно. Но я бы так не смог. Мне нужно стоять на этой земле и дышать этим воздухом, чтобы чувствовать свою страну. Это моя потребность.

Ну и скажу откровенно: я смотрел на некоторых уехавших коллег и представлял себя на их месте. Записывал бы ролики в какой-нибудь европейской студии, встречался бы в кафе с журналистами и хрустел французской булкой, выступал бы на эмигрантских конференциях. И меня бы просто выворачивало изнутри, потому что я знаю: мое место в России. Здесь мой дом и мои близкие, здесь то, что мне дорого, здесь мои сторонники и избиратели.

Я отстаиваю право жить в собственной стране, а тюрьма — цена, которую приходиться за это платить. Понимаю, что многим мой выбор кажется странным, и я никому его не навязываю. Но я действительно люблю Россию. Мне было бы плохо от осознания, что я сбежал и не могу вернуться.

— *Тебе не кажется, что ты ошибся, оставшись в России?*

— Тут нет правильного и неправильного ответа. Каждый решает сам для себя. Я точно знаю, что не мог поступить иначе. Несмотря на отсутствие физической свободы, у меня нет внутреннего конфликта. Тюремное заключение когда-нибудь закончится, а самоуважение останется.

— *Еще один суперпопулярный тезис, который вспоминается при каждом политическом приговоре: «Они выйдут раньше, после конца режима». Откуда уверенность, что после Путина — даже если он, например, умрет в ближайшие годы — курс будет взят на либерализацию? Не кажется ли тебе, что это просто успокаивающая мантра для оппозиционеров?*

— Я далек от мысли, что после ухода Путина все автоматически нормализуется. Он наломал много дров и оставит тяжелое наследие, так что, боюсь, нас ждет довольно мрачный период смуты. Разные силы будут бороться даже не за власть, а за форму и содержание будущего государственного устройства.

Вполне вероятно, на смену Путину попытается прийти военная хунта, и гражданам придется встать на ее пути, как это случилось в августе 1991 года. В общем, прекрасная Россия будущего сама себя не построит. Будет борьба, но я верю, что у демократического движения, которое я представляю, есть шансы победить. Просто потому, что общество устало от агрессии и насилия, а мы в состоянии предложить людям мир и спокойное развитие.

— *За оппозиционеров, которых сажают, мало кто выходит на улицы. Ты уверен, что людям в целом это важно? Или это уже воспринимается как часть картины: ну да, оппозиционеров сажают, на то они и оппозиционеры.*

— Есть и фактор страха, и усталость, и психологическое выгорание. Все это не стоит сбрасывать со счетов. Но не забывай, что и сами оппозиционеры в момент ареста, как правило, воздерживаются от призыва к сторонникам выходить на улицу. Ну, по крайней мере в последние месяцы.

Знаешь, я чувствую довольно большую поддержку в Москве и других крупных городах. Думаю, люди могли бы откликнуться на мой призыв, но это вряд ли привело бы к моему освобождению. А вот хорошие ребята могли бы отправиться за решетку вслед за мной после задержаний на акциях протеста. Я такого не хотел. Мне кажется, сейчас надо особенно бережно относиться друг к другу.

— *Как, на твой взгляд, мобилизация изменила диспозицию уезжать/остаться?*

— После 24 февраля люди уезжали из России по моральным соображениям, а также из-за гипотетических рисков. Опасались, что страну накроет экономический кризис, что власть закроет границы, усилит репрессии.

После объявления мобилизации риски перестали быть гипотетическими и превратились в реальную угрозу. Война буквально пришла в дома россиян и начала забирать мужей, отцов, сыновей. Неудивительно, что это вызвало панику: граждане массово бежали за границу, просто спасая свои жизни.

Откровенно говоря, меня расстраивали очереди на границе и то, что люди предпочли бегство сопротивлению. Но по-человечески я хорошо понимаю эмоции и мотивацию тех, кто уехал. И понимаю, что бегство — это тоже форма протеста. Уехавшие хотя бы не побрели покорно в военкомат и по факту отказались убивать украинцев в угоду Путину.

— *Если бы тебя не задержали, ты бы уехал после объявления мобилизации?*

— Я бы никуда не поехал и продолжил публично выступать против войны. Лично для меня мобилизация ничего не изменила. Вполне вероятно, что мне пришла бы повестка. В этом случае я бы демонстративно отказался брать в руки оружие и ехать на фронт, в очередной раз называл бы эту войну преступной и незаконной, призвал бы ее остановить. Постарался бы своим примером мотивировать других. Ну в общем, скорее всего, меня бы посадили в тюрьму на три-четыре месяца позже, чем это случилось в реальности.

— Попал ли кто-то из твоих знакомых под мобилизацию? Что ты, сидя в СИЗО, знаешь о ходе «частичной» мобилизации?

— Нескольким знакомым пришли повестки в Москве, Петербурге, Екатеринбурге и Костроме. Но почти все к этому моменту уже были за границей.

Один из моих друзей, за спиной которого медицинский вуз с военной кафедрой, уехал еще в марте, сказав, что эта мясорубка точно приведет к массовой мобилизации. Как в воду глядел. Другой мой приятель, известный актер, получил повестку прямо на съемочной площадке. Но работодатель пробил ему «бронь», используя свои связи на высоком государственном уровне, так что на фронт артиста в итоге не отправили и оставили его в покое.

В общем, я даже из-за решетки вижу, что война, как это часто бывало в России, становится налогом на бедность. Насколько я могу судить, умирать отправляют в первую очередь тех, у кого нет денег и возможности уехать и за кого некому заступиться перед генералами в высоких кабинетах.

— Путин постоянно угрожает ядерным оружием. Ты еще веришь в какое-то хотя бы нормальное будущее для России?

— Конечно, верю. Если бы я утратил эту веру, то давно бы уже лишился мотивации, воли и сил. Иногда в шутку говорю: я оптимист, хотя у меня для этого нет никаких оснований.

Но на самом деле, если говорить серьезно, основания есть. Посмотрев на историю России, можно увидеть много крови, горя и жестокости. Веками наш народ загоняли в крепостное право и скотское состояние. А люди всякий раз сопротивлялись. Всегда находились те, кто в безнадежной ситуации и часто ценой собственной жизни расправляли плечи и выступали против. Несмотря ни на что, в духе нашего народа сохранялась тяга к свободе и справедливости. Эта тяга живет в нас. Ни царь, ни красные комиссары, ни генсеки, ни чекисты не смогли ее выжечь. Поэтому я верю, что в конце концов Россия станет свободной и справедливой.

Почитайте и расшарьте это интервью в соцсетях, ок? Для меня это важный текст.

Подробнее про мое уголовное дело можно узнать в этом видео[26].

25 ноября 2022
13:52

Прочитал на днях репортаж Евгении Альбац, которая побывала в американской тюрьме строгого режима и рассказала, как там все устроено. Очень интересно было узнать о программе Puppies Behind Bars («Щенки за колючей проволокой»).

Суть ее в том, что нескольким заключенным дают на воспитание маленьких лабрадоров. Собаки живут прямо в камерах; арестанты заботятся о них, кормят, выгуливают. Спустя два года повзрослевших щенков забирают на службу — они становятся поводырями для незрячих или компаньонами для людей с психологическими травмами.

Эта программа, по задумке ее авторов, развивает в осужденных эмпатию, чувство ответственности и поможет им социализироваться после освобождения. Классный проект, согласитесь?

В российских тюрьмах подобной практики пока нет, а вот в судах собак я вижу часто. Например, на последнем заседании среди моего конвоя был сотрудник в маске, державший на цепи огромного добермана. И знаете, что интересно? Пес был вполне спокоен, пока я сидел в клетке. Смотрел на меня дружелюбно, валялся на полу, чесал себя за ухом. Но как только на моих запястьях щелкали наручники, в него будто вселялся бес.

Зверь бешено лаял, клацал зубами и кидался с явным намерением разорвать меня на части. Представьте: человека под конвоем ведут по коридору, сзади рвется с цепи этот людоед, а посетители суда в страхе жмутся к стене. Но доберман моментально успокаивается, когда я остаюсь без наручников. Полицейские объяснили, что это результат дрессировки: пес с рождения натаскан кидаться на тех, кто в наручниках.

Вопрос простой: зачем понадобилось конвоировать меня с такими спецэффектами? Всерьез думали, что я сбегу из суда? Или атмосферу создавали?

27 ноября 2022
11:09

Расскажу вам потрясающую историю, друзья.

В нашей тюремной камере, как правило, работает телеканал Муз-ТВ. Хороших песен там немного; обычно два притопа, три прихлопа. Но пару раз даже Pink Floyd попадался. Короче, для фона сойдет.

Однако несколько дней назад Муз-ТВ просто уронил мою челюсть на стол. Кажется, Джордж Оруэлл замучился переворачиваться в гробу от того, что сейчас творится в России.

В общем, в эфире шла передача, где разные певцы исполняют песни друг друга. К микрофону походит красотка Зиверт и начинает петь старенькое произведение Евы Польны. Доходит до куплета:

Мы голосуем за мир,
Но снова в моде война...

Но слов «мир» и «война» зрители не услышали — их просто запикали, будто Зиверт матом выругалась. Вы понимаете, что происходит? На музыкальном (!) канале в песне двадцатилетней, наверное, давности запретили слова «мир» и «война». Видимо, решили, что этот куплет российскую армию дискредитирует.

Это уже не военная цензура, ребята. Это маразм. Причем маразм, проникающий буквально во все сферы нашей жизни.

28 ноября 2022
15:47

Всем привет! Хочу поделиться своими арестантскими новостями.

Во-первых, у меня продолжается экскурсия по московским тюрьмам. Вроде ничего не предвещало, но в субботу мне дали два часа на сборы — и прости-прощай, Бутырка. Теперь меня содержат в СИЗО «Медведь»[27], самом большом централе на территории Европы. Пока я на карантине, но скоро сориентируюсь и буду делиться впечатлениями.

Во-вторых, завтра, 29 ноября в 11:30 начнется второе заседание по моему уголовному делу (Мещанский суд, ул. Каланчевская, д. 43А). Процесс открытый и проходит в большом зале, так что все желающие, скорее всего, смогут попасть.

Прокурор должен будет озвучить выдвинутое мне обвинение и попытается объяснить, почему мое место за решеткой. Я в свою очередь выражу отношение к его словам (постараюсь корректно).

Кроме того, завтра, возможно, будет допрошен главный свидетель обвинения: подполковник Центра Э Иван Кучеров. На основании его рапорта (читай — доноса) и было возбуждено мое дело. Персонаж одиозный; ранее он уже успел засветиться в делах Андрея Пивоварова и Алексея Навального.

В общем, заседание обещает быть интересным.

Приходите! Буду рад вас всех видеть.

18:47

Сегодня прошло второе заседание суда по моему уголовному делу. Подробности можно почитать в трансляции «Медиазоны»[28].

Прокурор зачитал обвинение, заявив, что я нанес ущерб государственным интересам России своими антивоенными выступлениями и что мотивирован я политической ненавистью. Моя позиция в том, что попытки остановить бойню с Украиной, напротив, соответствуют интересам нашей страны. А если уж кто и мотивирован политической ненавистью, то это люди, которые развязали войну, а не те, кто хочет прекратить разрушения и убийства.

Судья, кстати, довольно живо реагирует на происходящее и не похожа на большинство своих коллег-роботов. Она хмурится, улыбается; я обратил внимание на ее ярко-красный маникюр. Даже над шутками моими иногда смеется.

Впрочем, иллюзий я не питаю. У одного из моих сокамерников тоже была веселая судья, которая улыбалась ему весь процесс. А потом влепила 9 лет строгого режима.

Следующее заседание назначено на завтра, 30 ноября, в 10:30. Возможно, будут в срочном порядке назначены прения и судья уже уйдет на вынесение приговора. Приходите: Мещанский суд, ул. Каланчевская, д. 43А.

18:49

Из сегодняшнего выступления Ильи Яшина в суде:

...Прокуратура утверждает, что якобы я был мотивирован политической ненавистью, что позволяет судить меня по более тяжелой статье Уголовного кодекса. Но в материалах дела нет вообще никаких доказательств, подтверждающих мою ненависть. Напротив — это утверждение противоречит логике. Ведь ненавистью скорее мотивированы те, кто развязывает войны, а не те, кто пытается их остановить. В связи с этим, хочу процитировать классическое высказывание Владимира Владимировича Путина: «Кто так обзывается, тот сам так называется».

30 ноября 2022
14:06

Друзья, узнал из писем, что моя мама дала замечательное интервью телеканалу «Дождь». Жалею, что сам не могу в тюрьме его посмотреть, а вам очень советую[29].

И напишите что-нибудь хорошее в комментариях, хорошо?

Маме будет приятно.

15:05

Познакомился в конвойной камере Мещанского суда с братьями Магомедовыми. Они угостили меня инжиром, я предложил им сгущенного молока; пожелали друг другу удачи. Такая вот арестантская солидарность.

20:02

Завтра, 1 декабря в 10:30 продолжится судебное заседание по моему уголовному делу.

Адрес: Мещанский суд, ул. Каланчевская, д. 43А.

Процесс открытый и проходит в большом зале. Скорее всего, будет допрос меня в качестве обвиняемого.

Приходите! Превратим заседание в политическую трибуну.

Декабрь

2 декабря 2022
17:16

Суд отказал Илье Яшину в требовании аннулировать его статус «иноагента». Речь Яшина в ходе заседания:

Граждане судья и представитель минюста! Уважаемые слушатели!

Как вы знаете, статус «иноагента» был присвоен мне всего через несколько дней после ареста по уголовному делу, связанному с моими антивоенными выступлениями. Таким образом власть уже не первый год клеймит своих критиков и политических оппонентов, по сути приравнивая их к врагам государства.

А что вообще значит этот термин — «иностранный агент»? Минюст объясняет: это гражданин, который за деньги обслуживает интересы чужой державы. Допустим. Но какое отношение это имеет ко мне?

Я российский оппозиционный политик, и уже много лет спецслужбы пристально следят за моей деятельностью. ФСБ, прокуратура, следователи под лупой изучили всю мою бухгалтерию и каждую финансовую операцию. Очень старались, но не нашли ни копейки от иностранных правительств. Потому что нельзя найти то, чего нет.

В итоге это признал минюст, невнятно промямлив, что, хоть зарубежное финансирование и не установлено — я все равно иноагент, так как якобы веду свою политическую деятельность в интересах других стран.

Я утверждаю: это наглое и оскорбительное вранье. Единственная страна, интересы которой я отстаиваю и верность которой храню, это Россия. И сейчас я объясню, в чем на самом деле заключаются национальные интересы моей Родины и в чем наши разногласия с кремлевскими стариками-разбойниками.

Во-первых, Россия заинтересована в мирном небе над головой и добрососедских отношениях с другими странами. Открытость и предсказуемость сделают нашу страну богаче, безопаснее и свободнее, гарантируют ей устойчивое развитие. А воинственная изоляция и агрессия, напротив, ведут нас к нищете, отсталости и людским потерям.

Во-вторых, Россия заинтересована в справедливой экономике, избавленной от коррупции. Путин создал государственную модель, где кучка олигархов купается в роскоши, крупные чиновники наслаждаются привилегиями — а 20 миллионов россиян живут за чертой бедности. Я же считаю, что богатства державы должны работать на благо всего общества. Ну стыдно, когда мы всей страной собираем через смски деньги на операцию ребенку, в то время как очередной друг президента покупает очередную яхту.

В-третьих, Россия заинтересована в сохранении человеческого капитала. Государство должно создавать такие условия, чтобы граждане хотели здесь жить, работать и растить детей. Вместо этого Путин развязывает войны и отправляет мужчин на убой, провоцируя массовую эмиграцию россиян, которые не хотят убивать и быть убитыми. Уезжают сотни тысяч прекрасных специалистов, ученых, предпринимателей, творческих людей. В странах, которые они выбирают новым домом, начинает расти экономика благодаря их работе. Я не понимаю, почему мы не ценим свои таланты и не бережем своих людей.

А теперь внимание: вопрос. Что из сказанного свидетельствует в моей работе в интересах какой-либо иностранной державы? Как минюсту вообще хватило наглости назвать иноагентом человека, который сидит в тюрьме и буквально платит личной свободой за право жить и работать в России?

Не хотите ли вы, господа из минюста, поискать настоящих иноагентов?

Например, в госдуме — где горлопаны с сальными рожами кричат про любовь к Родине, но дома покупают в Европе, а детишек своих давно уже вывезли в США.

Например, в кабинете министров — где рассуждают о развитии отечественной промышленности, но львиную долю национальных резервов вывели за рубеж и там же навсегда оставили после начала войны.

Например, в Кремле — где нашу страну превращают в сырьевой придаток Китая, отдавая «уважаемым восточным партнерам» по дешевке наши нефть, газ, лес, уголь и землю.

Запомните: быть патриотом значит быть честным перед своей страной и своим народом. Я говорю правду. За эту правду меня и посадили в тюрьму. А вы — лжецы и предатели, которые распихивают Родину по карманам и лишают нас всех будущего.

Но вы за все ответите.

3 декабря 2022
12:05

Алексей Горинов — мой товарищ и один из самых достойных людей, которых я встречал в своей жизни. Летом он получил 7 лет колонии за несколько честных слов о войне с Украиной, сказанных на заседании нашего совета депутатов. Почитайте интервью Горинова из-за решетки, это очень хороший текст[30].

4 декабря 2022
11:40

Завтра пройдет ключевое заседание суда по моему уголовному делу.

Состоятся судебные прения (проще говоря, дебаты между сторонами обвинения и защиты). Прокурор скажет, сколько лет, по его мнению, я должен провести за решеткой. Наконец, мне будет предоставлена возможность выступить с последним словом. После этого судья назначит дату оглашения приговора.

Заседание открытое. Приходите!

Мещанский районный суд. Москва, ул. Каланчевская, д. 43А. Понедельник, 5 декабря, начало в 14:00.

5 декабря 2022
14:25

Сегодня у Ильи Яшина ключевое заседание суда по уголовному делу. Состоятся прения сторон, прокурор запросит срок заключения, а Илья произнесет последнее слово.

Мы будем вести трансляцию из зала суда — следите за процессом с нами.

14:28

Звучит сирена, всех просят эвакуироваться.

14:30

Мария Эйсмонт просит приобщить документы, подтверждающие, что Илья Яшин использовал материалы мировых СМИ по поводу событий, происходящих в Буче. В том числе из дружественных стран.

Все это происходит на фоне громкого голоса из динамика «Покинуть помещение».

Всех слушателей выводят из зала.

Пристав запретил прятаться по туалетам 🤡

15:09

До начала заседания Яшин рассказал журналистам, что ехал в суд в одном автозаке с отцом Сергием, которого обвиняют в экстремизме. Бывший священнослужитель был на удивление дружелюбен и пообещал молиться за Илью.

16:25

Начали запускать в зал.

Пристав: Любое общение прекращаем, иначе выводим из зала!

Яшин: Вам со мной общаться нельзя, а мне с вами можно. Меня никуда не выведут.

Адвокат Прохоров: Выкиньте его из тюрьмы!

Тихий смех в зале.

17:28

Прокурор:

— Яшин, руководствуясь мотивом политической ненависти, сообщил ложные сведения о действиях ВС РФ в городе Буча. Сторона обвинения считает его вину полностью доказанной, на что указывает лингвистическая экспертиза и показания свидетелей… Доклады [ООН, ОБСЕ, Human Rights Watch] юридической силой не обладают, так как подготовлены недружественными странами. Они молчали в тряпочку и не замечали конфликты в Ливии, на Донбассе, в Одессе, покрывали преступный режим Степана Бандеры…

Слово взяла сторона защиты.

Авокат Эйсмонт:

— Конечно, запрошенный срок в 9 лет выглядит впечатляюще. Но мы так и не услышали ни слова о доказательствах.

Эйсмонт зачитывает материалы про Бучу и аргументы защиты. Судья с розовым маникюром скучающе смотрит то на слушателей, то в пол, то на адвоката. Во время всей речи Эйсмонт прокурор смотрит на нее исподлобья.

18:27

Адвокат Вадим Прохоров:

— В России надо жить долго. Я хочу ответить уважаемому прокурору, который сказал, что позиция Илья Яшина — позиция врага отечества. Я процитирую фильм «О бедном гусаре замолвите слово»: «А вы от имени отечества не отвечайте, оно само потом разберется, кто враг, а кто друг». У меня все.

Зал аплодирует.

18:46

Началось выступление Ильи Яшина.

Как говорит прокурор, «я не собираюсь молчать в тряпочку».

— Когда я сидел в Бутырке, один парень мне рассказал, что по итогам заседания в Мещанском суде получил 8 лет по статье за убийство. Два удара ножом в сердце и один в печень. Он сильно расстроился, услышав приговор. Думаю, если бы меня обвиняли в убийстве, то прокурор бы запросил для меня меньший срок.

— Я вижу трясущиеся руки у прокурора Белова. Вспоминаю, как тряслись руки у членов ГКЧП. Все прекрасно помнят, чем это закончилось 30 лет назад.

— Я преподносил зрителю разные точки зрения. Я лишь хочу достучаться до правды. Ни один из моих тезисов не преподносился как достоверная информация. Здесь не может быть и речи о заведомости. Я изучал и сравнивал множество различных точек зрения. По факту мне ставят в вину публичное сомнение в заявлениях военных чиновников. Это незаконно, это просто нелепость.

— Пара комментариев по поводу эксперта — сотрудника Центра Э. Он много лет сидит в интернете в поисках экстремизма. Криминал начал мерещиться там, где его нет и в помине.

19:00

Прокурор предложил изъять у Яшина мобильный телефон в пользу государства.

Судья позевывает.

«Хоботов, это мелко!» — процитировал Илья Яшин фильм «Покровские ворота».

19:20

Оглашение приговора состоится 7 декабря в 12:00.

19:30

Сегодняшнее выступление Ильи Яшина в суде с последним словом.

Уважаемые слушатели!

Согласитесь, фраза «последнее слово подсудимого» звучит очень мрачно. Как будто после выступления в суде мне зашьют рот и навсегда запретят говорить. Все понимают: смысл именно в этом. Меня изолируют от общества и держат в тюрьме, потому что хотят, чтобы я молчал. Потому что когда-то наш парламент перестал быть местом для дискуссий, а теперь вся Россия должна безмолвно соглашаться с любыми действиями власти.

Но обещаю: пока я жив, я никогда с этим не смирюсь. Моя миссия — говорить правду. Я говорил ее на городских площадях, в телевизионных студиях, на депутатских трибунах. Я не откажусь от правды и за решеткой. Ведь, цитируя классика, «ложь — религия рабов, и только правда — бог свободного человека».

В начале своей речи я хотел бы обратиться к суду. Ваша честь, я признателен за то, как было организовано это судебное разбирательство. Вы провели гласный процесс, открыли его для прессы и слушателей, не мешали мне свободно высказываться, а моим адвокатам — работать. И вроде бы вы не сделали ничего особенного: так и должны проходить суды в любой нормальной стране. Но на выжженном поле российского правосудия этот процесс выглядит как что-то живое. И поверьте: я это ценю.

Скажу вам откровенно, Оксана Ивановна: вы и сами произвели необычное впечатление. Я обратил внимание, с каким интересом вы слушаете обвинителя и защитников, как реагируете на мои слова, как сомневаетесь и рефлексируете. Для власти вы просто винтик системы, который должен безропотно выполнить свою функцию. Но я вижу перед собой живого человека, который вечером снимет мантию и пойдет за покупками в тот же магазин, где моя мама покупает творог. И я не сомневаюсь, что тревожат нас с вами одни и те же проблемы. Уверен, что вы, так же как и я, потрясены этой войной и молитесь, чтобы кошмар поскорее закончился.

Знаете, Оксана Ивановна, у меня есть принцип, которому я следую многие годы: делай что должен, и будь что будет. Когда начались боевые действия, я ни секунды не сомневался в том, что должен делать. Я должен быть в России, я должен громко говорить правду, и я должен всеми силами останавливать кровопролитие. Мне физически больно от осознания того, сколько людей погибло на этой войне, сколько судеб покалечено и сколько семей лишилось своих домов. С этим просто нельзя мириться. И клянусь — я ни о чем не жалею. Лучше провести 10 лет за решеткой, оставаясь честным человеком, чем молча сгорать от стыда за кровь, которую проливает твое правительство.

Конечно, ваша честь, я не жду здесь чуда. Вы знаете, что я невиновен, — а я знаю, как на вас давит эта система. И очевидно, что вам придется вынести обвинительный приговор. Но я не держу на вас зла и не желаю вам ничего плохого. Однако постарайтесь сделать все от вас зависящее, чтобы не допустить несправедливости. Помните, что от вашего решения зависит не только моя личная судьба — это приговор той части нашего общества, которая хочет жить мирно и цивилизованно. Той части общества, к которой, возможно, относитесь и вы сами, Оксана Ивановна.

Воспользовавшись этой трибуной, я хотел бы также обратиться к президенту России Владимиру Путину. К человеку, который несет ответственность за эту бойню, который подписал закон о «военной цензуре» и по воле которого я сижу в тюрьме.

Владимир Владимирович!

Глядя на последствия этой чудовищной войны, вы, наверное, сами уже понимаете, какую тяжелую ошибку совершили 24 февраля. Нашу армию не встречают цветами. Нас называют карателями и оккупантами. С вашим именем теперь прочно ассоциируются слова «смерть» и «разрушения».

Вы принесли страшную беду украинскому народу, который, наверное, никогда нас не простит. Но ведь вы ведете войну не только с украинцами, но и со своими соотечественниками.

Вы отправляете в пекло боев сотни тысяч россиян, многие из которых никогда уже не вернутся домой, превратившись в прах. Многие останутся калеками и сойдут с ума от увиденного и пережитого. Для вас это просто статистика потерь, цифры в столбиках. А для множества семей — это невыносимая боль утраты мужей, отцов и сыновей.

Вы лишаете россиян их дома.

Сотни тысяч наших сограждан покинули Родину, потому что не хотят убивать и быть убитыми. Люди бегут от вас, господин президент. Неужели вы этого не замечаете?

Вы подрываете основу нашей экономической безопасности. Переводя промышленность на военные рельсы, вы поворачиваете нашу страну вспять. В приоритете снова танки и пушки, а наши реалии снова — нищета и бесправие. Разве вы забыли, что такая политика уже приводила нашу страну к развалу?

Пусть мои слова прозвучат гласом вопиющего в пустыне, но я призываю вас, Владимир Владимирович, немедленно остановить это безумие. Необходимо признать политику в отношении Украины ошибочной, вывести войска с ее территории и перейти к дипломатическому урегулированию конфликта.

Помните, что каждый новый день войны — это новые жертвы. Хватит.

Наконец, я хочу обратиться к людям, которые следили за этим судебным процессом, поддерживали меня все эти месяцы и с тревогой ждут приговора.

Друзья! Какое бы решение ни вынес суд, каким бы суровым ни оказался приговор — это не должно вас надломить. Я понимаю, как вам сейчас тяжело, как мучает ощущение бессилия и безнадежности. Но вы не должны опускать руки.

Пожалуйста, не впадайте в отчаяние и не забывайте, что это наша с вами страна. Она достойна того, чтобы за нее бороться. Будьте смелыми, не отступайте перед злом и сопротивляйтесь. Стойте за свою улицу, за свои города. А самое главное — стойте друг за друга. Нас гораздо больше, чем кажется, и мы с вами — огромная сила.

Ну а за меня не переживайте. Обещаю, что выдержу все испытания, не буду жаловаться и пройду этот путь достойно. А вы, пожалуйста, обещайте, что сохраните оптимизм и не разучитесь улыбаться. Потому что они победят ровно в тот момент, когда мы утратим способность радоваться жизни.

Верьте мне, Россия будет свободной и счастливой.

9 декабря 2022
15:09

Итак, суд приговорил меня к 8 годам и 6 месяцам колонии. Что ж, авторы приговора оптимистично оценивают перспективы Путина. На мой взгляд — слишком оптимистично.

Но и у нас нет повода для грусти, потому что мы с вами выиграли этот суд, друзья. Процесс задумывался как обличение «врага народа» в моем лице, но превратился в антивоенную трибуну. Мы говорили правду о военных преступлениях и призывали остановить кровопролитие. А в ответ слышали мешанину из лозунгов времен холодной войны, которую сбивчиво озвучивал прокурор.

Ярким символом этого процесса стали трясущиеся руки гособвинителя. Он очень старался звучать грозно и подражать сталинским прокурорам, но раз за разом вызывал смех зала и выглядел карикатурой.

Этим истеричным приговором власть хочет запугать нас всех, но по факту лишь показывает свою слабость. Сильные лидеры спокойны и уверены в себе, и лишь слабаки стремятся заткнуть всем рот, выжечь любое инакомыслие. Так что сегодня мне остается лишь повторить сказанное в день ареста: я не боюсь, и вы не бойтесь.

Перемены не за горами, и скоро нам с вами предстоит большая работа по восстановлению справедливости и гуманизма в своей стране.

Я рядом 🩶

14 декабря 2022
11:14

Последние пару недель, занятых судами, оказались предельно насыщенными. Заседания проходили почти каждый день, а такой график гарантирует арестанту режим белки в колесе. Тебя выводят из камеры в шесть утра, когда остальные еще спят. Многочасовое ожидание в грязной прокуренной сборке сменяется долгой дорогой в переполненном и тесном автозаке, который партиями развозит заключенных по судам. Потом ты томишься в конвойной комнате; вечером снова автозак; потом снова тюремная сборка. На шконку падаешь часа в два ночи, когда остальные уже спят. Но в шесть утра дверь камеры открывается — и все начинается сначала.

В общем, после приговора я проспал несколько дней, почти не поднимая головы. А сейчас хочу сказать несколько важных слов. На протяжении пяти месяцев за решеткой я чувствовал невероятную поддержку, которая здорово прибавляла мне сил. Самое время сказать спасибо.

Во-первых, спасибо моим адвокатам Вадиму Прохорову, Марии Эйсмонт и Михаилу Бирюкову. Все видели, как отчаянно они бились за меня в абсолютно безнадежной ситуации. Работали слаженной командой — четко, грамотно, жестко. При этом важно понимать, что, защищая оппозиционеров, адвокаты берут на себя большие личные риски. Они честно говорят на судах о военных преступлениях, а значит тоже рисуют на себе мишени. Такая работа требует серьезного мужества, и я это ценю.

Во-вторых, хочу поблагодарить свою семью и друзей. Понимаю, что маме и отцу психологически сложнее, чем мне. В конце концов, я свой выбор делал осознано, а им пришлось просто его принять. Тем не менее родители ни разу не дали слабину, не манипулировали чувством вины и вместе с моими друзьями окружили меня теплом и заботой. Когда близкие тебя не только любят, но еще и уважают — это дорогого стоит.

Наконец, я очень тронут поддержкой огромного числа людей, которые за меня переживают. Даже не представляете, как приятно мне было видеть ваши лица в зале суда, слышать вас за окнами; я продолжаю купаться в море ваших писем, поток которых ничуть не уменьшается. Теперь точно знаю, что такое «один за всех, и все за одного».

Свирепым приговором меня хотели морально раздавить. Просчитались: я еще никогда не ощущал такой силы. И никогда еще не был так уверен, что в итоге все будет хорошо.

Вы тоже верьте.

19 декабря 2022
12:19

Распределяя заключенных по камерам, тюремные оперативники старательно их фильтруют. Первоходы, например, не содержатся с теми, кто уже сидел. Если вы совершили вооруженный грабеж, то, скорее всего, окажетесь в хате с вымогателями и убийцами. Люди, имеющие авторитет в криминальном мире, как правило, вообще изолируются от основной массы арестантов.

Политзеков обычно подселяют к «экономическим». Так было и в моем случае: почти всегда я оказывался в камерах с бизнесменами или юристами, обвиненными в мошенничестве, и чиновниками, которых судили за взятки. Но карантин «Медведя», где я провел две недели до перевода в спецблок, стал исключением: здесь подобрали целую палитру статей Уголовного кодекса. Пацаны, специализирующиеся на кражах и способные выносить под одеждой до сорока пачек масла. Карманники, вытягивающие бумажники в толпе. Курьеры, прятавшие в подъездах закладки с наркотой. Почти все без определенного места жительства; среда обитания — московские вокзалы.

До ареста я иногда волонтерил для фонда «Ночлежка»[31]. Мы приезжали на площадь Трех вокзалов, чтобы покормить бездомных и нуждающихся; я разливал по тарелкам суп из больших бочек. И вот среди моих сокамерников оказались двое из тех, кого я в свое время кормил борщом. Вспомнили, посмеялись.

Мир тесен.

***

На соседней шконке болел немолодой таджик, нашли пистолет: потертый «Макаров» валялся за мусоропроводом. Вызвали полицейских, которые долго допрашивали охранника, плохо говорящего на русском языке и не понимавшего, чего от него хотят. Под утро предложили подписать бумагу, что пистолет принадлежит ему. Опер сказал, что оформит добровольную сдачу, и таджику, скорее всего, даже премию дадут. Потом.

Наивный охранник все подписал и уже к вечеру осваивался в тюремной камере. Статья 222 УК РФ, именуемая в народе «три гуся». До пяти лет за хранение оружия.

***

Самый колоритный сосед — пожилой дагестанец, который подкармливал всю камеру сгущенкой и развлекал байками о своей бурной молодости. Сидит по обвинению в изготовлении фальшивых денег. Следствие идет медленно, за решеткой дяхон[32] уже второй год.

Говорит, что в день задержания следователь сильно орал, а на допросе обещал расстрелять его за госизмену.

«Думаешь, ты просто денег левых напечатал? — кричал сыщик. — Нет! Ты, сука, Путину в карман залез!»

Бедный Путин.

22 декабря 2022
10:20

Давайте поговорим о будущем, друзья. Что будет с Россией, когда Путин уйдет? Чего ждать и к чему готовиться? Понятно, что при такой нестабильности сложно делать прогноз даже на месяц вперед. Но мы можем замечать тенденции и анализировать их возможное развитие. Я, например, четко вижу две такие тенденции.

Во-первых, нынешняя гиперцентрализация государства неизбежно будет иметь последствия в постпутинскую эпоху. Это работает по принципу пружины: сильное сжимание механизма ведет к обратной реакции. Результат может быть драматическим — стремительное расползание территорий вплоть до распада страны. Но если общество проявит зрелость, а будущие лидеры будут действовать ответственно, то развала России удастся избежать. Рецепт простой: федерализация и развитие местного самоуправления. Проще говоря, если регионы попытаются удержать силой — страна рухнет. А если центр передаст полномочия на места, то Россия обновится, и мы выйдем из этого кризиса, став сильнее.

Во-вторых, в перспективе нас, вероятно, ждет кризис самоидентификации. Провал путинского проекта поставит вопрос о том, что представляет собой Россия и какое место в мире она занимает. Наверняка сохранит силу и влияние партия национального реванша, которая снова попытается вернуть страну в русло имперского развития. Оппонировать реваншистам будет движение, которое предложит переучредить Россию, коренным образом изменив основу ее госустройства. Предложит взять за основу приоритет личности и добрососедские отношения с окружающим миром. Столкновение этих двух политических сил во многом определит наше будущее.

Вообще важно понимать, что уход Путина не гарантирует немедленного появления прекрасной и свободной России на обломках его режима. Нас ждет тяжелая — хотя и интересная — работа.

24 декабря 2022
11:00

Давным-давно, когда деревья были большими, я получил сообщение от первокурсницы МГУ по имени Ника. Она с юношеским задором рассказала, что хочет менять мир к лучшему, и попросилась ко мне в команду.

Вскоре Ника стала моей помощницей, и за прошедшие годы мы съели пуд соли. Она была рядом каждый раз, когда я что-нибудь придумывал и что-то начинал.

12 июля меня арестовали. В тот же день к Нике вломились с обыском. Потом начались допросы, и казалось, что дело идет к «группе лиц», а моя помощница рискует отправиться за решетку следом. Но обошлось: Ника успела уехать.

Сейчас она не в России и осваивается на новом месте. Помимо прочего мастерит красивые hand-made подарки в деревянных ящиках с огоньками. Кажется, это неплохая психотерапия, которая еще и позволяет заработать честную копейку.

Посмотрите по ссылке; вдруг вы захотите подарить что-нибудь своим близким: https://www.wildberries.ru/seller/1123456

С наступающим!

26 декабря 2022
11:44

Есть такая старая арестантская поговорка: попал в тюрьму — меняй жену. Понятно, что в радости семью сохранить проще, чем в горе. Но вообще жизнь подкидывает неожиданные сюжеты.

В конвойном помещении суда мы пьем чай с бывшим юристом. Он рассказывает, как работал в крупной фирме, хозяин которой был обвинен в мошенничестве и сбежал из России. Вместо него за решетку отправились бухгалтер и еще несколько сотрудников, которые сидят уже четвертый год.

Мужику грустно. До ареста у него была красивая жена, маленькая дочь и лабрадор. Через полгода жена пришла в тюрьму на свидание, показала заявление на развод и деловым тоном предложила переписать на нее все имущество.

«Я посоветовалась с людьми, — объяснила девушка. — Сидеть тебе очень долго. Нам нужнее».

Добровольно мужик ничего переписывать не стал, но и на сопротивление сил не осталось. Он просто наблюдал, как любимая методично отсудила у него машину, гараж, почти все деньги и половину квартиры.

«Хорошо, хоть дочке разрешает звонить», — говорит.

***

В «Медведе» я иногда пересекаюсь с парнем, для которого тюрьма тоже началась с семейной драмы. На воле он был успешным бизнесменом, обожал и баловал свою жену. Однако после ареста девушка сказала, что на такое не подписывалась, по лагерям с передачками ездить не готова и хочет простого человеческого счастья. Развод оформили быстро, почти сразу красотка нашла нового супруга и выкладывала в соцсетях совместные фото с курортов.

И все бы хорошо, но спустя год новый брак девушки тоже развалился. Какое-то время она пострадала, а потом написала арестанту, что все поняла, попросила простить и принять обратно. На этот раз молодоженов расписала тюремная администрация.

«Дураком считаешь, да?» — спрашивает парень, прикуривая сигаретку. — Ну, может, я и правда дурак. Все так говорят. Люблю ее, что поделать...»

***

В Бутырке я подружился с дядькой, немного младше моего отца. Сидит уже четыре года, а грозит еще примерно такой же срок. Рассказывает, что первые месяцы в камере он провел, как в бреду. Не мог поверить в то, что с ним происходит, машинально запихивал в себя еду и почти все время молча лежал на шконке. А когда немного оклемался, написал жене: «Сидеть мне долго. Жизнь тебе ломать не хочу. Документы на развод передали через адвокатов. Прости, прощай».

В ответ получил письмо, в котором слова любви были смачно перемешаны с отборным матом. Суть такая: «Ты за кого меня принимаешь? Я тебя люблю и никогда не брошу. А если думаешь, что можно от меня избавиться, сев в тюрьму, то подумай еще раз. Идиот!» С тех пор мужик к этой теме больше не возвращался.

Как-то у меня было свидание с родителями, и в соседней кабинке сидел этот арестант, а напротив — его жена.

Знали бы вы, ребята, как они друг на друга смотрели.

27 декабря 2022

Информация от адвокатов: Яшина этапировали в СИЗО-1 Удмуртии (Ижевск). Так Илью и его семью (мама как раз записалась на свидание 29-го) поздравили с наступающим Новым годом.

30 декабря 2022
11:05

Всем привет из солнечной Удмуртии!

Пишу эти строки в камере СИЗО-1 Ижевска, куда меня доставили этапом под самый Новый год. Политзеки обычно дожидаются апелляции в своих городах, но для меня сделали исключение. Еще накануне конвойный намекнул мне, что скоро в путь, словами: «Готовься. Начальство сказало, что ты должен страдануть».

Что ж, Удмуртия — это, конечно, не Рио-де-Жанейро, а местная тюрьма меньше всего похожа на санаторий. Но страдать я все равно не собираюсь, гражданин начальник, ты уж не обессудь. Шконки в Ижевске и Москве одинаковые, засыпаю я на них без проблем. К баланде мой желудок давно привык. А найти общий язык с арестантами в любом регионе не составляет труда: когда люди узнают, сколько лет мне дали и за что, я слышу лишь слова уважения и поддержки.

Отправляя меня за тысячу километров от столицы, гражданин начальник, очевидно, пытается напугать меня «настоящей Россией» и российским народом. Но таким образом начальник лишь выдает свои глубинные страхи и комплексы. А мне бояться нечего: я от людей бронированным стеклом автомобиля и кордоном охраны не отгораживаюсь. Я — часть своего народа со всеми его достоинствами и недостатками.

В общем, у меня все в порядке, друзья. И хочу напомнить, что преступная война с Украиной должна быть остановлена, Путин должен уйти, а Россия должна быть свободной и счастливой.

P.S. В Удмуртии работает ФСИН-письмо, и я по-прежнему на связи.

С Новым годом!

2023. «Легко не будет. Но мы справимся»

Январь

9 января 2023
13:56

В декабре Навальный рассказал про визит в его колонию хозяина ЧВК «Вагнер» Евгения Пригожина, который приехал вербовать заключенных на войну. Алексея, понятное дело, спрятали в ШИЗО, чтобы избежать дебатов. А всех остальных заключенных выстроили перед путинским «поваром».

Тем временем меня под Новый год этапировали из московского изолятора в Удмуртию, и первой остановкой поезда стал как раз город Владимир, рядом с которым сидит Навальный. На соседнюю шконку моего «купе» загрузили парня, который несколько дней назад стоял в том самом строю заключенных. Он поделился подробностями, и знаете, что меня больше всего поразило?

Процитированная им фраза Пригожина: «Вас отсюда может забрать только Господь Бог, Аллах и я».

Я вот что хочу сказать: Пригожин плохо кончит. Все, кто равняет себя с богом, плохо кончают.

11 января 2023
10:38

Дверь камеры скрипнула кормушкой, и женщина-конвоир произнесла громким шепотом: «Яшин… Собирайтесь с вещами… У вас этап…»

Я продрал глаза и взглянул на часы. Пять утра.

«Этап, Яшин, — повторила женщина, стараясь не будить сокамерников. — У вас 15 минут».

***

Арестанты теснились на сборке, стреляя друг у друга сигареты. Кто-то дремал на баулах, кто-то ковырял ручкой сканворд, кто-то игрался четками. Зашел опер с пачкой личных дел и объявил, что этап идет через Владимир и Киров до Казани. Первые два региона славятся суровыми условиями, а вот в Татарстане режим помягче.

Опер заметил мой немой вопрос и опустил глаза на документы. «Вроде Удмуртия, Валерич, — сказал он. — Не фонтан, конечно. Но и не Киров, жить можно».

***

«КамАЗ» подъехал вплотную к поезду, и зеки по очереди запрыгивали в вагон, уже второе столетие именуемый в народе «Столыпиным». Девять купе, отгороженных от коридора решеткой; в каждом по шесть коек в три яруса. Ни подушек, ни белья, ни окон. Туалет и кипяток три раза в день по расписанию.

На руки мне выдали два сухпайка, и это указывало на то, что в пути предстоит провести двое суток. Я разглядывал поезд и думал про главу царского правительства Петра Столыпина. Крупные реформы человек проводил, о великой России рассуждал — а в массовой памяти остался тюремным вагоном. Спроси любого зека: «Кто такой Столыпин?» Он не задумываясь ответит: «Известно кто: вагон!»

***

Этап оказался веселым и шумным, поскольку два купе заняли девушки. Их загрузили первыми; красотки уютно устроились на полках и глазели на арестантов, которых конвой по одному загонял в поезд.

«Ой, девочки, смотрите, этот симпатичный!»

«А перед ним интеллигентный такой был, в очках. Мошенник, наверное?»

Парни удивленно выкручивали шеи, услышав женские голоса. Уже через пару часов все увлеченно перекрикивались, знакомились и обменивались адресами. К вечеру мальчики и девочки договаривались, кто на ком женится и кто кого дождется из колонии. Обстановка напоминала поездку в пионерлагерь, а к реальности возвращали только обсуждения уголовных дел. Одна девушка зарезала собутыльника, остальные сели за сбыт наркотиков. У мужчин статьи разнообразнее: разбой, угон, кража...

***

В соседнем купе оказался адвокат Дмитрий Талантов, которого арестовали по моей же статье за антивоенный текст в соцсетях. Мы общались через решетку, обсуждая все подряд — политику, историю, литературу.

В какой-то момент он начал читать вслух стихи Бродского. Проходивший мимо конвоир остановился, чтобы послушать.

«Слушай, а ты кто вообще?» — спросил он Дмитрия.

«Я председатель адвокатской палаты, — ответил Талантов. — А ты?»

«А я вертухай», — вздохнул сотрудник и побрел дальше.

13 января 2023
16:12

Всем привет. Это Татьяна Ивановна, мама Ильи.

Слетали в Ижевск на встречу с сыном. Свидание длилось три часа, так что о многом успели поговорить, многое рассказать. Илья был очень тронут тем, сколько людей о нем беспокоилось.

Он в порядке, по-прежнему бодр, не теряет оптимизма и чувства юмора. Условия в ижевской тюрьме, конечно, похуже, чем в Москве: нет холодильника и телевизора, камера маленькая. Зато тепло, есть горячая вода и всего один некурящий сосед. Впрочем, отсутствие телевизора вряд ли можно считать недостатком: ничего не отвлекает, не мешает много читать и писать.

К сожалению, не смог ответить на все те письма, что пришли в СИЗО «Медведь». Просил извиниться перед теми, кто не дождался ответа. Но и в Ижевске уже получил сотни писем, за что всем очень благодарен, постарается на все ответить.

А мы познакомились в этом прекрасном городе с замечательными и неравнодушными людьми. Большое спасибо за радушный прием и помощь Ларисе Фефиловой, Кате Лабинской, Людмиле Сабуровой. Огромная благодарность адвокатам Ольге Гуровой, Лене Соболевой и, конечно, Марии Эйсмонт. И еще многим-многим людям, кто писал, предлагал помощь. Это очень ценно для нас.

Спасибо. Хороших людей очень много, поэтому добро обязательно победит.

P.S. Вчера, кстати, было 6 месяцев как Илья Яшин под арестом. Ровно полгода.

14 января 2023
14:06

Мне присылают цитаты фронтовых сводок из Бахмута, который российские части уже несколько месяцев пытаются взять лобовыми наскоками:

«...город атакуют волнами, бросая штурмовые группы на оборонительные позиции ВСУ. Продвижение минимальное, рота за ротой ложится под украинскими пулеметами. Потери РФ при наступлении на Бахмут составляют около 200 человек ежедневно...»

Я слушаю, листая книгу Ивана Миронова «Высшая каста», которую прочел еще до этапа в Удмуртию. Ищу фрагмент, который врезался мне в память. Вот он:

«Зимой 43-го наши штурмовали одну высоту, которую прикрывал немецкий дзот. Три недели изо дня в день генералы в лоб гнали на высоту необстрелянных ребят. Волна за волной солдатского мяса. Трупы, скошенные пулеметным огнем, тут же заносило снегом, а следом устремлялась новая партия смертников, подбадриваемая заградотрядом. Фрицы могли держаться еще неизвестно сколько, но неожиданно прекратили стрельбу и вывесили белый флаг. Оказалось, пулеметным расчетом командовали два офицера. Один застрелился, а второй сошел с ума. Не выдержала психика бессмысленного ежечасного убийства, пусть даже и врага. Наши командиры в этом плане покрепче были...»

Не могу понять, почему исторически в нашей стране так низко ценится человеческая жизнь. Это просто не укладывается в моей голове.

15 января 2023
11:37

Чуть больше половины месяца прошло, как я оказался в ижевском изоляторе. Освоиться толком не успел — а меня снова ждет этап. Тюремщики сообщили, что в течение недели я буду переведен в СИЗО-2 Удмуртии, который располагается в городе

Глазов (примерно 150 км от Ижевска). Впрочем, не удивлюсь, если и в какой-нибудь другой регион отправят.

Так или иначе, это будет уже пятая тюрьма и одиннадцатая моя камера за полгода. Хочется спросить: где же хваленая путинская стабильность? 😊

Но если серьезно, то задумка «гражданина начальника» вполне понятна. Хотят спрятать подальше и поглубже, чтобы адвокатам и близким было сложнее добраться, чтобы максимально меня изолировать. Но начальник плохо знает моих адвокатов и близких: они меня и на Луне одного не оставят. Так что я спокоен и без суеты готовлюсь к очередному путешествию.

День переезда пока неизвестен. Когда появятся новости, мои защитники сообщат подробности и новый адрес для ФСИН-писем.

Хорошего дня, друзья!

16 января 2023
12:02

Когда-то давно, в студенческие, кажется, годы, я увидел в новостях сюжет про одного из депутатов госдумы. Он устроил экскурсию в свой кабинет и с гордостью показывал журналистам коллекцию камней, которые привозил из разных городов России.

Я тогда подумал: интересное хобби у человека, надо бы тоже чем-то таким заняться. Подумал и забыл. Но как говорится, будьте аккуратны со своими желаниями — они могут исполниться.

В общем, после этапа в Удмуртию я регулярно нахожу в тюремной каше камни. На фото, например, «урожай», собранный из недавней перловки. По словам местных арестантов, обычное явление. Но особо не расслабишься, знаете ли: таким булыжником можно и зуб сломать.

Что мне делать с этими камнями? Начну, пожалуй, коллекцию собирать, как тот депутат. Тоже когда-нибудь, может, стану хвалиться журналистам: «Это мой первый! В ижевской баланде выловил...»

18 января 2023
09:01

⚡⚡⚡ Новое видео на канале!

У Кремля ничего не получается в Украине. Война затянулась, армия ушла в глухую оборону, солдаты лишены мотивации... Путин лихорадочно ищет выход: он дробит силовые структуры, меняет местами начальников, вооружает орды наемников, вербует зеков.

Все эти игры «на чужой территории» создают большие риски и для России. Ведь Путин сам, кажется, не заметил, как лишил государство монополии на насилие и заложил основу регионального сепаратизма. Генералы, национальные элиты и ЧВКшники уже сейчас готовы рвать друг друга на части. А что будет дальше?

Давно хотел поделиться с вами мыслями и прогнозами на эту тему. Посмотрите новое видео и поделитесь им в своих соцсетях.

Отдельная просьба, друзья: поставьте лайк этому ролику, чтобы YouTube активнее выдавал его в рекомендациях и видео посмотрело больше людей.

19 января 2023
19:49

Ровно 10 лет назад в этот день Борис Немцов учил меня окунаться в прорубь. Одно из любимых моих видео[33].

Спустя шесть месяцев мне исполнилось 30, и это был хороший год. Летом мы избрали Борю депутатом в Ярославле, Навальный получил почти треть голосов на выборах мэра Москвы; войной еще даже не пахло, мы все были живы, свободны и смотрели в будущее. А потом мир треснул напополам...

Богородица, мы заждались.

20 января 2023
13:27

Пока Илья находится в СИЗО Ижевска, готовившийся перевод его в СИЗО города Глазова той же Удмуртской Республики еще не состоялся. Вполне возможно, что он останется в Ижевске. Сейчас главная текущая проблема у Ильи — дефицит новостей с воли. Что касается радио, то оно включается в его камере на один час по вечерам, и передают там неизменно Соловьев-Live! Илья не без иронии полагает, что такое положение с принудительной трансляцией неуклюжей соловьевской пропаганды можно приравнять к пыточным условиям.

Илья Яшин передает слова благодарности всем, кто сейчас участвует в кампаниях в защиту политзаключенных. Это не просто моральная поддержка — зачастую привлечение внимания к судьбе того или иного политзека помогает сохранить ему здоровье, а иногда и спасти жизнь!

23 января 2023
10:16

В итальянской газете La Repubblica вышло мое большое интервью[34].

Лидер оппозиции Яшин из тюрьмы:
«Путин обречен. Будущее за нами, диссидентами»

Будучи единственным лидером российской оппозиции, который не уехал из страны, в декабре прошлого года 39-летний Яшин стал также тем россиянином, который получил самый суровый приговор за критику наступления Владимира Путина на Украину — восемь с половиной лет тюрьмы. Но он не потерял надежду. На двенадцати рукописных страницах он ответил на вопросы Repubblica, переданные через его адвокатов.

Розальба Кастеллетти, Москва

В свои 39 лет российский оппозиционер Илья Яшин мог бы уехать из России много раз. Каждый раз, когда полиция разгоняла организованные им акции протеста. Каждый раз, когда, отсидев очередной тюремный срок, он снова оказывался в камере. Каждый раз, когда власти под надуманным предлогом не регистрировали его кандидатом на выборах. Или в тот раз, когда убийцы, посланные неизвестным заказчиком, расправились под сенью Кремля с его наставником Борисом Немцовым. Но он остался и принял эстафетную палочку. Яшин сделал свой выбор в пользу того, чтобы остаться, даже тогда, когда 4 марта прошлого года, всего через несколько дней после начала российского наступления против Киева, власти спешным образом приняли пресловутый «закон о распространении фейков», который предусматривает наказание до 15 лет тюрьмы для тех, кто «дискредитирует» российские вооруженные силы или публикует «ложную информацию» о них. Тысячи россиян уехали из страны, и даже последние ветераны оппозиции, которая уже годами несла потери от эмиграции и приговоров, решили оставить родину. Яшин этого не сделал. Презрев все оруэлловские законы, он остался и продолжил называть ужасом тот ужас, который творился в Украине, зная о том, что после Алексея Навального он, последний лидер российской оппозиции, остающийся на свободе, тоже может оказаться за решеткой. В декабре прошлого года его приговорили к восьми с половиной годам тюрьмы, что больше тех тюремных сроков, которые выносятся за грабежи, изнасилования или убийства при смягчающих обстоятельствах. Его преступление заключалось в том, что в апреле на своем канале в YouTube он рассказал о зверствах, которые совершила российская армия в украинском городе Буча. «Еще с марта было понятно, чем это кончится. Да, я бы мог уехать из России или молчать. Но как бы я мог сам себя уважать в таком случае?» — написал он нам из тюрьмы в своем первом интервью после абсурдного и несоразмерного приговора. Он письменно, с помощью синей ручки на двенадцати пронумерованных страницах ответил на вопросы, которые газете Repubblica удалось передать ему через его адвокатов.

— *Илья, вы осознавали опасность того, что вас могут посадить в тюрьму. Как вы рассказали на своем YouTube-канале, после 24 февраля вы даже сходили к стоматологу, потому что в тюрьме вам никто не стал бы лечить зубы. Сейчас, после приговора, что-нибудь изменилось? Однажды, проведя лето 2019 года в тюрьме, вы мне сказали: «Самая большая опасность в тюрьме — это почувствовать, что теряешь время. Ты сидишь на грязной кровати и чувствуешь, как течет время». Вы не боитесь прожить впустую эти восемь с половиной лет своей жизни?*

— То, что мой арест неизбежен, было понятно с первых дней войны. Уже в начале марта Путин подписал закон «о военной цензуре», который не оставлял сомнений: сажать в тюрьму отныне станут за любое выражение протеста. Да, можно было уехать из России или замолчать. Но как при этом сохранить уважение к себе? Это ведь уже не игрушки, речь идет о массовых убийствах и разрушении целых городов. Я совершенно искренне говорил в суде, что чувствую личную ответственность за происходящее. Ведь Путин начал войну от имени всего российского народа, и если народ молчит, то это можно воспринять как пассивное одобрение его действий. Нас всех пытаются запачкать кровью, а это гораздо страшнее тюрьмы. Я так думал до приговора, я так думаю и сейчас. И если отмотать время на полгода назад, без малейших сомнений вел себя точно так же.

Конечно, времени, проведенного за решеткой, очень жаль, потому что здесь невозможно жить полноценной жизнью. Но все же я стараюсь проводить свои дни с пользой. Много читаю, много пишу, отвечаю на сотни писем сторонников и журналистов, составляю тексты для соцсетей. Пока мне удается сохранять довольно высокую продуктивность. Ну и жизненный опыт я здесь приобретаю. Общаюсь в тюрьме с людьми, которые вряд ли бы встретились мне по ту сторону колючей проволоки. Узнаю для себя много нового; вижу, сколько вокруг несправедливости. Адаптируюсь к местному, не особо комфортному, быту. И не сомневаюсь, что все происходящее сделает меня в итоге сильнее и мудрее.

— Вам, как и другим оппозиционерам, было предложено уехать за границу. Почему российские власти предпочитают видеть оппозиционеров за границей, а не в тюрьме? Как можно изменить Россию и подорвать власть Путина из тюремной камеры или из-за рубежа? Нет ли риска потерпеть поражение в обоих случаях?

— Конечно, для оппозиционеров оба варианта плохие — как тюрьма, так и эмиграция. Но иной альтернативы власть просто не оставляет. Логика Путина проста: если ты не с нами, ты против нас. А «против нас» в условиях войны означает «враг».

Мы ведь пробовали все варианты участия в легальной политике. Регистрировали партии, выдвигались на выборы, предлагали проекты законов и реформ, выступали в парламентах и на дебатах... Говорили: да, мы не согласны с линией Кремля, но не хотим ничего крушить, давайте открыто спорить, давайте честно конкурировать. Но каждый раз, когда власть чувствовала, что мы получаем поддержку общества и начинаем побеждать, она давала силовой отпор. Сначала были запреты партий и снятие кандидатов с выборов, потом разгоны мирных демонстраций, а в конце концов — убийства оппозиционных лидеров и массовые аресты. Сейчас давление достигло апофеоза.

При этом задачи посадить всех заметных оппозиционеров у Путина, судя по всему, нет. Силовики почти всем дают шанс уехать, намекают, угрожают, всячески подталкивают людей к эмиграции. В понимании Кремля, сбежавший из России политик дискредитирует себя, теряет связь с народом и расписывается в собственной трусости. Власть так и говорит: мы не обращаем внимания на тех, кто «тявкает из заграницы». Поэтому оппозиционеры, которые, несмотря на все риски, упираются и остаются в России, становятся для Кремля проблемой.

В день ареста следователь прямо сказал: «Если бы ты уехал, всем было бы проще». Но я не хочу облегчать им жизнь.

Можно ли поменять Россию из тюрьмы? Не знаю. Но верю, что антивоенное слово, сказанное в русской тюрьме, весит значительно больше, чем то же слово, произнесенное в уютном парижском кафе. Как минимум я доказал, что готов отвечать за свои слова и убеждения. И уверен, что в жестком споре с Путиным о войне и мире это дает сильный моральный аргумент.

— *Вас обвинили в распространении «фейков» по мотивам «политической ненависти» за то, что вы говорили правду. Здесь нельзя не вспомнить роман Джорджа Оруэлла «1984», который стал самой продаваемой и самой читаемой книгой в России в 2022 году. В прошлом вы написали предисловие к одному из его изданий, в котором предупреждали, что в России началась эпоха Большого Брата. «Свобода — это рабство, война — это мир, незнание — сила». Что из предсказаний Оруэлла в наибольшей степени сбылось сегодня в России?*

— Знаете, за полгода заключения я сменил три московские тюрьмы и десяток камер. И в каждой камере я находил на столе или на полке роман Оруэлла «1984». Кажется, эта книга сейчас действительно овладела умами россиян.

В далеком 2005 году я и правда издал Оруэлла небольшим тиражом, который мы распространяли в российских университетах. Я написал предисловие к тому изданию, проводил параллели между придуманным тоталитарным государством и путинским режимом, который только набирал силу. Кстати, и на обложке книги мы разместили портрет Путина в образе «Большого Брата». Уже тогда мне казалось очевидным, куда движется Россия, все тенденции было налицо. Всевластие спецслужб, тотальная слежка за гражданами, потоки ненависти на ТВ, двоемыслие и государственное лицемерие, агрессия, милитаризм. За прошедшие с тех пор 17 лет мы получили государство, очень похожее на то, что было описано в знаменитой антиутопии. Возможно, если бы Оруэлл вошел в моду раньше и наше общество вовремя заметило бы все эти тенденции, то Россия пошла бы по другому пути.

— В ответ на просьбу прокомментировать ваш приговор в день его вынесения Путин сделал вид, что не знает вас, спросив, идет ли речь о некоем «блогере». Этим же словом он называет Алексея Навального. Почему он реагирует таким образом? И почему он использует слово «блогер» в пренебрежительном ключе?

— У Путина мания величия. Ему кажется, что когда он делает вид, что не знает своего оппонента, то унижает его таким образом. Он до сих пор ни разу не произнес публично фамилию Алексея Навального, хотя она известна всему миру. Он сделал вид, что не знает знаменитого музыканта Юрия Шевчука, критиковавшего власть, хотя сам же и пригласил его на круглый стол в Кремль. С моей точки зрения, такое демонстративное высокомерие выглядит комично, ведь всем известно, что Путин помешан на микроменеджменте и управляет политикой в ручном режиме. Так к чему эти кривляния? Зачем он строит из себя полубога, который с высоты своего Олимпа не замечает нас, простых смертных? По-моему, этим он лишь обнажает свои психологические комплексы.

Словом «блогер» президент, судя по всему, тоже хочет принизить статус своих оппонентов, и это тоже нелепо. У него же реально доисторическое мышление. Всерьез рассказывает журналистам, что интернет был создан ЦРУ и до сих пор остается проектом американских спецслужб, показательно игнорирует соцсети, презирает новые технологии и верит исключительно в телевизор. Никто в Кремле даже не пытается уже объяснить ему, что блоги и соцсети в современном мире — это важная часть публичной политики. Соцсети создают удобный канал прямой коммуникации с избирателями, позволяют выйти на огромную аудиторию. Вспомните, как ярко работал в твиттере Трамп, сколько просмотров собирали видео на ютуб-канале Зеленского во время президентских выборов. Но для Путина это все темный лес, а блогер — ругательное слово. Такая дремучесть может вызывать разве что улыбку.

— Восемь с половиной лет тюрьмы — это срок, который больше тех, что обычно дают убийцам и насильникам. Почему власти подавляют мирное несогласие, но проявляют терпимость к тому, что в соцсетях и на телевидении ведутся критические разговоры националистов в отношении генералов?

— Путин явно зол на своих военачальников. На протяжении многих лет они получали огромные деньги, убеждая президента в том, что создают непобедимую армию. Путин наблюдал эффектные учения на полигонах, принимал шикарные парады на Красной площади, ему демонстрировали новейшие военные разработки, суперсовременные танки. Ощущение силы во многом и подтолкнуло его к началу войны, поскольку давало уверенность в том, что с такой могучей армией сопротивление украинцев удастся подавить за считанные дни.

Однако реалии на поле боя быстро развеяли эти иллюзии. С первых же дней войны вскрылись тяжелые проблемы наших вооруженных сил: некомпетентное командование, коррупция, ломающаяся техника, допотопное оружие, немотивированные солдаты. Выяснилось, что новейшие разработки так и остались рекламной картинкой, а воевать приходится, вскрывая старые советские арсеналы. Склады разворовали, и бойцам не хватает базовой экипировки. Генералы бездарны и отправляют подчиненных на убой, а своим сыновьям вешают на грудь ордена.

И что делать Путину в такой ситуации? Посадить за решетку министра обороны в разгар войны? Уволить начальника Генерального штаба? Но тогда придется расписаться в своих кадровых ошибках, а президент патологически не умеет признавать ошибки. Поэтому он сделал ставку на параллельные силовые структуры, которые ему кажутся более эффективными. Путин дал карт-бланш своему старому приятелю Пригожину, собравшему частную армию из наемников и заключенных. Эти группировки действуют откровенно криминальными методами, не зная пощады ни к своим, ни к чужим, повсеместно нарушая законы и обычаи войны. Путин усилил влияние Кадырова, чьи боевики демонстрируют особую жестокость. И одновременно президент снял запрет на публичную критику в адрес генералов со стороны национал-популистского сообщества, фактически назначив военачальников ответственными за поражения на фронте.

Ну а мирный протест оппозиции Кремль жестко подавляет, так как мы постоянно напоминаем: именно Путин остается верховным главнокомандующим в России, именно он развязал войну, на его руках кровь десятков тысяч россиян и украинцев. Такая риторика крайне болезненно воспринимается Путиным, и он делает все, чтобы заткнуть нам рот.

— *После убийства вашего наставника Бориса Немцова в 2015 году вы закончили его доклад об участии российских войск в преступлениях, совершенных на войне в Донбассе. Можно ли было уже тогда предвидеть то, что следующим шагом станет «специальная военная операция»?*

— Восемь лет назад Путин решил две задачи. Во-первых, забрал Крым и тем самым укрепил свои пошатнувшиеся позиции в российском обществе. А во-вторых, создал постоянный очаг напряженности на Донбассе, который использовался как рычаг давления на Киев и Евросоюз. Все понимали: сохраняя военное и политическое присутствие на востоке Украины, Кремль может в любой момент спровоцировать эскалацию. Но, откровенно говоря, вероятность такой большой войны казалась мне маловероятной. Да, Путин мог стягивать войска на границе, шантажировать Запад, выторговывать что-то угрозами, демонстрацией силы. Но бомбить города с миллионным населением? Создавать линию фронта протяженностью в тысячу километров? Безумие! Это выглядело абсолютно иррациональным, а следовательно, нереальным сценарием.

Полагаю, что если бы Путин заранее знал, к чему приведет эта кровавая авантюра, то, возможно, не рискнул бы отдать приказ о нападении на Украину. Вряд ли он всерьез был готов платить такую цену, но повторюсь: российский президент пребывал в иллюзиях своего могущества. Так часто бывает с диктаторами, окружающими себя людьми, которые готовы говорить лишь то, что хочет слышать начальник.

Путин, очевидно, верил, что решительным ударом по Украине поменяет баланс сил в мире и заставит западные правительства принять его лидерство. Но ошибся, стал военным преступником и изгоем, который, вероятно, закончит свои дни либо за решеткой, либо прячась в бункере.

— *Запад полностью монолитен в поддержке украинцев. Что он мог бы сделать, чтобы помочь гражданскому обществу в России? Что вы думаете об уже введенных санкциях?*

— Санкции достигнут нужного результата, если будут эффективно бить по путинским элитам. Чиновники, олигархи и генералы должны четко понимать, что им грозит за участие в военной агрессии. И речь должна идти не только о визовых ограничениях, не только о блокировке активов, но и о международных ордерах на арест. Окружение Путина должно понимать, что он всех тащит за собой в бездну. Смысл санкций в том, чтобы вносить раскол в кремлевские элиты, отталкивать людей от токсичного президента, делать сотрудничество с ним невыгодным и опасным. При этом было бы разумным оставлять и механизм выхода из-под санкций для тех чиновников и олигархов, которые готовы к деятельному раскаянию, разрыву отношений с Кремлем и искуплению вины. Без такого механизма у элит не останется иной альтернативы, кроме как сплотиться вокруг Путина.

Ну а самой большой ошибкой, на мой взгляд, являются те санкции, что направлены против российского народа в целом. Важно понимать, что мои соотечественники тоже стали жертвами политики Путина. Кого-то обманули, кого-то зомбировали пропагандой, кого-то просто запугали. Мой народ стал заложником этой власти, и Путин прикрывается россиянами, стремясь переложить на них ответственность за свои преступления. И, к сожалению, зачастую западные правительства бьют санкциями именно по заложникам, что влечет обратный эффект. Пропаганда Кремля получает новые аргументы для манипуляций, Запад воспринимается русскими все более враждебно, а людям ничего не остается, кроме как сплотиться вокруг Путина. Не надо допускать таких очевидных ошибок. Мировому сообществу стоит искать в россиянах союзников, а не врагов. Протяните моему народу руку и предложите помощь вместо попыток наказать и унизить.

— Многие наблюдатели говорят о «коллективной ответственности» русских за действия Путина. Многие украинцы упрекают вас в том, что вы не устроили «Майдан». На самом деле, вы пробовали. Но власти сделали все возможное, чтобы разгромить вас. Какое гражданское общество может дать ростки в этих условиях? Можно ли говорить о том, что вы скорее инакомыслящие, чем оппозиция?

— Оппозиция — это неотъемлемая часть политической системы, которая действует в рамках государственных институтов и через процедуру выборов может стать властью. Именно так мы и пытались работать многие годы, но на месте оппозиции Путин оставил выжженное поле. Поэтому корректнее, наверное, называть нас сегодня диссидентами, которые, как и в годы советской власти, критикуют Кремль и говорят правду, рискуя личной свободой, а иногда и жизнью.

Но это не значит, что все безнадежно. Сейчас нам приходится платить за свободу такую высокую цену, что мы наверняка научимся ее беречь, когда, наконец, завоюем. И не отдадим ее так же легко и безропотно, как это случилось после прихода к власти Путина.

У меня большие надежды на молодое поколение: на ребят, которые сейчас заканчивают школы и учатся в университетах. Даже по официальным соцопросам, среди них минимальный уровень поддержки войны и действующей власти. Они не понимают, что российские войска делают в Украине, им чужда агрессивная политика. Они хотят мирно жить и работать, свободно путешествовать и быть частью человеческой цивилизации, а не изгоями. Я говорю с этими ребятами на одном языке и чувствую их поддержку, именно они — основная аудитория моих соцсетей. Путин же ими воспринимается как динозавр времен холодной войны. И будущее за этим новым поколением. Сегодня они дети, а завтра — народ.

— Некоторые ваши прошлые товарищи по баррикадам, как Любовь Соболь, скажем так, «упрекают» вас в том, что вы не уехали из-за того, что ваш YouTube-канал смотрели почти полтора миллиона человек и он помогал бороться с государственной пропа-

гандой. Из тех, кто остался в России и еще не в тюрьме, есть ли кто-либо, кто может встать на ваше место?

— Странно слышать про упреки. Полагаю, вы неправильно поняли Соболь, ведь уезжать или оставаться в России — это личный выбор каждого, и упреки здесь неуместны с обеих сторон.

Так или иначе, арест не привел к тому, что я замолчал и выключился из политической борьбы. На моем YouTube-канале по-прежнему публикуются видеоматериалы, где я (пусть и заочно) высказываю свое мнение о происходящем. Например, мое последнее слово в суде собрало почти два миллиона просмотров. В соцсетях регулярно появляются мои тексты о тюрьме, о войне и о российской власти. Я все так же активно общаюсь с журналистами, пусть и по переписке. Да и каждое судебное заседание я стремился превратить в трибуну, с которой произносил антивоенные речи. Я убежден, что в России обязательно должен звучать антивоенный голос, и своим примером хочу побудить других не молчать. И конечно, в моей стране остались честные люди, готовые подхватить это знамя. Впрочем, называть их фамилии не стану, чтобы не рисовать на них мишени и не облегчать жизнь спецслужбам.

— В зале суда меня поразила безмятежность, с которой вы приняли приговор. После его вынесения вы выкрикнули: «Если кто-то думает, что Путин будет править еще восемь лет, то он большой оптимист». А в своем последнем слове вы обратились к Путину, заявив, что 24 февраля была совершена «большая ошибка». Но, кажется, что пока что он за нее не расплачивается. Действительно ли дни Путина сочтены? Возможна ли другая Россия? Нет ли риска того, что после него к власти придет кто-то еще хуже, типа главы группы «Вагнер» Пригожина или лидера Чечни Кадырова, преступления которого вы мужественно разоблачали годами?

— Я не знаю, когда Путин потеряет власть. Может, он сползет с трона уже в следующем году. Может, продержится еще пять или даже десять лет (хотя вряд ли, конечно). Историю нельзя просчитать наперед, политические процессы непредсказуемым и зависят от множества случайных факторов.

Впрочем, есть ощущение, что политические процессы Путин ускорил — и ослабил свои позиции, ввязавшись в эту войну. До сих пор секрет его устойчивости был в социальном договоре, который гарантировал ему лояльность общества и элит в обмен на относительно комфортный уровень жизни в нашей стране. Высокие цены на нефть позволяли осыпать деньгами истеблишмент и не допускать массовой нищеты среди граждан. Теперь этот баланс нарушен: элиты под санкциями, цены растут, страна изолируется, а люди не только беднеют, их еще и отправляют умирать на фронт. Путин вдруг стал источником нестабильности, опасности и дискомфорта для всех. Несомненно, это создает угрозу его личной власти.

В политической перспективе Путин обречен. Сколько ни цепляйся за власть, в конце концов он уйдет и в учебниках останется убийцей и злодеем. Возможно, после него Кремль попытаются занять такие же убийцы, но вряд ли им удастся задержаться там надолго. Уголовник Пригожин или бандит Кадыров никогда не будут приняты российским народом.

А нас — примет. Потому что на смену нынешнему милитаризму обязательно придет общественный запрос на мир, гуманизм и спокойное развитие. На те ценности, которые я и мои товарищи отстаивали годами и за которые шли в тюрьмы и рисковали жизнью. Будущее принадлежит нам, я это знаю. Поэтому приговор в суде слушал спокойно и с улыбкой.

— Что представляется более реальным — надежда на то, что Путин может пойти на переговоры, или опасение того, что он применит ядерное оружие?

— Сейчас тема ядерного удара почти полностью ушла из публичной повестки в России, хотя еще несколько месяцев назад чиновники и пропагандисты едва ли не ежедневно грозили планете апокалипсисом. Думаю, Путин понизил градус риторики под давлением своих китайских товарищей, влияние которых на Кремль после начала войны выросло многократно. Понятно, что Пекин не заинтересован в ядерной эскалации, поскольку это может открыть ящик Пандоры и создает риск применения оружия массового поражения и в других горячих точках, в том числе в непосредственной близости от китайской границы.

Это, конечно, не значит, что отныне вероятность запуска ядерных ракет по территории Украины полностью исключена. Полагаю, Путин по-прежнему держит такой сценарий в уме на случай масштабного продвижения ВСУ и полного обрушения линии российской обороны.

Но кажется, что сейчас он всеми силами ищет диалога и желает заморозить боевые действия. В контактах с иностранными лидерами, в тезисах пропаганды постоянно проводится мысль, что Кремль немедленно готов сесть за стол переговоров, однако Украина упорствует и продолжает воевать. Очевидно, что каждый новый день боев увеличивает издержки для России: армия с трудом держит оборону, боеприпасы заканчиваются, экономика ушла в минус, а в обществе растут страх и тревога. Путин не рассчитал силы и хочет передышки. Впрочем, если сейчас он получит паузу, нет никакой гарантии, что через год-два он не соберет новый кулак и не ударит опять.

24 января 2023
11:20

Начиная с Нового года я получил в тюрьме целое море ваших писем. Кажется, уже больше тысячи. И среди них — множество добрых слов от жителей Удмуртии, где я сейчас сижу, ну то есть от моих нынешних «соседей».

Почитайте, пожалуйста, фрагмент одного из таких писем:

«Дорогой Илья!

Я живу в Ижевске и хочу рассказать вам о людях, которые тут живут. С начала войны и всю весну ни одно воскресенье не обходилось без антивоенных митингов. Нас было много... Соцсети были полны протестными постами... До сих пор мы говорим о происходящем, называя войну войной и оставаясь в России...

Мы делаем, что можем.

В Ижевск привезли беженцев, в основном из Мариуполя. С первых дней люди помогают им с переездом, лекарствами, одеждой, оказывают человеческую поддержку. Все это мы делаем, потому что испытываем непроходящую боль и вину за происходящее. В нашей волонтерской группе 930 человек...

В нашем городе есть и независимые театры. Мы вместе собираемся на площадках, где читаем книги, смотрим кино, задаем друг другу вопросы и пытаемся на них ответить.

Рассказываю все это, чтобы вы знали: и здесь, в исторически режимном городе-заводе, многие люди не сошли с ума, не потеряли достоинство. Нас много. Совсем молодые, пожилые — вокруг меня только такие, кто против войны и этого режима...»

Я и не сомневался, что Удмуртия — край достойных и неравнодушных людей. Рад в этом убедиться.

26 января 2023
19:19

Читаю в ваших письмах многочисленные цитаты Оскара Кучеры[35] в интервью Дудю, смеюсь, конечно.

Но зря вы ругаетесь. Недалекий дядя сильно помог сковырнуть эту власть: кто теперь захочет ассоциироваться с коллективным Кучерой?

27 января 2023
10:13

Каждый вечер в моей тюремной камере включается радио. Включается автоматически и ровно на час. В эфире звучит «Соловьев Лайв», прости господи.

Ну что вы смеетесь — я слушаю. Куда деваться? Хочешь не хочешь, а приходится. Вся тюрьма слушает.

Сначала там, как правило, генерал Конашенков отчитывается об успехах на фронте. Если верить этим отчетам, спецоперация в Украине развивается очень успешно. Сокамерник, например, только от меня узнал, что российская армия, оказывается, оставила Херсон. Конашенков ему почему-то об этом так и не сообщил.

Но ладно Конашенков. Кого удивишь Конашенковым. Я вот для себя другого персонажа открыл благодаря этим ежевечерним вливаниям в мои уши. Зовут Сергей Мардан. Знаете такого? А он есть.

Я, ребята, таких ненавидящих все живое людоедов редко встречал. Мне кажется, когда у него во время эфиров слюна капает, она натурально дырки в столе прожигает.

Рассказывая про удар по жилому дому в Днепре, Мардан, разумеется, объясняет, что это украинцы сами — чтобы Путина подставить. Ну либо неудачно сбили российскую ракету, и обломок упал на дом. В общем, сами виноваты. Зачем сбиваете наши гуманитарные ракеты, которые мирно летят уничтожать ваши богомерзкие электростанции? Не понимаете, что это ради вашего же блага? Должны понимать!

Потом он набирает в легкие побольше воздуха... А даже если и наша ракета попала в этот дом? Ну допустим! И что? Я, говорит, считаю, не надо стесняться и оправдываться.

Слушаю это все и думаю: мама дорогая! Не иначе Красовский[36] укусил мужичка.

А Мардан тем временем не унимается и уже проводит голосование с участием радиослушателей и зрителей в интернете. Наемники из «Вагнера» поймали двух граждан, которые вроде как собирали данные для ВСУ. И вот аудитория «Соловьев Лайв» решает, что с этими украинцами делать — расстрелять сразу или, может, пока «на подвал» посадить... Но 2% голосуют за то, чтобы отпустить их с миром.

Ох, братцы. Я думал, из радиоточки сейчас точно бесы вылезать начнут. «Каждого! Каждого из этих двух процентов мы вычислим по айпи-адресам», — шипел Сергей Мардан.

Маньяк, короче. Даже странно, что еще в госдуме не заседает.

30 января 2023
10:07

Страх новой волны мобилизации пронизывает Россию — даже за решеткой я это ощущаю. В следственных кабинетах СИЗО слышны споры о том, станут ли отправлять на войну адвокатов. Тюремщики шепчутся о погибших в бою друзьях и одноклассниках. В «столыпинском» вагоне конвоир показывал мне семейное фото и объяснял, что ему на фронт никак нельзя, поскольку дома трое детей и мать-старушка. Так убеждал, будто лично от меня зависит, отправят его воевать или нет.

Еще до этапа в Удмуртию я обратил внимание на одну закономерность. Чем лояльнее и тише вело себя население какого-то региона в последние годы, тем более варварски проходила там осенью мобилизация. Мужиков забирали на войну целыми селами, хватали в городском транспорте, крутили руки, отправляли в казармы буквально одним днем.

В Москве, которая традиционно отличается относительно высокой протестной активностью, подобное тоже происходило, конечно. Но если в «лояльных» регионах произвол был нормой, то в столице это были скорее отдельные эпизоды, а Собянин поспешил первым завершить мобилизацию.

Наверное, дело в том, что мэр Москвы у нас гуманист и демократ? Как бы не так. Просто Собянин хорошо знает: если москвичей как следует разозлить, они могут выйти на улицы и устроить проблемы. Поэтому с 24 февраля столичные власти пытаются усидеть на двух стульях — и Путину угодить, и людей не слишком раздражать. А в регионах, где граждане обычно сидят на стульях ровно, чиновники про деликатность и не думают. Мужиков пинками загоняют в военкоматы.

Поймите меня правильно. Я не пытаюсь сказать, что где-то люди лучше, а где-то хуже. Мысль моя в том, что не надо бояться давать отпор произволу. Чем активнее вы сопротивляетесь, тем больше у вас шансов не только защитить свои права, но и просто выжить в этой мясорубке.

Сопротивление — полезно.

Февраль

2 февраля 2023
09:19

Мой приговор — 8 лет и 6 месяцев в исправительной колонии. Так государство оценило несколько фраз, сказанных против войны. Вообще, даже по меркам нашего «правосудия» срок выглядит людоедским. Однако еще более эффектно он выглядит в контексте других приговоров.

Вот, например, Сережа из города Воткинск, Удмуртия. Молодой парень, даже тридцати нет. Первый срок он получил по малолетке, когда сцепился в подъезде с соседом и полоснул его ножом. Истекающего кровью соседа отвезли в больницу, а Сережа поехал знакомиться с зоной. Освободившись, он пристрастился к магазинным кражам. В итоге попался, когда выносил несколько бутылок, колбасу и творожный сырок. Получил еще год тюрьмы.

Сережа говорит, что честно пытался взяться за ум, оказавшись на воле. Устроился на стройку, подрабатывал грузчиком.

Одна беда: когда у Сережи горят трубы, он себя не помнит. Не помнит, как пришел домой, где жил с мамой. Не помнит, как тряс из нее заранее спрятанную пенсию. Не помнит, как забил ее до смерти руками и ногами.

Суд дал Сереже 8 лет.

На полгода меньше, чем мне.

7 февраля 2023
19:06

Вы меня, наверное, потеряли, друзья? А я уже в Москве. В той самой камере СИЗО «Медведь», из которой уехал перед Новым годом.

Как вы догадываетесь, мое этапирование было не очень законным. Приговор еще не вступил в законную силу, мы ждем рассмотрения апелляции, а суд обязан ознакомить меня с материалами уголовного дела. Понятно, что ознакомление это возможно лишь в столице, поскольку материалы физически находятся здесь. Так что путешествие в Удмуртию было мелкой пакостью из серии «Ну что, дружок? По России кружок?».

Честно говоря, внутренне я уже смирился с тем, что ближайшие месяцы проведу в Ижевске. Но прилетела моя прекрасная защитница Мария Эйсмонт, строго посмотрела на местное начальство поверх очков и сказала: «Так, минуточку». Она дотошно зафиксировала нарушения, подписала у меня нужные заявления и сразу после праздников направила протест в московский суд. Там покрутили в руках закон, похмурились, но были вынуждены признать: да, права подсудимого Яшина нарушены, возвращайте его назад. И вот я уже трясусь в «столыпинке» по пути в Москву.

Вроде пустячок, а приятно. Как минимум родителям будет проще попадать ко мне на свидания. Но про возвращение домой все же шутить не надо. Цитируя группу «Пилот»: «Ой, не по мне такие дома».

Всем добра!

10 февраля 2023
10:05

Уже почти семь месяцев я провел в неволе. Моя жизнь сейчас — это тюрьмы, столыпинские вагоны, прокуренные сборки и люди с поломанными судьбами. Целый мир, отгороженный колючей проволокой и решетками.

Никому из вас, друзья, не желаю здесь оказаться, но все же хочу показать то, что вижу я.

Подростком я учился в художественной школе, однако с 14 лет, кажется, ничего не рисовал. А в тюрьме решил снова попробовать и хотя бы отчасти передать весь этот мрачный колорит.

Не судите строго.

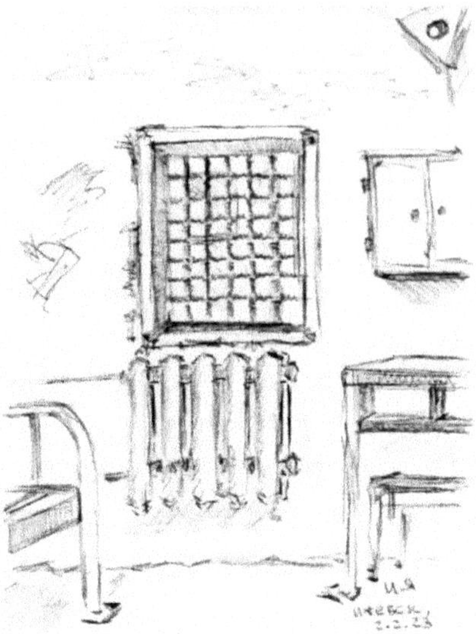

13 февраля 2023
13:59

На часах было уже три часа ночи, когда арестантов, ожидающих этапа, вывели из ижевской тюрьмы. Заключенные толпились небольшими группами перед автозаками, которые должны были отвезти нас на вокзал. Долговязый парень, щурясь в темноте, заглядывает мне в лицо.

— Слушай, а ты ведь этот... ну как... Лев Яшин!

— Почти угадал.

— Точно! Я же тебя задерживал!

— ???

Бывший сержант полиции бодро рассказал, как участвовал в разгоне Форума

независимых депутатов в марте 2021 года. Мы собрались тогда в комплексе «Измайлово», но почти сразу зал оцепили силовики, и больше сотни депутатов со всей России было арестовано.

— Помнишь, тебя в автобус грузили? Вот я как раз и принимал!

Радуется так, будто встретил старого друга. Впрочем, теперь мы по одну сторону решетки. Прошлой весной сержант выпил, проскочил на красный, и после столкновения с проезжавшей по шоссе машиной его «Мерседес» влетел в стену дома. Водитель был пристегнут и отделался сотрясением. А вот пассажир ремнем безопасности пренебрег, вылетел через лобовое и погиб на месте. Сержант получил 6 лет колонии.

***

В столыпинском вагоне напротив меня сидит старик. Скрючился, дымит папироской. Замечаю на пальцах расплывшиеся от времени наколки. Сидел уже, отец? Кивает. Из 62 лет жизни Михалыч 25 провел в лагерях. Самая долгая отсидка — с 1986 по 1998 годы. Все самое интересное пропустил, говорю. Дед смеется беззубым ртом. Да, мол, сел в одной стране, вышел в другой.

Сейчас он ждет очередной срок. Выпивал с соседом у себя в деревне. Слово за слово, взял полено и проломил ему голову. Тот умер.

— Не жалко?

Машет рукой и отворачивается.

***

В Кирове в наше купе заводят парня. Он бросает баул и протягивает руку: Василий. Сам из небольшого города, сел за драку с полицейским, собирается на войну. Отламываю ему кусок шоколада и спрашиваю, не боится ли погибнуть.

— Не, я везучий. На мотике дважды разбивался, все ничего...

Показывает шрамы на башке, доказывая свою живучесть. Ну хорошо, говорю, а сам убивать готов? Там люди свою землю защищают, а ты поедешь с оружием в чужую страну. Парень жмет плечами.

— Там ведь одни нацисты...

— С чего ты взял?

— По телеку показывали.

— Ты веришь телеку?

— Я что, дурак? По телеку одно вранье.

Вася беззаботно жует шоколад, а я пытаюсь переварить услышанное.

— Вась...

— А?

— Ты с Оскаром Кучерой случайно не знаком?

18:15

В американском журнале Time на русском и на английском языках вышла статья Ильи Яшина, в которой он призывает мировое сообщество не винить в преступлениях режима Путина весь русский народ[37].

Скоро год, как длится война, развязанная Кремлем против Украины. Она унесла десятки тысяч человеческих жизней, разрушила целые города и превратила в беженцев миллионы семей.

Владимир Путин, ответственный за эту трагедию, стал настоящим символом зла, его проклинают по всему миру. Но кажется, что все чаще объектом враждебности становится и народ России. Главная претензия к русским: вы не сопротивляетесь агрессивной политике своего правительства, а значит становитесь соучастниками военных.

Меня зовут Илья Яшин, я российский оппозиционный политик, которого Кремль держит в тюрьме с середины лета. Меня приговорили к 8,5 годам заключения, потому что я публично выступал против войны с Украиной. Но сегодня я хочу сказать несколько слов в защиту своего народа.

Первое: мы сопротивляемся. С начала вторжения и в течение всего 2022 года полиция задержала в России почти 20 тысяч противников войны. По свидетельству правозащитников[38], с 24 февраля акции протеста почти ежедневно вспыхивали в разных городах, а без задержаний и арестов за время войны обошлось лишь 18 календарных дней. На общем фоне мы видим удивительные примеры гражданского мужества. Так, провинциальный кочегар Владимир Румянцев получил 3 года тюрьмы за организацию самодельной радиоточки, через которую он транслировал антивоенные сообщения, а московский депутат Алексей Горинов отправлен за решетку на 7 лет после того, как предложил на заседании в муниципалитете почтить минутой молчания память погибших украинских детей.

Второе: люди бегут от Путина. За год Россию покинуло от 1 до 1,5 миллионов граждан, и абсолютное большинство из них эмигрировало, не желая быть причастными к военной агрессии. Хочу обратить внимание, что уехало из страны как минимум вдвое больше людей, чем было мобилизовано на войну. Да, вы, наверное, можете упрекнуть тех, кто предпочел бегство сопротивлению, тюрьмам и пыткам. Но факт в том, что сотни тысяч моих соотечественников оставили свой дом, не согласившись становиться убийцами по призыву правительства.

Третье: оставшиеся в России живут на правах заложников. Многие не одобряют войну, но молчат, опасаясь репрессий. Однако молчание заложника, на которого направлено ружье террориста, не делает его пособником террориста.

Я хочу призвать мировое сообщество к мудрости. Воздержитесь от унижения русских, ведь такая риторика лишь укрепляет власть Путина. Перекладывая ответственность за военные преступления кремлевской хунты на мой народ, вы облегчаете моральный и политический груз Путина. Вы даете ему возможность прикрываться от справедливых обвинений людьми, которые, по сути, становятся в этой ситуации живым щитом. Мне это видится серьезной ошибкой.

Путин принес огромное горе украинскому народу. Но этой варварской войной он убивает и мою страну — Россию. Я верю, что русские могут стать союзниками свободного мира в противостоянии тирану. Протяните руку моим согражданам.

17 февраля 2023
18:41

Мой этап из Ижевска в Москву занял примерно двое суток. На подъезде к Кирову разговорился с одним из оппозиционно настроенных соседей. Спорили про войну, про Навального, про экономику...

И вот остановка, в поезд заводят новую партию заключенных. На пороге нашего купе появляется мужичок с баулом.

— Здорово, — говорит, — в какое СИЗО едем, не подскажете?

— Не, братан, — флегматично отвечает мой сосед. — Мы политикой не интересуемся.

История про то, как грустные анекдоты становятся частью нашей жизни.

20 февраля 2023
10:17

Мне всегда было любопытно, где Балабанов находил образы для своих фильмов. Все эти мрачные бандиты, провинциальные гангстеры, динозавры из девяностых... На самом деле они никуда не делись.

От Нижнего до Москвы со мной в «столыпинке» ехал Колян. Помятый, взлохмаченный мужик в спортивном костюме. Мы оказались ровесниками, но на вид ему крепко за пятьдесят. Бесконечно курит и готов часами рассказывать про свою жизнь.

Рос Николай на Дальнем Востоке, с горем пополам окончил школу и пошел служить в морскую пехоту. После дембеля пару месяцев не просыхал, но в итоге его «подтянули старшаки». Ездил с пацанами на стрелки, толкался на рынке, собирал дань с торгашей. Но судьба-злодейка: погорел на первом же серьезном деле.

Бригаду навели на коммерсанта, хранившего дома крупную сумму. Ребятишки к нему вломились, привязали к стулу...

«Ну и попытали немного, пока он код от сейфа не сказал», — объясняет Колян, показывая жестами, как душил жертву.

Добыча оказалась приличной, больше ста тысяч долларов. Но пока бандиты ковырялись с сейфом, предприниматель сумел развязаться и с криками рванул к окну. Колян красноречиво описывает, как коммерсанта снова пытались скрутить и заткнуть рот...

«В общем, башку я ему отпилил, — вздыхает. — Так вышло».

Все бы ничего, но в борьбе один из гангстеров потерял перчатку и наследил

отпечатками пальцев. Банду вычислили, а Николай на 13 лет отправился за решетку.

Сидя в колонии, головорез завел роман по переписке. Женщина из Тюмени приезжала к нему на свидания, забеременела, и к моменту освобождения Коляна ждала семья: супруга и маленькая дочь.

Вместе с женой бывший зек начал небольшой бизнес: «торговали китайскими шмотками». Дама, однако, оказалась неверной: «спуталась с кем-то и стала крысить деньги». Второй срок Колян получил за то, что «слегка отмудохал» жену, а та «мусорнулась».

Пока он сидел, женщина все продала и уехала в другой город. Николай ее нашел, потребовал свою долю и пригрозил забрать ребенка. Тогда супруга написала заявление в полицию, обвинив его в педофилии: якобы Коля растлил свою дочь. И снова здравствуй, тюрьма. Следователь обещает 15–18 лет строгого режима.

Мой собеседник выпускает табачный дым кольцами и прикидывает, в каком возрасте сможет освободиться. Жалуется, что «тяжко сидеть по такой зашкварной статье».

Я смотрю в пол.

— На войну, наверное, поеду, — вздыхает он.

— Убьют, — говорю.

— Да я и так уже умер.

22 февраля 2023
20:14

У нас в тюремном спецблоке неделю не работали телевизоры. Вроде какая-то проблема с антенной. Поломку устранили ровно за час до послания Путина. И тут же с экрана понеслись вопли: «Это будет историческое выступление! Скажет такое, что весь мир вздрогнет! Грядет нечто великое!»

Ну я приготовился слушать, конечно. Что он там, думаю, объявит? Царем себя провозгласит? Возродит СССР в границах 1945 года? Пообещает вернуть Аляску?

Однако, как говорил мой дед, получился замах на рубль — удар на копейку. Путин снова поругал коварный Запад. Уговаривал себя в несокрушимости российской экономики.

Ну и дежурно потряс с трибуны ядерным оружием.

Не знаю, как вы, а я задремал под конец. В свое оправдание скажу, что не я один: видел на экране, как клевал носом депутат Слуцкий, а бывший журналист Хинштейн и вовсе зевал во весь рот.

Скучно, девочки.

24 февраля 2023
10:03

Уже год идет война с Украиной, и это до сих пор не укладывается в голове. Любому нормальному человеку происходящее причиняет невыносимую боль. Ну просто невозможно мириться с тем, сколько людей погибло и покалечено, сколько городов и сел разрушено, сколько беженцев лишилось домов.

Сегодня я хочу принести соболезнования украинскому народу. Простите, друзья. Это не мой президент и не моя война. Но мне стыдно и больно от того, что варварская агрессия на вашей земле проходит под флагом моей страны.

А гражданам России я хочу сказать, что война, в которую нас втянул Путин, никому не нужна. Вообще никому — в этом ее феномен. Она не стала народной в России, поскольку агрессия в принципе не может быть народной. Она обернулась катастрофой для наших соседей. Ударила по мировой экономике, разорила множество людей, лишила всех ощущения стабильности.

Так зачем эта война была начата? Причина в том, что безграничная и бесконтрольная власть сводит с ума и лишает чувства реальности. За 22 года в Кремле Путин стал жертвой собственной пропаганды и не оставил в личном окружении никого, кто решился бы сказать ему неприятную правду. Рядом остались только кивалы и поддакивающие холопы, которые говорят лишь то, что он хочет слышать. Довольно ординарный в общем-то человек, по воле случая оказавшийся на вершине власти, поверил в собственную гениальность и способность сломать мировой порядок и подстроить его под свои хотелки. А в итоге сломал жизни миллионов людей.

Россия большая страна с долгой историей. Мы переболеем этим недугом: Путин уйдет, а Россия останется. Но мы навсегда должны выучить урок: никаких больше «великих вождей», никаких культов личности, никакой «сильной руки». Только демократические институты и сменяемая власть. Каким бы замечательным ни был президент, два срока — и до свидания.

Всегда надо помнить, как заповедь, что власть развращает, а абсолютная власть развращает абсолютно. Развращает и убивает.

27 февраля 2023
10:15

Две самые страшные ночи в моей жизни:

24 февраля 2022 года и 27 февраля 2015-го.

Ночь, когда Путин начал войну с Украиной. И ночь, когда был убит мой друг Борис Немцов.

Я до сих пор помню оцепенение, в котором стоял на мосту рядом с телом Бори. Его открытые остекленевшие глаза. И мрачный Кремль — фоном.

В ту ночь я пообещал себе никуда не уезжать из России, ничего не бояться и стоять на стороне правды, за которую Немцов отдал свою жизнь. Дай бог, чтобы мне хватило сил выдержать этот обет.

Спи спокойно, Боря.

28 февраля 2023
13:27

У моего адвоката Марии Эйсмонт есть еще один подзащитный, которого судят по той же «антивоенной» статье 207.3 УК РФ. Это Дима Иванов, студент МГУ, который рассказывал в соцсетях про резню в Буче и бомбежки Мариуполя. За что в итоге и был арестован.

Стараюсь следить за процессом Димы: мне импонирует, как отважно и жестко он отстаивает правду о войне, несмотря на риск огромного срока. Напоминает мне героя старой песни, которую в конце 80-х исполнял БГ. Помните?

> Коммунисты мальчишку поймали,
> Потащили его в КГБ:
> Ты признайся, кто дал тебе книжку
> «Руководство в подпольной борьбе».
> Ты зачем совершал преступленье,
> Клеветал на наш ленинский строй?
> Срать хотел я на вашего Ленина —
> Отвечал им герой молодой...

Замените в тексте аббревиатуру из трех букв, а также фамилию вождя — и получите историю Димы Иванова. Завтра, 1 марта, у него прения в Тимирязевском суде Москвы (Дмитровское шоссе, д. 65), в 12:00. Приходите поддержать!

Март

5 марта 2023
10:01

У Ильи Яшина вышло интервью в британской газете The Guardian[39].

— *Чувствуете ли вы, что в тюрьме вам угрожает опасность? Ограничивают ли вас в еде или причиняют физический вред? И чувствуете ли вы, что сталкиваетесь с каким-либо психологическим давлением?*

— Я сижу в таких же условиях, как и сотни тысяч других арестантов в России. Для политзаключенных не делается никаких поблажек. Не имеет значения, сидите вы за грабеж, торговлю наркотиками или за то, что говорили правду о войне с Украиной. Вас ждут те же прокуренные, тесные камеры, такие же грязные душевые раз в неделю, одна и та же тюремная баланда на всех. Русская тюрьма представляет собой крайне неприятное место с тяжелой гнетущей атмосферой. Сам факт моего заключения — это и есть психологическое давление, месть за то, что публично выступал против Путина и отказался бежать из своей страны.

Впрочем, я не могу жаловаться на создание для меня каких-то особенных, исключительных условий давления. Я вижу, как издеваются над моими арестованными товарищами: Алексей Навальный месяцами сидит в карцере, Кара-Мурзе уже почти год запрещают позвонить детям, Андрея Пивоварова два месяца возили по разным тюрьмам и прятали от родных и адвокатов. Мне попроще, по крайней мере пока. Я не сталкивался ни с угрозами, ни с насилием, ни с издевательством. Напротив, к моему удивлению, среди конвойных и тюремщиков оказалось немало сторонников оппозиции, которые, конечно, не афишируют свои взгляды, но шепотом выражают мне поддержку. Понятно, что, если сверху будет дана команда посильнее на меня надавить и создать невыносимые условия, система станет действовать гораздо жестче. Но сами тюремщики инициативу не проявляют и ведут себя вполне уважительно и корректно.

Ну а что касается угрозы моей жизни… Сложно говорить на эту тему. После расстрела Немцова у стен Кремля, отравления Навального, массовых убийств в Украине от этой власти можно ждать чего угодно. Но, честно говоря, я стараюсь об этом не думать. Просто чтобы не сойти с ума.

— *Можете ли вы описать свою тюремную колонию, свои условия жизни и свой обычный день?*

— За восемь месяцев под арестом я сменил уже пять тюрем. Побывал в том числе и в Удмуртии, где провел весь январь (это регион более чем в тысяче километров от Москвы). Ну а сейчас меня держат в отдельном спецблоке московского изолятора под названием «Медведь», крупнейшей тюрьмы на территории Восточной Европы. По сравнению с общими корпусами, здесь установлен более строгий контроль за арестантами. В соседних камерах, среди прочих, сидят генералы и заместители министров, крупные бизнесмены, бывшие следователи, чиновники. Есть и несколько политзаключенных. Но моими соседями стали трое молодых людей, задержанных за наркоторговлю.

Режим здесь обычный для российских тюрем. В шесть утра подъем, три раза в день кормежка, отбой в десять вечера. Часовая прогулка во дворике, который выглядит как бетонный колодец с крышей и колючей проволокой. Раз в неделю выводят в душевые комнаты.

После того как пройдет рассмотрение в суде апелляции на приговор, меня, видимо, переведут в исправительный лагерь, где заключенные живут в огромных бараках и вынуждены работать по приказу начальства. Ну а пока я стараюсь проводить как можно больше времени за чтением и написанием текстов, чтобы держать интеллект в тонусе и не отупеть от тюремной рутины.

— Что ваши сокамерники думают о войне? Можете ли вы описать какие-либо из ваших разговоров о том, что происходит? Пребывание в тюрьме соответствует тому, что вы ожидали?

— Как ни странно, я совсем редко встречаю за решеткой искренних сторонников войны и агрессивной политики Путина. Люди здесь вообще не особо доверяют российскому государству, сталкивались с несправедливостью и обижены властью. К тому же по тюрьмам ползут слухи о зашкаливающих потерях на фронте среди заключенных, многих возмущает, что арестантов используют в боях как пушечное мясо и, по сути, не считают за людей.

Самое критическое отношение встречается среди тех, кто сидит за так называемые экономические преступления. Это, как правило, жертвы рейдерского захвата бизнеса со стороны силовиков, юристы, адвокаты, предприниматели, а также люди, которые еще недавно сами имели отношение к государственным структурам, но перешли дорогу более влиятельным представителям власти. Риторика таких арестантов обычно очень радикальна: они видели систему изнутри, знают, насколько она прогнила и разъедена коррупцией, считают себя жертвами этой системы.

Но встречал я, конечно, и тех, кто сам готов брать в руки оружие и ехать на линию фронте в составе, например, ЧВК «Вагнера» или кадыровских подразделений. Таких людей, по моим наблюдениям, можно разделить на два основных типа. Первый — это отчаявшиеся заключенные, получившие огромные сроки за тяжелые преступления. Война для них становится, по сути, единственным шансом обрести свободу, и они готовы рискнуть ради этого жизнью. Например, по пути в Удмуртию я познакомился в тюремном поезде с 48-летним мужчиной, которого ждет 20-летний срок за грабежи и убийства. Он понимает, что в лучшем случае выйдет из лагеря стариком, и готов с оружием в руках прокладывать себе путь на волю. Отдает себе отчет в том, что шанс выжить невелик, и сравнивает свое решение завербоваться наемником с игрой в русскую рулетку. Ставка в этой игре — жизнь и свобода. Причем, с кем воевать и кого убивать, ему не важно. Идеологические вопросы и моральная сторона вопроса вообще не рассматривается. Это как животный инстинкт: лишь бы вырваться из клетки, лишь бы выжить, лишь бы отменили приговор. Готов ехать куда угодно — и в Украину, и в Сирию, и в Африку.

Второй тип — это арестанты, которые получают не такие уж большие сроки (зачастую всего лишь год или полтора), но испытывают острую нужду в деньгах. Я общался с несколькими молодыми людьми, которые сидят за кражу еды в магазинах или хранение наркотиков и всерьез надеются попасть наемниками на фронт. Они признают, что после освобождения из тюрьмы, скорее всего, снова вернутся за решетку, поскольку не умеют зарабатывать на жизнь иначе как мелким криминалом. Война привлекает этих парней возможностью относительно больших заработков: в ЧВК по российским меркам платят довольно много.

Думаю, что среди погибших на украинской земле десятков тысяч российских зеков основная масса похожа на моих собеседников. Это те, кто решил рискнуть своей жизнью ради свободы и денег, «солдаты удачи». При этом никто из них, по моим наблюдениям, не считает эту войну народной и справедливой — о таких вещах арестанты, как правило, даже не задумываются. Война становится для них просто рискованной возможностью решить свои личные проблемы.

— *Вы когда-нибудь сожалели о своем решении остаться в России, несмотря на вероятность уголовного преследования? Изменилось ли ваше мнение по поводу этого решения?*

— Мне не о чем жалеть, поскольку свой выбор я делал осознанно и заранее понимал все плюсы и минусы такого решения.

Да, тюрьма — это тяжелый жизненный опыт. Здесь приходится выдерживать и бытовой дискомфорт, и психологические давление. Но сил мне придает убежденность в собственной правоте, а также огромная поддержка людей. За время заключения мне пришло целое море писем со словами благодарности, после десятитысячного письма в конце прошлого года я просто сбился со счета.

Почему я отказался от эмиграции? Потому что с первого дня боевых действий понимал: в России должен звучать антивоенный голос. Звучать настолько громко, насколько это возможно в сложившихся условиях. Путин сделал все, чтобы заткнуть рот противникам нападения на Украину. Он запугивал россиян, установил военную цензуру, выдавливал своих критиков за границу под угрозой ареста. Кремль всеми силами создавал иллюзию массовой, тотальной поддержки военной агрессии в российском обществе. А я здесь живу и знаю, что никакой тотальной поддержки нет, что многие против войны. И я публично представлял этих людей, озвучивал мнение антивоенной части нашего общества. И продолжаю озвучивать его даже сейчас, за решеткой. Возможно, что после ареста вес моих заявлений даже вырос, поскольку я доказал, что готов не просто говорить, но и отвечать за свои слова. Конечно, мне совсем не просто в тюрьме. Но я ни на секунду не усомнился в правильности своего решения остаться в России.

— *Кто-нибудь отговаривал вас от того, чтобы остаться в России?*

— Семья и друзья, понимая неизбежность репрессий, разумеется, обсуждали со мной тему эмиграции. Я объяснил свою позицию и постарался психологически подготовить близких к аресту. Конечно, все переживали, но решение мое приняли с уважением. Никто из родных не манипулировал чувством вины и не уговаривал меня сбежать. И я очень благодарен за это. Большое счастье, когда близкие тебя не только любят, но и уважают, когда готовы поддержать тебя даже в такой драматической ситуации.

Что же касается угроз и недвусмысленных предупреждений, то я получал их практически с первых дней войны. Например, сотрудники полиции в штатском подкараулили мою подругу у ее дома и в грубой форме посоветовали прекратить со мной общение, потому что я уже в шаге от тюрьмы. Вскоре начались обыски в районном муниципалитете, который я возглавлял, аресты в моем ближайшем окружении. Одному из моих адвокатов, человек, облеченный властью, прямо сказал, что если я не покину Россию в ближайшие дни, то окажусь за решеткой. Все эти угрозы я воспринимал всерьез и понимал, что времени у меня не так много. Старался успеть как можно больше: проводил прямые эфиры в YouTube, где рассказывал миллионам людей о военных преступлениях, публиковал антивоенные тексты и видео, разъяснял свою точку зрения журналистам. Но и после ареста я не замолчал, стараясь превратить тюрьму и суд в громкую антивоенную трибуну.

— В своем недавнем письме, опубликованном в Time, вы сказали, что Запад должен протянуть руку помощи русским, которые могли бы выступить против войны. Как? Что должен делать Запад? Считаете ли вы, что наступил момент (или моменты), когда Западу следовало бы оказывать больше поддержки русским и их оппозиции?

— Думаю, Запад мог бы послать ясный сигнал российскому народу о том, что не считает его врагом. Граждане России должны сегодня увидеть альтернативу: или путинский империализм, который несет смерть и нищету, изоляцию, коррупцию, произвол, или демократический путь, который вернет нашу страну в сообщество цивилизованных стран, гарантирует прогресс, развитие и процветание.

Будет большой ошибкой, если риторика и санкционная политика Запада выродятся в русофобию. Преследование военных преступников, коррумпированных олигархов, уничтожающих права и свободы чиновников, абсолютно оправдано. Но унижение русских, отмена нашей культуры приведут лишь к укреплению власти Путина, пропаганде которого будет проще лепить из Запада образ врага.

Я убежден, что американским и европейским политикам следует четко разделять путина и российский народ. Путину надо противостоять всеми силами, а народу нашей страны надо помочь избавиться от тирана.

— Как вы, вероятно, знаете, есть ярые критики русских, даже те, кто находится в оппозиции. Эти критики говорят, что простые россияне недостаточно сделали для борьбы с Путиным или просто для того, чтобы занять позицию против войны, и что они не заняли сильной позиции по Крыму и Донбассу после 2014 года. Какой эффект имеет эта критика? Как вы думаете, это когда-нибудь оправданно?

— Каждый такой критик должен в первую очередь задать вопрос самому себе: а что сделал я, чтобы остановить Путина и помешать его агрессивной политике? Давайте говорить откровенно. Даже после аннексии Крыма и войны на Донбассе в 2014–2015 годах Кремль не испытывал особых проблем в торговле с Западом, исправно собирая нефтегазовые сверхдоходы и обновляя вооружения. Санкции в целом носили поверхностный, формальный характер, почти не мешая Путину готовиться к новой большой войне. Европейские политики, вместо того чтобы занять жесткую принципиальную позицию, годами умиротворяли кремлевского диктатора, тем самым лишь укрепляя его уверенность в своей безопасности. Разве не так?

Упреки же в отношении общества со стороны эмигрировавших оппозиционеров звучат и вовсе цинично, я бы даже сказал — аморально. Сидя в комфорте и безопасности, вы обвиняете людей, которые обоснованно боятся за свою жизнь и свободу в России. Почему же вы сами предпочли эмиграцию сопротивлению? Почему другие должны рисковать собой (и многие, кстати, рискуют), пока вы хрустите круассаном в парижском кафе?

Поймите меня правильно, я не идеализирую свой народ. Да, мы, к сожалению, допустили эту преступную власть в Кремль. Люди поверили пропаганде, позволили собой манипулировать, не контролировали чиновников и силовиков. Все это — наша ответственность. Но это не значит, что российский народ заслуживает шельмования. Наше общество тоже стало жертвой Путина, по сути, он взял народ в заложники и прикрывается им от обвинений в военной агрессии. Не стоит подыгрывать Путину. Гораздо разумнее протянуть руку народу России и постараться сделать его союзником в противостоянии кремлевской хунте.

— *Какие сценарии вы видите для окончания этой войны? И что могут сделать русские, чтобы остановить войну? Есть ли в России какая-нибудь оппозиция, которая может остановить эту войну?*

Одна из идей заключается в том, что Путин должен уйти с поста, чтобы эта война закончилась. Вы думаете, это правда? Другая заключается в том, что Россия должна быть деколонизирована, или разделена, чтобы предотвратить угрозу Украине. Что вы думаете о таких предложениях?

— Война закончится за столом переговоров, когда условия созреют для такого разговора. Кремль явно утратил стратегическую инициативу на поле боя и готов договариваться хоть сейчас. Путин явно понимает, что его военные резервы исчерпываются, и хочет зафиксировать территориальные завоевания, которых удалось достичь в течение года. Очевидно, что изначальные планы — взятие Киева и формирование марионеточного украинского правительства — сняты с повестки как нереализуемые. Когда глава МИД РФ Сергей Лавров призывает к «миру с учетом сложившихся реалий», по сути, речь идет о предложении президенту Зеленскому отказаться от украинских территорий, оккупированных на данный момент армией России. Но украинцев это явно не устраивает: они укрепили свои вооруженные силы и готовят контрнаступление, чтобы вернуть под сине-желтый флаг завоеванные Путиным города. От того, когда и как завершится это большее контрнаступление, в общем-то и зависят параметры будущего мирного договора. Ну если, конечно, Путин не решит сыграть ва-банк и не нажмет ядерную кнопку. В этом случае нас всех, видимо, ждет третья мировая война с непредсказуемыми последствиями.

Возвращаясь же к вашему вопросу про российскую оппозицию — важно понимать, что ее, по сути, не осталось. Начав вторжение в Украину, Путин одновременно атаковал и оппозицию внутри нашей страны. Все оппозиционные структуры, институты гражданского общества и независимые СМИ разгромлены. Лидеры и активисты в тюрьмах, в бегах, объявлены иностранными агентами и предателями, помещены в розыскные базы спецслужб. Люди пытаются сопротивляться, более 20 тысяч человек были задержаны в России за антивоенные протесты в течение 2022 года. Но ждать чуда не стоит: у нашего общества нет шансов остановить военную и репрессивную машину Путина голыми руками.

— *Считаете ли вы, что эта война была бы неизбежна, если бы Путин остался у власти навсегда?*

— Пока Путин сохраняет власть, война или как минимум угроза войны будет постоянной. Этот человек обезумел от неограниченной власти и безнаказанности, он стал рабом своих маниакальных амбиций. И он абсолютно уверен, что самые сложные вопросы международной политики можно решить с помощью грубой физической силы и личной воли лидера.

Путин угрожает России, уничтожая ее будущее, а также всему миру, провоцируя глобальный конфликт и подрывая конструкцию коллективной безопасности. Отстранение Путина от власти хоть и не единственное, но обязательное условие для выхода из нынешнего кризиса и для устранения рисков новой мировой войны.

Что же касается идеи расчленения России, то я считаю ее вредной и опасной. Развал такой огромной страны неизбежно приведет к разжиганию множества кровавых региональных конфликтов и спровоцирует колоссальный поток беженцев. Не говоря уж про риск попадания ядерных арсеналов и прочего оружия массового поражения в руки каких-нибудь фанатиков и экстремистов.

Задачей должен быть не развал нашей страны, а ее демократизация. Свободная демократическая Россия, излечившаяся от империализма, вполне способна стать полноценным участником сообщества цивилизованных стран. Уверен, что рано или поздно так и будет.

— *Как вы думаете, когда вас выпустят из тюрьмы? При каких обстоятельствах?*

— Это сложно прогнозировать. Очевидно, что шанс выйти из тюрьмы у меня появится, если в России сменится власть. Возможно, освобождение политзаключенных станет одним из вопросов послевоенного урегулирования — это было бы разумно и справедливо. Но, к сожалению, похоже, что пока это вопрос не сегодняшнего и не завтрашнего дня. Понятно, что на добрую волю Путина рассчитывать не приходится. Людей, публично выступивших против военной агрессии в Украине, он ненавидит и считает врагами.

— *Находите ли вы какое-нибудь вдохновение в тюрьме? Что вы способны читать, о чем думаете? Как вы сохраняете свое здравомыслие и умудряетесь отстраниться от всего, что произошло?*

— Значительное время в тюрьме посвящаю чтению. Причем как документальной литературе — политическим мемуарам, историческим хроникам, так и художественным произведениям. Например, прочитал Азимова, до книг которого руки не доходили много лет. С удовольствием читаю Толстого, в очередной раз поражаясь, насколько похожие проблемы решало российское общество в начале прошлого века. Ремарк, Маркес, Стругацкие — книги очень помогают тренировать мозг. Кроме того, я много пишу: отвечаю на многочисленные письма сторонников, переписываюсь с журналистами, готовлю тексты для СМИ и своих соцсетей. Понимаю, что даже в тюрьме я обязан быть антивоенным голосом, который слышен и в России, и в мире. Это понимание и поддержка людей, которую я вижу и чувствую, очень меня мотивирует и помогает сохранять здоровую психику. Любые испытания можно выдержать, если у тебя есть благородная цель. Моя цель — способствовать прекращению войны и вызволению России из этого кровавого болота.

Кроме того, я стараюсь запоминать и записывать то, что вижу в тюрьме. Это мрачная, но в то же время очень колоритная действительность. Настоящие преступники и невинные жертвы сплетены с поломанными судьбами. Те, кто сдался и поставил крест на своей жизни, и те, кто продолжает бороться за свои права. Клубок из человеческих эмоций, драмы, зла, милосердия и горя. Мне интересно изучать этот мир, я делаю много публицистических заметок, которые однажды, вполне вероятно, станут основой для книги. Стараюсь даже делать зарисовки в блокноте. С художественной точки зрения они не очень умелые, но все же отражают атмосферу русской неволи.

— Было время, когда люди могли быть частью российской академической среды, шоу-бизнеса и другого обычного общества и при этом оставаться диссидентами или находиться в оппозиции. Возможно ли это еще?

— Судя по всему, эти времена уже в прошлом. Режим Путина деградировал до такого уровня, когда любое инакомыслие воспринимается властью как враждебность и предательство, а следовательно — пресекается репрессивным аппаратом. После начала войны из России выдавлено около 1,5 миллионов граждан. В их числе ученые, писатели, предприниматели, артисты, политики. Люди, которые способны приносить стране огромную пользу, конструировать ее будущее. Но они вынуждены бежать, просто потому что не согласны с политикой Кремля и бояться за свою безопасность. Власть не делает ничего для их возвращения, напротив — уехавших объявляют предателями, принимают законы, ограничивающие их права, вносят в списки иноагентов, всячески запугивают. Никакой оппозиции при путинском режиме уже не будет. Для формирования нормальной демократической системы требуется его демонтаж.

6 марта 2023
10:30

Я за решеткой почти восемь месяцев и все чаще встречаю в письмах вопрос: стоило оно того? Жалеешь, что остался в России? Признайся, наконец, что если перемотать время назад, то предпочел бы эмиграцию тюрьме.

Честно говоря, такая постановка вопроса ставит меня в тупик. О чем же мне жалеть?

Я ощущаю огромную поддержку людей, а моя жизнь наполнена смыслом. Понимаю, что на моей стороне правда, — и все окружающие это понимают, включая арестантов и тюремщиков. Приобретаю жизненный опыт, который делает меня сильнее, мудрее и, как ни странно, добрее. И самое главное: я живу в гармонии с собой.

Да, конечно, бытовой дискомфорт напрягает. Да, мне хочется обнять близких, не хватает природы, социальных связей, каких-то маленьких домашних радостей. Но я точно знаю, что если бы сбежал, то остался бы несчастным, эмоционально покалеченным и потерявшим самоуважение человеком.

Почти ежедневно я проговариваю про себя строки Юрия Левитанского, которые рифмуются с моей жизненной философией:

Каждый выбирает для себя
женщину, религию, дорогу.
Дьяволу служить или пророку —
каждый выбирает для себя.

Каждый выбирает по себе
слово для любви и для молитвы.
Шпагу для дуэли, меч для битвы
каждый выбирает по себе.

Каждый выбирает по себе.
Щит и латы. Посох и заплаты.
Мера окончательной расплаты.
Каждый выбирает по себе.

Каждый выбирает для себя.
Выбираю тоже — как умею.
Ни к кому претензий не имею.
Каждый выбирает для себя.

10 марта 2023
10:53

Большинство из вас наверняка редко смотрит ТВ — и правильно делает. Но в тюремной камере телек работает почти все время, нравится тебе это или нет. И вот на что я обратил внимание.

Практически весь развлекательный контент сейчас подвергается «морально-нравственной цензуре». Особенно это заметно на музыкальных телеканалах. Например, юноша поет про любовь, в тексте слова «...и до утра я буду пьян». Цензор тут как тут: слово «пьян» глушат или запикивают, словно это мат, а бокал шампанского в кадре размывают. Или мамкин рэпер строит из себя гангстера в клипе, разбрасывая купюры и размахивая игрушечным пистолетом. «Оружие» это тоже будто скрыто от зрителя, в руке рэпера остается лишь размытое пятно. Надо понимать, что государство таким образом бережет нашу психику от демонстрации пьянства и насилия.

А потом кто-нибудь из сокамерников переключает канал на новости. И в эфире государственного ТВ без цензуры и с нескрываемым упоением показывают, как совсем не игрушечные танки и РСЗО накрывают Украину огнем. Снаряды рушат жилые дома, разносят блиндажи. Коптер снимает с воздуха окопы, где украинскому солдату пуля снайпера прошивает голову. «Минус один!» — радуется смерти в прямом эфире диктор.

Просто тошнит от этого лицемерия.

13 марта 2023
09:52

За прошедший год все мы адаптировались к злу и стали привыкать к горю. События, которые должны шокировать, все чаще вызывают лишь тяжелый вздох. Я ощущаю это собственной кожей, ставшей подобием брони. Вроде бы все уже случилось, никого ничем не удивишь, эмоции притупились.

Но нет.

Новости в мою камеру приходят медленно. И буквально на днях я узнал про девочку Машу из города Ефремов, которая на уроке ИЗО сделала антивоенный рисунок. Учитель и директор школы обратились в полицию. В результате Машу отправили в приют, а ее отца-одиночку — под арест.

Я несколько раз это перечитал и клянусь — у меня до сих пор руки трясутся. Просто в голове не укладывается. Ребенок, которого лишают семьи за рисунок. Отец, у которого отбирают дочь, потому что он воспитывает ее добрым и миролюбивым человеком. Доносчики — учителя, которые перестраховываются, чтобы обезопасить свою шкуру, и выслуживаются перед государством. Мы будто очутились в мрачной реальности с марширующими молотками из клипа «Пинк Флойд»

Знаете, весной прошлого года моя коллега депутат Елена Котеночкина сказала на заседании, что Россия скатывается в фашизм. Это вызвало настоящую истерику. Соловьев визжал на ТВ, депутаты Хинштейн и Леонов завалили прокуратуру доносами, а Бастрыкин возбудил уголовное дело. От ареста Лену тогда спасла только срочная эвакуация за границу, она до сих пор в розыске.

Факт же в том, что представители власти и пропаганды очень обижаются, когда их сравнивают с фашистами. До скрежета зубов злятся. И скажу откровенно: я сам не люблю бросаться словом «фашисты».

Но на 24-м году правления Путина я хочу спросить эту власть: а кто вы, если не фашисты?

Бомбить страну, которая хочет вырваться из-под вашей «братской опеки», — это что, не фашизм? Убивать и сажать за инакомыслие — не фашизм? А отбирать детей у противников войны? А запрещать книги и спектакли неугодных авторов? А забивать головы школьников милитаристскими помоями?

Посмотрите в зеркало. Посмотрите и ужаснитесь.

14 марта 2023
12:26

Всем привет!

Хочу высказать свою позицию по теме, вызвавшей бурную дискуссию в последние дни.

1. Я считаю персональные санкции важным и эффективным рычагом давления на режим Владимира Путина. Демократическая оппозиция много лет добивалась от Запада создания такого механизма, а инициатором этого в свое время стал Борис Немцов. Именно он убедил европейцев и американцев заменить антироссийские санкции персональными по прин-

ципу «Страну не трогать, негодяев наказывать». Так в США был принят Закон Магнитского.

2. Смысл санкций в том, чтобы лишить Путина лояльности (в первую очередь) крупного бизнеса. Поддержка агрессивной политики Кремля должна становиться для олигархов проблемой, нести возрастающие издержки и лишать привычного комфорта. Таким образом стимулируется раскол в окружении диктатора.

3. Санкции следует применять рационально и гибко, чтобы эффект не получился обратным ожидаемому. Если вы только наказываете бизнесменов, не предлагая альтернативы, то вместо раскола получите их сплочение вокруг Путина. И напротив — поощрение тех, кто отдаляется от Кремля, расшатывает опору власти.

4. Я не подписывал коллективных писем в защиту лиц, попавших под западные санкции. Но я высказался в поддержку Михаила Фридмана, которого знаю много лет. Полагаю, что поступил порядочно по-человечески и разумно политически.

5. Фридман был близким другом Бориса Немцова, который нас познакомил еще в 2010 году. Знаю, что в жизни Бори были сложные моменты, когда Фридман ему сильно помог. Помню и ценю это.

6. После 24 февраля, пока я еще был на свободе, мы несколько раз общались с Фридманом. Я знаю, как он, уроженец Львова, относится к этой войне.

7. Понятно, что Фридман не святой: святых в крупном бизнесе нет. Но я не считаю его ни злодеем, ни вором, ни уж тем более разжигателем войны. Ставить его фамилию в санкционных списках наравне с одиозными путинскими олигархами мне не кажется справедливым.

8. «Прецедент Фридмана», с моей точки зрения, мог бы показать российскому бизнесу выход из патовой ситуации, в которой он оказался. Хотите шанс на амнистию? Не помогайте Путину и прилагайте усилия к прекращению военной агрессии. По-моему, такой подход может дать хороший результат.

15 марта 2023
10:04

⚡⚡⚡Новое видео на моем канале: https://youtu.be/0sskJ3_Lgi0

Не секрет, что Владимир Путин не особо ценит человеческую жизнь. Ну если речь не идет о его собственной жизни, разумеется. В целом же отношение к людям у президента сугубо потребительское: это материал для реализации его политических амбиций.

В 2014 году, оправдывая агрессию против Украины, Кремль старательно разжигал сепаратизм на Донбассе. С помощью денег, пропаганды и оружия готовилась почва для вторжения. По украинским площадям бегали люди с плакатами «Путин, введи войска!». Телевидение создало из них целый пантеон «героев Донбасса».

Но вот вопрос: а где теперь те «герои»?

Хочу напомнить судьбу тех, кто поверил Путину девять лет назад и превратился в использованный мусор. И на их примере показать, что ждет тех, кто верит ему сегодня.

Посмотрите мое новое видео, делитесь им в соцсетях и обязательно ставьте лайки по ссылке, чтобы ролик увидело больше людей.

20 марта 2023
09:47

Слушайте, а вам не кажется, что Путин американский агент? Причем самый успешный в истории.

Нет, я не сошел с ума и не помешался на конспирологии. «Мюнхенскую речь» с резкой критикой США прекрасно помню. Кремлевские угрозы в адрес НАТО не игнорирую. И антиамериканскую риторику, конечно, принимаю во внимание. Но это все слова. А что на деле?

А на деле мы имеем следующие результаты путинского вторжения в Украину.

Во-первых, Россия уступила США свои самые прибыльные рынки. Поставки нашего газа в Европу практически остановились, а экспорт американского СПГ вырос в 2,5 раза. Объем продаж нефти из США в ЕС достиг исторического максимума, а мы получили нефтяное эмбарго. Американские энергетические компании купаются в сверхдоходах, а минфин России ломает голову над тем, как залатать огромную дыру в нашем госбюджете.

Во-вторых, Путин мощно стимулировал рост американского ВПК. За прошедший год американцы удвоили продажи своих вооружений в Европу, и спрос на поставки неуклонно растет. Капитализация крупнейших военно-промышленных компаний США за время российско-украинской войны увеличилась на 20–40%.

В-третьих, агрессия против Украины буквально оживила НАТО, дала ему новый смысл существования. Альянс активно перевооружает своих участников, проводит маневры, формирует новые боевые подразделения в Восточной Европе. При этом декларируемая Кремлем цель отодвинуть НАТО подальше от России обернулась противоположным итогом. Неизбежное теперь уже вступление Финляндии в Альянс увеличит линию непосредственного соприкосновения нашей страны с НАТО на 1271 км. То есть по факту Путин своими действиями просто притянул НАТО к нашим границам.

Телевизор в моей тюремной камере ежедневно рассказывает, что Путин великий стратег, который всех переиграл. Но я до сих пор не понимаю, что это за игра такая. Поддавки?

21 марта 2023
12:46

Разговор в прогулочном дворике СИЗО.

— А чего там наши с китайцами в итоге решили? Не в курсе?

— Да хрен знает. Но надеюсь, Си[40] заберет Путина с собой в Китай.

— Заберет, ага. Вместе с Россией.

22 марта 2023
10:26

С восторгом наблюдаю, как российское ТВ освещает протесты во Франции. «Макрон потратил уже 10 млрд евро на войну в Украине! Чтобы компенсировать расходы, поднимает пенсионный возраст, нагло залезая в карманы простых людей! Антинародное правительство!»

Как хорошо, что у нас все не так, правда?

И пенсионный возраст Путин не поднял, и треть госбюджета на силовиков не тратит... ой, минуточку.

23 марта 2023
10:51

В прошлом марте спецслужбы сообщили о первом аресте по новому закону «о военной цензуре»[41]. Дело выглядело странно: обвиняемым стал сотрудник полиции Сергей Ведель (Клоков), критиковавший войну в разговоре по телефону, который вроде как прослушивали его коллеги. Что это вообще значит, мало кто понял (включая меня).

Ну а вскоре «антивоенные» дела поставили на поток, и про Сергея уже мало кто вспоминал. Человек между тем больше года в СИЗО. И вот на днях мы познакомились на тюремной сборке, я почитал его обвинительное заключение и узнал подробности. У меня просто нет цензурных слов, ребята. Дело потрясающее.

Ведель работал водителем одного из начальников в главке МВД. За месяц до начала войны телефон Сергея был поставлен на прослушку. Возможно, это связано с интересом к его начальнику по каким-то коррупционным эпизодам. А может, причина в том, что Сергей родился в Украине. И хотя с 1997 года он живет в России — вполне мог попасть в список неблагонадежных сотрудников.

Детство Ведель провел в теперь уже печально известном городе Буча, где до сих пор живет его отец. Разумеется, после начала войны он созванивался с родственниками, оказавшимися под бомбежкой. 9 марта, например, поговорил с крестным и с дядей, а «товарищ майор» внимательно слушал и записывал. Спустя сутки был составлен рапорт о том, что в ходе телефонного разговора Сергей допустил криминальные высказывания. А именно:

1) отрицал, что «киевский режим является нацистским»;

2) заявлял, что взрыв хозпостройки под Ростовом был «провокацией для оправдания ввода ВС РФ на территорию Украины»;

3) утверждал, что «целью СВО является смена власти на Украине»;

4) сообщал о «больших потерях российской стороны в первые дни СВО».

Через неделю после этой беседы против Веделя возбудили уголовное дело в связи с публичным распространением ложных сведений о действиях российской армии. На первом же допросе адвокат указал на очевидную нестыковку: нельзя признать распространение сведений публичным, если человек вел частный разговор по телефону. Однако следователь нашел выход. Он объяснил, что свидетелем беседы «по долгу службы» стал «товарищ майор», который испытал от услышанного (цитирую) «чувство тревоги, страха и незащищенности со стороны государства». Ну а раз есть свидетель разговора, то это уже не частная беседа, а публичное выступление.

Хотите спросить, как это бредовое обвинение могла утвердить прокуратура? Да легко. Я своими глазами видел штамп и подпись. А еще умилился, читая показания начальника Сергея, который чистосердечно сообщил следствию, что ему этот водитель никогда не нравился, поскольку «был неряшлив и не умел работать с документами». Доложил также, что знал об украинском происхождении Веделя и о его критическом отношении к СВО. Начальник, как следует из показаний, пытался объяснить Сергею, что «СВО это вынужденная мера и другого варианта у РФ не было», но тот «упорно придерживался своей точки зрения».

Сергей Ведель неплохо держится и сидит достойно. За детей только переживает. После истории с девочкой Машей, отправленной в приют за антивоенный рисунок, я его понимаю.

29 марта у Сергея очередное заседание по делу в Перовском суде. Если в Москве остались независимые журналисты — обратите внимание.

27 марта 2023
10:26

Мой сосед отправился по этапу в лагерь, и уже на следующий день его шконку занял новый сокамерник. Улыбчивый бородач тридцати лет от роду с пивным пузом и в камуфляжных штанах, счастливый обладатель сразу двух уголовных статей.

Ну статьей 228 (хранение наркотиков) тут никого не удивишь. А вот статья 337 (самовольное оставление воинской части) поинтереснее.

Дело было так. Осенью Митяя мобилизовали, отправив на учебу и подготовку под Тверь. В течение десяти дней он с тысячей таких же бедолаг маршировал на плацу и жил в битком набитой казарме. На этом подготовка и закончилась, а мобилизованным объявили, что через неделю их повезут в зону СВО. Одновременно на карты упали обещанные правительством выплаты: по 195 тысяч рублей на брата.

Поскучав пару дней, Митяй отпросился у командира в Москву. Надо, говорит, мамке помочь с домашними делами и все такое. Старшой разрешил, но приказал вернуться к утру.

Добравшись до столицы и разобравшись с делами, мобик радостно приобрел шприц и пару доз героина. По пути обратно в часть он блаженно спал на заднем сиденье такси. Разбудил его сержант полиции, посветивший фонариком в лицо. Случайная проверка на МКАД закончилась тем, что Митяй вместо воинской части оказался под домашним арестом по обвинению в хранении наркотиков.

Ну бывает, решил Митяй. Запертый в квартире, он мирно смотрел телек и жевал чипсы. До тех пор, пока его прямо из дома не доставили к следователю, который предъявил новое обвинение.

— Вы почему самовольно оставили часть, гражданин мобилизованный?

— Так я же не самовольно. Я же это... под домашним арестом сидел.

— А это не освобождает вас от долга перед Родиной. Вот вам 337-я статья УК РФ, мужчина. Здесь распишитесь. И готовьтесь мотать десятку.

Митяй с недоумением наблюдает за собственной судьбой и пока не особо понимает, что вообще происходит. А вот его мама, много лет отдавшая службе в российской армии, похоже, все понимает прекрасно. Зато живой, говорит. Может, бог отвел. Сиди спокойно, сыночек.

28 марта 2023
18:37

Удивительно, конечно, что Путин всерьез сравнивает себя с Петром I. В реальности это ведь противоположные исторические фигуры. Петр прорубил «окно в Европу». А Путин заколотил его гнилыми досками и превращает страну в китайскую бензоколонку.

30 марта 2023
09:04

Познакомился на сборке с начальником ГИБДД одного из регионов в центральной России. По обвинению в коррупции его недавно этапировали в Москву, поскольку дело взял под контроль центральный аппарат СКР.

Очень грустный мужик. Рассказал, как под него копали эфэсбэшники, какими методами действовали и что совсем не ценили его заслуг.

— А чем вы ФСБ-то не угодили? — спрашиваю.

— Не нравится им, что я должность свою слишком долго занимаю, — говорит. — С 2009 года управление возглавляю, срок немалый.

— Есть человек, который и подольше свою должность занимает, — развеселился я.

— Ну-ну, — прервал меня гаишник, заерзав на скамейке. — Не будем об этом.

Что ж, не будем так не будем. Но вообще я иногда с улыбкой вспоминаю своего прокурора. Обосновывая перед судом необходимость моего содержания в СИЗО, он объяснял, что «у Яшина обширные деловые связи». А я тогда шутил, что в тюрьме эти связи будут только расширяться.

Шутки шутками, но так оно и есть. С кем я только ни познакомился за девять месяцев в тюрьме. Трое заместителей министров; генералы армии, МЧС и ФСИН; офицеры ФСБ и МВД; бизнесмены из списка «Форбс»; чиновники, силовики, священники... Здесь все равны, а такое общение сильно расширяет кругозор и позволяет узнать много нового о том, как работает система.

Короче, не трачу время впустую 😊

Апрель

3 апреля 2023
10:02

Новый сосед разложил вещи и плюхнулся на шконку, глядя по сторонам. К нему подошел наш сокамерник Умарали из Бишкека.

— Шойгу? — дружелюбно спросил он.

— Эээ... нет, — растерянно ответил новичок. — Я Митяй.

Киргиза нашего бывает сложно понять, поскольку русским он владеет плохо и зачастую изобретает собственные слова. Адвоката, к примеру, называет облакатом, а родственников — ратустивниками. Если же он протягивает вам кружку и с надеждой в голосе говорит «шойгу», значит, всего лишь предлагает выпить чайку, а не мечтает увидеть министра обороны за решеткой.

Умарали сел за сбыт наркотиков. Среди населения российских тюрем таких, как он, больше половины. Многие в погоне за легкими деньгами даже не представляют, какие огромные сроки их ждут, и открывают уголовный кодекс, только оказавшись в тюрьме. В итоге закладчики уезжают на 10–15 лет. Если повезет — на 7–8.

Когда наш киргиз слышит про такие сроки, он смеется и машет рукой. Не верит, что за изъятые у него при обыске 150 грамм солей можно получить десятку. Думает, разыгрываем его, и уверен, что выйдет к маю. Почему именно к маю? Ну потеплеет же как раз. Перезимовал в тюрьме, и хватит. Пора на свободу.

Впрочем, в тюрьму Умарали вообще не собирался. Когда дворник схватил его за рукав во время размещения закладки, он даже не сопротивлялся и покорно дождался полиции. Ему казалось, что в худшем случае продержат ночь в отделе полиции и отпустят. Чего он такого сделал-то? Не убил, не украл. Просто пакетик положил — за что тут сажать?

Умарали обезоруживает своей непосредственностью. Вообще не жалеет, что связался с наркотиками. Более того — искренне убежден, что его «труд» заслуживает уважения. Он ведь «работал», а не сидел на шее у «ратустивников».

Я иногда закипаю от таких аргументов, но спорить с ним совершенно невозможно. Говори что угодно. Умарали беззлобно улыбнется в ответ и спросит: «Шойгу?»

4 апреля 2023
13:44

19 апреля в 10:45 Мосгорсуд рассмотрит мою апелляцию на приговор. Напомню, в декабре я получил 8,5 лет колонии за антивоенное выступление. Иллюзий по поводу апелляции питать не стоит. Но мне есть что сказать в суде.

5 апреля 2023
10:46

У меня вышло большое «тюремное» интервью изданию «Холод»[42].

«Мне раз за разом приходится оправдываться за то, что я оказался в тюрьме»

Большое интервью политика Ильи Яшина из колонии

Четыре месяца назад Мещанский районный суд приговорил политика Илью Яшина к восьми с половиной годам колонии по делу о «фейках» о российской армии. Находясь в заключении, Яшин продолжает выступать против войны и лично Владимира Путина. Редактор «Холода» Максим Заговора написал Яшину письмо и попросил его ответить на вопросы о войне, тюрьме, сокамерниках, России и Алексее Навальном.

— *Как вы себя чувствуете? И физически, и психологически?*

— Я в порядке. Понятно, что тюрьма еще никого не делала здоровее и это большой стресс для организма, но я стараюсь себя не запускать и пока справляюсь. Чтобы сохранять физическую форму, нужны хоть какие-то силовые нагрузки. В прогулочном дворике по часу в день наматываю круги и подтягиваюсь на турнике. Иногда удается попасть в тюремный спортзал и покачать штангу с гантелями. Так что чувствую себя в целом нормально, хотя, конечно, свежего воздуха и полноценных прогулок на природе очень не хватает.

Еще радуюсь, что до ареста успел пройти курс у стоматолога, поскольку лечить зубы в тюрьме практически невозможно. Если встретишь здесь человека, который сидит больше трех лет, то почти наверняка у него нет половины зубов. Зрение тоже у многих быстро садится, обостряются старые болячки.

Но главное, несомненно, сохранять здоровую психику. Тюрьма всегда стимулирует депрессию и апатию. Если начинаешь себя жалеть, то очень быстро скатываешься в эмоциональную яму, из которой сложно выбраться. Поэтому критически важно держать себя в тонусе, сохранять связь с близкими, читать, писать письма и тексты, придумывать себе какие-то дела, визуализировать в голове образ будущего. Все это дается не так уж легко, но мне объективно проще, чем многим арестантам. Ведь, во-первых, я сижу за то, во что искренне верю. А во-вторых, получаю большую общественную поддержку, которая здорово придает сил.

— *Что самое трудное в тюрьме*?

— Лично мне труднее всего дается социальная изоляция. Я привык к активной жизни, к новым знакомствам, к гостям у меня на кухне, к многочисленным встречам. Теперь же мой круг общения ограничен камерой, тюремной «сборкой» (*место, где собираются прибывшие из других тюрем,* КПЗ, *а также те, кого отправляют в суд или на этап. — Прим. «Холода»*), адвокатами, письмами и редкими свиданиями с родителями через стекло. Не стану лукавить: это сложно. Теснота камеры, невозможность прогуляться с подружкой, позвонить близким — все это угнетает.

Ну, стараюсь как-то находить выход из этой изоляции, что ж поделать. Часто разговариваю с другими арестантами, записываю какие-то интересные сюжеты, которые слышу; бывает, даже делаю зарисовки. Люди, кстати, охотно делятся своими историями, а я благодарный слушатель. И признаюсь, я действительно увлекся этими тюремными историями, в которых есть все: и драма, и трагедия, и любовь, и ненависть, и сломанные судьбы, и преодоление себя. Возможно, когда-нибудь мои записки превратятся в книгу.

— *А сами вы читаете в тюрьме? Что именно?*

— Читаю много. Первым делом проглотил книгу Виктора Франкла — австрийского психолога, прошедшего нацистские лагеря. Он дает очень разумные и практичные советы, как выжить в неволе, не сойти с ума и сохранить себя. Действительно полезная работа.

С большим удовольствием прочел книгу Михаила Фишмана «Преемник». Это хорошее повествование о жизни Бориса Немцова — всем рекомендую. Прочел «Эшелон на Самарканд» [Гузели] Яхиной и «Академию» [Айзека] Азимова, до которого много лет не доходили руки. Сейчас читаю роман Анри Шарьера «Мотылек», а еще жду новую книгу Бернхарда Шлинка «Внучка», которую мне скоро пришлют. Литература очень помогает в тюрьме.

— *Что заключенные говорят о России, о Путине, о войне?*

— Среди заключенных редко встретишь тех, кто в восторге от власти. Многие испытали на себе произвол силовиков и бесправие в судах. Иллюзий по поводу нашего государства тут ни у кого нет. Но и резкие высказывания в отношении власти все же мало кто допускает: люди опасаются открыто говорить то, что думают. Казалось бы, чего бояться? Ты ведь и так сидишь в тюрьме. Но в каждой камере, в каждом коридоре, на каждой «сборке» установлены видеорегистраторы. Хватает историй, когда на арестантов возбуждали новые уголовные дела за слова, сказанные в тюрьме. Для этого достаточно видеозаписи и рапорта сотрудника.

Разговоров о политике все равно хватает, хотя зачастую используется эзопов язык. Например, критикуя Путина, используют синонимы «дед» или «этот» — с характерным движением пальца вверх. Кто-то говорит шепотом, кто-то — намеками.

Вы удивитесь, но наиболее радикально настроены бывшие чиновники и силовики, попавшие за решетку. Вообще, по закону бывшие «сотрудники» и обычные арестанты содержатся раздельно, но на «сборках» и в автозаках мы все равно регулярно пересекаемся, так что появляется возможность пообщаться.

Я тут и генералов, и фээсбэшников, и замминистров встречал. Странные, конечно, ощущения, когда какой-нибудь арестованный генерал шепчет тебе на ухо, что он «никогда в жизни за "едросов" не голосовал» и что «пока этого вперед ногами не вынесут, ничего в стране не наладится».

— *А про вас заключенные что говорят?*

— Отношение разное. Обычно людям просто интересно: многие на воле смотрели мои ролики и стримы, читали соцсети. Нередко встречаются сторонники и подписчики. Особенно тепло приветствуют чеченцы, которые благодарят за то, что я говорил правду про Кадырова.

Первое время, признаюсь, напрягался, когда на «сборке» подходили кавказцы с длинными бородами и спрашивали: «Это ты Яшин?» Но за этим вопросом всегда следовали объятия и слова благодарности. Бывают, разумеется, недоуменные вопросы, непонимание: почему не уехал? Зачем так рисковать? Кто-то просит поделиться прогнозами касательно войны и экономической ситуации. Но что показательно, за все время я ни разу не сталкивался с агрессией.

— *А сотрудники ФСИН, надзиратели — как складываются отношения с ними?*

— Абсолютно ровно. Более того, для меня с первых дней стало откровением, сколько, оказывается, у меня и таких, как я, сочувствующих среди рядовых силовиков. Я слышал слова поддержки и от конвойных, и от приставов гораздо чаще, чем ожидал.

С другой стороны, чему тут удивляться? Их служба — это копеечные зарплаты, дикие переработки, унижения со стороны начальства. И все боятся, что Путин объявит новую мобилизацию, лишив брони сотрудников силовых структур.

Разумеется, я спрашивал, что этих людей держит в системе. Отвечают обычно вздохами и рассказами о том, как трудно найти работу. А тут хоть какая-то стабильность. И знаете, по-человечески я все это понимаю и проникаюсь. Но все же каждый раз во время таких разговоров в моей голове всплывают строки из старой песни «Наутилуса»: «Нищие молятся, молятся на то, что их нищета гарантирована».

— *В целом вы сидите «как все» или отношение к вам хуже, чем к другим? А может, наоборот, лучше?*

— Я сижу на общих основаниях. Как здесь говорят, «в людской массе». Но контролируют меня построже, конечно. Знаю, например, что есть категорическое указание сверху ни в коем случае не допускать появления у меня нелегального телефона. Иногда перед встречей с адвокатом меня особенно тщательно обыскивают, досматривают буквально до трусов. При этом никакого рвения и садизма в действиях тюремщиков я не замечал. Все в рамках относительной нормы. Ну, по крайней мере пока.

— На последнем слове в суде вы сказали, что ни о чем не жалеете. Ничего не изменилось?

— Мне не о чем жалеть. Я в гармонии с совестью, убежден в собственной правоте и сохранил верность своим принципам. Меня поддерживает множество людей, мои тексты и слова востребованы в обществе. Ну да, бытовой дискомфорт угнетает, есть тоска по дому, скучаю по близким. Однако стараюсь воспринимать происходящее философски. К сожалению, дорога от диктатуры к свободе часто лежит через тюрьму, и тому есть много исторических примеров. Этот путь надо пройти достойно.

— Тогда же вы сказали: «Лучше провести 10 лет за решеткой, оставаясь честным человеком, чем молча сгорать от стыда от того, что творится от твоего имени». Но ведь есть и другие варианты — например, уехать и бороться дистанционно.

— Я не знаю, как можно победить Путина дистанционно. Допустим, прошлой весной я сбежал бы куда-нибудь в Европу, начал вести там стримы, писать статьи, колесить по форумам «хороших русских»... Но, во-первых, и без меня хватает тех, кто сделал именно так, а во-вторых, каким был бы политический вес моего слова за границей? Власть ведь всегда спекулирует на этой теме: «иностранные агенты сбежали к своим хозяевам, порвали связь с Россией». Ну и давайте честно признаем: значительная часть общества принимает эти аргументы, и я не готов это игнорировать.

Поэтому, кстати, Кремль предпочитает видеть своих критиков эмигрантами, а не политзаключенными. Перед тем как посадить, оппозиционных политиков всеми силами выдавливают из страны. Сажают, если ты упираешься и категорически отказываешься уезжать.

В понимании власти эмиграция лишает тебя морального превосходства и ведет к политическому банкротству. Поэтому Навального выпустили на лечение за границу — были уверены, что испугается возвращаться назад. Поэтому Ройзмана не закрыли в СИЗО, а держат под «запретом определенных действий», явно подталкивая его к побегу. Поэтому мне четыре месяца до ареста угрожали, намекали и прямо говорили, что надо уезжать.

Люди, которые остаются в России, несмотря на угрозу тюрьмы, рвут кремлевские шаблоны и становятся проблемой для власти.

Вы говорите, что можно бороться и на безопасной дистанции от силовиков. Но разве я прекратил борьбу, оказавшись в тюрьме? Разве я молчу? Разве мой голос против войны и против диктатуры не звучит из-за решетки? И мне кажется, что политический вес моих тюремных текстов и моих выступлений с судебной трибуны все же заметно больше, чем если бы я говорил то же самое из парижского кафе. Просто потому, что я доказал, что готов отвечать за свои слова и платить за них очень высокую цену. (...)

— *Ваш друг Максим Резник, написавший в «Холод» колонку в день вашего приговора, сказал мне, что ему стыдно, что он в Европе и в безопасности, а вы в тюрьме. Что вы можете ему ответить?*

— Максим Резник — человек умный, порядочный и, как любой петербургский интеллигент, склонный к рефлексиям. Стыдиться ему нечего, поскольку он не молчал, а открыто, жестко выступал против преступной войны с Украиной. И продолжает это делать. Так что его совесть чиста.

Но думаю, что если бы я уехал, а не сел, то сейчас мучился и изводил бы себя точно так же, как Макс. Наверное, психологически мне проще, чем ему. Не стану скрывать, что понимание этого тоже повлияло на мое решение остаться в России.

Тем не менее всем нашим эмигрантам я хочу сказать, что жизнь продолжается. Сейчас точно не время для уныния и апатии. Каждый должен взять себя в руки и делать все, что в его силах, чтобы война поскорее завершилась, а Путин ушел. (...)

— *Как вы считаете, правильно ли Запад ведет себя по отношению к России?*

— Я вижу, что западные лидеры часто не различают кремлевский режим и российское общество, воспринимая Путина и народ как одно целое. Мне это видится серьезной ошибкой. Такая политика помогает Путину прикрываться народом, который он фактически взял в заложники, помогает ему перекладывать ответственность за свою военную агрессию на людей. Хотя для народа война, мягко говоря, стала неожиданностью. Власть не советовалась с обществом, начинать ли вторжение в Украину. Это было личным решением Путина.

За границей россиян обвиняют в том, что они не поднимают восстание, но игнорируют тот факт, что у нас тут вообще-то самая настоящая военная диктатура. Людей сажают за лайки в соцсетях, за телефонные разговоры, за минуту молчания по жертвам бомбежек.

В Украине регулярная и хорошо вооруженная армия ценой больших потерь с переменным успехом сдерживает натиск путинских сил. А вы ждете, что обычные учителя, студенты и работники офисов выбегут на площади Москвы и скинут диктатора? Это нелепо.

Мне кажется, Западу стоит действовать более гибко и найти в российском народе союзника. Думать, как помочь людям здесь избавиться от безумного правителя, а не клеймить их бесконечно. Это было бы разумно и дальновидно.

— *А что вы думаете о новом этапе отношений России и Китая? Вы говорили, что в колонии показывают российские федеральные телеканалы, наверняка видели, как там освещался приезд Си Цзиньпина.*

— Меня всерьез беспокоит так называемый восточный разворот России. Кремль рвет торговые отношения и экономические связи, которые десятилетиями приносили нашей стране огромную выгоду. Нанесен мощнейший удар по российской экономике, науке, культуре. И что мы получаем взамен? Путин преподносит Россию на блюдечке товарищу Си и ставит ее в политическую и экономическую зависимость от Китая.

В теленовостях пафосно рассказывают про «равноправный союз двух великих держав». По факту же мы становимся даже не младшим партнером, а сырьевым придатком, китайской бензоколонкой. Нефть и газ с огромной скидкой, лес и уголь по дешевке, дальневосточные земли — мы просто обогащаем Китай своими природными ресурсами, получая в ответ благосклонные улыбки и визиты вежливости.

Я расцениваю действия Путина как предательство национальных интересов России. В будущем нам предстоит сильно постараться, чтобы защитить страну от нарастающей китайской экспансии.

— Вам не кажется, что сейчас не только Россия, но и весь мир переживает глобальный кризис — все новые и новые конфликты, войны, угрозы?

— Да уж, до «конца истории», о котором рассуждал философ Фрэнсис Фукуяма, похоже, еще далеко (*теория «конца истории» утверждает, что распространение либеральной демократии свидетельствует о финале социокультурной эволюции человечества, окончании идеологических противостояний, глобальных революций и войн, но вместе с ними — искусства и философии. — Прим. «Холода»*). Казалось бы, у человечества есть все для спокойного и устойчивого развития. Мир открыт, технологии стремительно развиваются, жизнь становится все более удобной. Чего делать? Живите счастливо, зарабатывайте, путешествуйте, стремитесь к освоению космоса.

Но, видимо, человечеству еще предстоит пройти определенный период взросления. И хочется верить, что в ходе этого взросления мы не уничтожим себя и планету очередной глобальной войной.

— Какая из политических или общественных новостей поразила вас больше всего за девять месяцев заключения?

— Планка безумия сейчас поднята так высоко, что по-настоящему удивляться уже сложно, мы ко всему привыкли. Но все же меня поразила история школьницы Маши Москалевой из города Ефремова, которая нарисовала на уроке ИЗО флаги России и Украины с призывом к миру и которую после этого отправили в приют, а ее отца арестовали.

С моей точки зрения, это фашистская практика и какой-то милитаристский угар. Очень хочется посмотреть в глаза учителю и директору школы, сдавшим ребенка полиции. И очень сочувствую девочке и ее папе, которых государство оторвало друг от друга.

— Каким вы в целом видите политическое будущее России?

— России предстоит пройти долгий и сложный путь, чтобы выбраться из нынешней ямы. Путин оставит после себя мрачное наследие: разрушенную экономику, международную изоляцию, запредельную коррупцию и деградировавшие государственные институты. К этому добавятся гнетущая атмосфера общественного раскола и десятки тысяч людей, которые вернутся с фронта с травмированной психикой. Нас ждет смутное время. Но все же я верю, что мы справимся.

Эпоха Путина должна наконец научить нас тому, что нельзя доверять всю власть одному человеку. Самодержавие всегда ведет к обесцениванию человеческой жизни, самодурство вождей всегда оборачивается репрессиями и войнами. Нам придется буквально перезапускать свою страну, принимать новую конституцию, создавать с нуля государственные и общественные институты, развивать федерализм и местное самоуправление, учиться контролировать власть и силовиков.

Это большой вызов и национальная идея — стать современной цивилизованной страной, где главной ценностью является человек, его жизнь и развитие. Стать страной, которую все уважают, а не боятся.

— За счет чего Россия сможет стать такой?

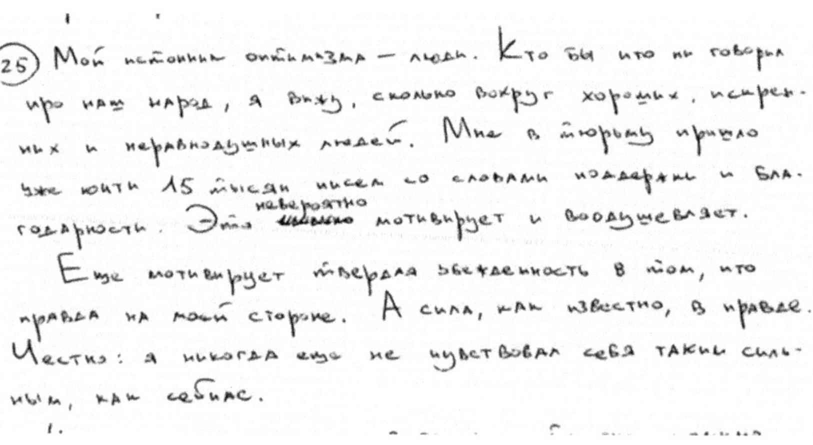
(25) Мой источник оптимизма — люди. Кто бы что ни говорил про наш народ, я вижу, сколько вокруг хороших, искренних и неравнодушных людей. Мне в тюрьму пришло уже почти 15 тысяч писем со словами поддержки и благодарности. Это ~~[illegible]~~ невероятно мотивирует и воодушевляет.
Еще мотивирует твердая убежденность в том, что правда на моей стороне. А сила, как известно, в правде. Честно: я никогда еще не чувствовал себя таким сильным, как сейчас.

— Мой источник оптимизма — люди. Кто бы что ни говорил про наш народ, я вижу, сколько вокруг хороших, искренних и неравнодушных людей. Мне в тюрьму пришло уже почти 15 тысяч писем со словами поддержки и благодарности. Это невероятно мотивирует и воодушевляет.

Еще мотивирует твердая убежденность в том, что правда на моей стороне. А сила, как известно, в правде. Честно: я еще никогда не чувствовал себя таким сильным, как сейчас.

Моя вера в будущее основана, помимо прочего, на историческом опыте нашей цивилизации. Как ни крути, но человечество развивается поступательно — от мрака к свету. Медленно, болезненно, но бесправие и рабство уступают место гуманизму и справедливости. Там, где вчера людей сжигали в печах, сегодня торжествуют право и уважение к личности. Мракобесие сопротивляется, но постепенно перестает быть нормой. Диктаторы становятся изгоями, их человеконенавистнические идеи отправляются на свалку истории.

По сути, речь идет о глобальном противостоянии прогресса и мракобесия. И я горжусь тем, что вношу в него свой вклад. (...)

7 апреля 2023
10:01

После взрыва в Петербурге спецслужбы, несомненно, изобразят бурную деятельность по борьбе с «оппозиционным подпольем». Понятно, что будут обыски, задержания и новые уголовные дела. Под каток наверняка попадет масса случайных людей.

В связи с этим меня беспокоит и судьба бывшего аспиранта МГУ Азата Мифтахова, которого уже несколько лет держат за решеткой. Напомню вкратце его историю.

После президентских выборов силовики отчитались о вскрытии «террористической ячейки анархистов». По ТВ показали кадры обыска с изъятым оружием, которое, правда, оказалось в итоге не оружием, а экипировкой для страйкбола[43]. Ключевым же фигурантом дела стал Мифтахов, из которого двое суток выбивали показания. Когда к нему, наконец, прорвались адвокат и правозащитники, на теле математика обнаружили следы шуруповерта (!!!) и синяки. Несмотря на пытки, вину Азат не признал.

Без признательных показаний дело о терроризме развалилось, и Азата пришлось отпустить. Но прямо на выходе из ИВС его снова задержали. Посадить несговорчивого аспиранта стало для оперов принципиальным.

На Мифтахова состряпали новое дело, обвинив в том, что он... разбил окно в офисе «Единой России». Все обвинение было построено на показаниях секретного свидетеля, личность которого суд так и не раскрыл. Этот «свидетель» якобы видел, как ночью группа парней «напала» на офис единороссов. И среди этих парней он опознал Азата. «По выразительным бровям». В итоге за разбитое стекло Мифтахов получил 6 лет колонии по статье «Хулиганство».

Приговор безумный, но время летит, и уже в конце этого года Азат должен выйти на свободу. Только вот, похоже, выпускать его спецслужбы совсем не хотят. Известно, что в последнее время в колонию к Мифтахову зачастили опера и следователи. Судя по всему, его снова пытаются объявить террористом, привязав к «делу Сети». Это еще одно дело о «террористах-анархистах», шитое белыми нитками с помощью пыток и фабрикаций.

Представьте: человек отсидел почти 6 лет не пойми за что, не успел даже глоток свободы сделать, а ему лепят новое тяжелое обвинение. Что бы вы чувствовали на его месте?

Надо спасать Азата. Рассказывайте об этой истории, привлекайте внимание правозащитников и журналистов. Давайте попробуем его вытащить.

И все, кто в России — берегите себя.

10 апреля 2023
11:18

Читаю ваши письма, друзья, и вижу, что у многих создается ощущение, будто обитатели Кремля окончательно тронулись умом. Безумие — хороший способ объяснить параноидальные репрессии, захлестнувшие Россию. Хороший, но неверный.

На самом деле, диктатура в нашей стране держится не на репрессиях, а на страхе репрессий. Путин создал малоэффективный госаппарат, разъедаемый коррупцией и некомпетентностью. Такой аппарат просто не способен развернуть по-настоящему массовые репрессии. Власть не обладает требуемой инфраструктурой, чтобы посадить даже не сотни, а хотя бы десятки тысяч инакомыслящих. Тюрьмы уже сейчас переполнены на 20–30%, конвойных и охранников не хватает, суды и следствие перегружены уголовными делами. Для расширения возможностей системы требуются деньги, ресурсы, а главное — время.

Что же сделать для сохранения контроля над обществом в условиях военного времени и при растущем недовольстве? Все просто: вместо широких репрессий нужно запустить в массовом сознании механизм самоцензуры посредством репрессий точечных.

Ты видишь в новостях, как человека арестовали за то, что в телефонном разговоре с отцом он критиковал войну. И сам не замечаешь, как начинаешь избегать «опасных» тем в частных беседах. Мало ли что.

Ты читаешь, как парня посадили за то, что он просматривал в метро оппозиционные паблики на смартфоне. И чистишь свой телефон. На всякий случай.

Ты шокирован историей про то, как полиция отправила школьницу в приют за антивоенный рисунок, а ее отца посадила в тюрьму. И просишь своего ребенка помалкивать в присутствии незнакомцев. От греха подальше.

Проще говоря, российское общество дрессируют с помощью таких вот варварских, но нехитрых манипуляций.

Это работает, не спорю. Но все же повторю: власть не в состоянии развернуть массовые репрессии и пересажать всех, кто против войны. В реальности нас очень много — гораздо больше, чем пытается представить пропаганда. И ничего они не смогут сделать, если мы все в один голос скажем: «Нет войне!»

Не бойтесь.

13 апреля 2023
10:10

Вот за что я ценю своих тюремщиков, так это за чувство юмора. Заводят ко мне в камеру нового соседа. А тот — единоросс, прости господи. Можете себе представить?

Прям с порога гордо сообщил, что работал помощником депутата, состоит в партии власти и даже имеет грамоту от предвыборного штаба Путина.

«Это ты, старик, удачно заехал», — была моя первая мысль.

Но вообще безобидный персонаж оказался. Немолодой уже, много курит и часто кашляет. Все время травит бородатые анекдоты, которые почему-то называет притчами. А сел, конечно, за мошенничество.

Спорить с ним смешно, но неинтересно. Обычно он выдвигает какой-нибудь неочевидный тезис и в качестве аргумента просто поднимает палец вверх.

Например, говорит: «Ты Путина сколько хочешь ругай, однако социальное государство он построил!» И палец вверх.

«А пенсионный возраст разве не Путин поднял?» — уточняю.

Машет на меня рукой и уходит курить в туалет. Окончен, мол, разговор. Я уже все тебе доказал.

Еще хвастается, что книгу написал, которую скоро издадут сразу на трех языках в пяти странах мира. Называется книга «Формула успеха» и основана, что характерно, на личном опыте автора.

Я ухмыляюсь, что не стал бы, пожалуй, покупать книгу про успех у человека, который сидит в тюрьме.

Обижается 👻

17 апреля 2023
09:50

Владимир Кара-Мурза получил сегодня дикий приговор: 25 лет колонии. Это месть за санкции, которыми он портил жизнь воров и убийц.

Я знаю Вову много лет. Он патриот России и порядочный человек.

Сейчас сложно, но мрак не вечен. Держись, дружище ✊

18 апреля 2023
10:01

Уже завтра, 19 апреля, будет рассмотрена апелляция на мой приговор. Заседание пройдет в Мосгорсуде: Богородский вал, д. 8, зал № 323/236. Начало в 10:45. Слушания открытые, зрителям необходимо иметь при себе паспорт.

Как рассматривают политические дела в наших судах, все знают. Но тем не менее мы готовимся серьезно и обстоятельно. Будем гнуть свою линию.

Ну а сегодня у меня вышло большое интервью изданию Republic. Стараюсь, знаете ли, успеть сказать и сделать побольше накануне этапа в колонию. Полностью интервью доступно по ссылке[44].

До завтра!

«Диктатору могут простить многое, но диктатору не прощают слабость»

Политик Илья Яшин — о переменах в тюрьме, скандалах внутри оппозиции и предпосылках смены власти в России

Завтра, 19 апреля, состоится рассмотрение апелляции на приговор Илье Яшину, которому назначили 8,5 лет лишения свободы по делу «о фейках в отношении российской армии по мотивам политической ненависти». После вступления приговора в силу политика этапируют в колонию общего режима. По словам его адвоката Михаила Бирюкова, это может быть ИК в городе Покрове Владимирской области, которую называют «колонией для политических». Незадолго до апелляции Фарида Курбангалеева передала Яшину вопросы, в ответах на которые он рассказал, что увидел и что переосмыслил в неволе, как относится к конфликтам внутри оппозиции и перестановкам в ФБК (российская власть считает эту организацию экстремистской), что думает о переменах в Алексее Навальном и какой видит Россию в будущем.

«Некоторые арестанты шутят, что небольшой уголовный срок сейчас — это возможность пересидеть опасные времена, избежав мобилизации»

— Незадолго до ареста вы говорили, что не хотите за решетку, но еще меньше хотите покидать свою страну. Сейчас, когда вы уже за решеткой, вы не жалеете о своем выборе?

— Откровенно говоря, никакого выбора у меня и не было. Разумеется, я рефлексировал накануне ареста, слушая советы о том, что надо спасаться, надо бежать из страны. Но всерьез я возможность эмиграции никогда не рассматривал. Просто не представлял себя за границей, и все во мне протестовало против отъезда. Хорошо понимаю, что, если бы я оторвал себя от своей страны, мне было бы невыносимо, я стал бы несчастным и потерянным человеком.

Нет, я ни о чем не жалею. Поступил так, как считал правильным. Моя совесть чиста, я в гармонии с собой. Знаю, что впереди еще много испытаний. Меня ждут этап и колония, где более суровые условия. Но воспринимаю это все как путь, который надо просто пройти, сохранив себя и чувство собственного достоинства. Не я первый. И, к сожалению, не я последний.

— *Что самое тяжелое и самое страшное в тюрьме?*

— В тюрьме тяжелая и гнетущая атмосфера, которая словно пытается вытянуть из тебя жизнь. У многих людей совершенно потухшие глаза, они быстро стареют. Смотришь на человека — вроде бы совсем уже дед, на вид ему за 70. А потом выясняется, что недавно этот «дед» отметил 50-летний юбилей. Просто сидит уже четвертый год и совсем потух.

Но самое страшное — это обыденность зла. Ты знакомишься с кем-то на сборке или в «столыпинском» вагоне, у вас завязывается непринужденная беседа. И человек вроде приятный, и разговор душевный. Думаешь: ну вот за что его посадили? Наверняка какая-то ошибка. Спрашиваешь — оказывается, он убил свою мать. Или зарезал друга в драке. Или сел за руль пьяным и задавил ребенка. Смотришь на него круглыми глазами, а он разводит руками: так, мол, вышло. В такие моменты возникает ощущение, что ты вообще ничего не понимаешь ни в людях, ни в жизни. И от этого осознания прошибает холодный пот.

— *Как зеки относятся к вам, когда узнают в вас оппозиционного политика?*

— С интересом. Бывает, выражают симпатию и поддержку. Встречаются мои подписчики в соцсетях, а среди «экономических» заключенных попадались даже те, кто голосовал и ставил за меня подписи на выборах.

Но чаще, конечно, люди просят поделиться новостями и прогнозами. Кто-то просит рассказать, что в реальности происходит на фронте, есть ли шанс на мирные переговоры или наоборот — каковы риски ядерной войны. Кто-то интересуется моим мнением по поводу экономической ситуации, спрашивает о вероятности смены власти.

Попадаются и люди, которым я сам задаю вопросы. В тюрьме я познакомился и с заместителями министров, и с генералами, и с офицерами ФСБ. Любопытно послушать их мнение о том, как работает государственная система, поскольку я видел ее лишь извне, а они находились внутри процессов. Очень познавательное общение.

Сейчас, к слову, со мной в камере сидит мужик, который всего месяц как вернулся с фронта и был арестован за торговлю оружием. Он откровенно говорит о том, что представляет собой наша армия на передовой и в тылу, какова мотивация у бойцов, какие проблемы в частях. Это действительно полезная информация, полученная из первых рук, которая помогает мне лучше разобраться в происходящем.

— *Как зеки относятся к войне в Украине? Знают ли они о вербовке осужденных, что думают об этом?*

— Я почти не встречал в тюрьме людей, которые приветствовали бы эту войну. Таких буквально единицы. Даже мой сосед по камере, еще недавно сидевший в окопе с автоматом, честно признается, что не понимает, за что Россия воюет и какие на самом деле цели у СВО.

— *Некоторые арестанты шутят, что небольшой уголовный срок сейчас — это вообще благо, поскольку дает возможность пересидеть опасные времена, избежав мобилизации.*

— Впрочем, не всегда понятно, шутит человек или говорит всерьез.

Что касается вербовки заключенных, то сейчас эта тема уже не так активно обсуждается, а вот прошлой осенью вызывала бурные дискуссии и на тюремных сборках, и в автозаках. По моим наблюдениям, в основной массе арестанты довольно скептически воспринимают возможность получить свободу, подписав контракт с ЧВК. Люди же не дураки и прекрасно понимают, что это билет в один конец, а зеков набирают в качестве пушечного мяса, чтобы завалить их трупами укрепрайоны ВСУ.

Впрочем, я встречал и тех, кто был готов завербоваться. Разделил бы таких зеков на две категории. Первая — это люди, получившие большие сроки и в отчаянии готовые цепляться за любой шанс выйти из-за решетки. Для них война становится чем-то вроде русской рулетки, и они готовы рискнуть жизнью ради выхода на волю. Ко второй категории относятся, как правило, молодые парни из неблагополучной социальной среды, которые сидят за кражи, грабежи и наркотики. У них просто отключается инстинкт самосохранения, когда речь заходит про зарплаты наемников. Война воспринимается как способ заработать, обогатиться.

— Что вы переосмыслили за то время, пока находитесь в неволе?

— По-настоящему переосмыслил, пожалуй, ценность времени. На воле часто кажется, что времени у тебя вагон и можно щедро его транжирить. В тюрьме из-за рутины дни становятся одинаковыми и буквально пролетают. И ты ощущаешь, что вместе с ними пролетает жизнь.

На самом деле, от таких мыслей легко погрузиться в уныние и сломаться морально. Я такое не раз замечал в окружающих. Иногда арестанты словно впадают в ступор и могут сутками лежать на шконке, глядя в стену. Это пугающее зрелище, которое мотивирует меня сохранять жизненный тонус, разнообразить будни и загружать себя работой. Поэтому я много читаю, пишу, ежедневно отвечаю на письма и вопросы журналистов, регулярно даю себе физическую нагрузку во время прогулок и в спортзале.

В целом я скорее укрепился в своих принципах и в том, во что верю. То, что не убивает, делает нас сильнее.

«Еще в начале нулевых надо было отодвигать в сторону амбиции и гонор, создавать объединенную демократическую партию»

— Следите ли вы за тем, как сидят ваши единомышленники?

— Конечно. Когда меня навещают адвокаты, первым делом спрашиваю, не было ли новых арестов и что происходит у других политзаключенных. Иногда даже удается передать кому-то привет и слова поддержки. С некоторыми из арестованных оппозиционеров я пересекался в тюремных продолах и на сборках, рассказывал в соцсетях про их суды, старался как-то помочь и привлечь внимание к их судьбе.

Судя по опыту моих товарищей, в тюрьме сидеть легче, чем в колониях. Условия содержания политзеков в лагерях заметно ухудшаются, местами становятся просто пыточными.

Алексея Навального ломают бесконечным водворением в ШИЗО и подселением к нему зека, который не моется и не пользуется туалетной бумагой. Андрея Пивоварова в Карелии прямо с этапного поезда отправили в ПКТ (помещение камерного типа, с более строгим режимом. — *Republic*), лишив свиданий, передач, свежего воздуха и ограничив даже в письменных принадлежностях. Над Алексеем Гориновым издеваются, зачитывая его личные письма вслух перед всем отрядом в бараке.

Мы все понимаем, как работает эта система и что ее задача — давить на психику, заставить тебя просить о пощаде и, по сути, сломать тебя как личность, поставить на колени. Осознаю, разумеется, что и мне все это вскоре предстоит пройти на собственном опыте. Морально настраиваюсь и готовлюсь держать удар. Надеюсь, что убежденность в своей правоте, философское отношение к жизни и ирония помогут мне справиться.

— Навальный в тюрьме написал 15 тезисов о войне в Украине. Что думаете о них?

— Мне нравится, что даже за решеткой, фактически в пыточных условиях, Навальный мыслит как государственный деятель и старается найти для страны выход из кризиса. Позиция его мне во многом близка, и сформулированные Алексеем тезисы вполне могут стать основой мирного урегулирования и возвращения России в сообщество цивилизованных стран. Понятно, что не при нынешней власти, но будущему правительству в любом случае придется обсуждать ответственность, которую наше государство будет нести за развязанную Путиным агрессию.

— Как вы относитесь к тому, что Навальный пересмотрел свою позицию про «Крым и бутерброд»?

— Я бы не сказал, что Навальный как-то радикально ее изменил. Да, у него была не очень удачная метафора про бутерброд, ставшая поводом для многочисленных спекуляций. Но ведь с первого дня появления в Крыму «зеленых человечков» он прямо называл происходящее незаконной аннексией и нарушением международных обязательств России. То же самое Алексей говорит сейчас. (...)

— Что вы думаете об «Оскаре» документального фильма «Навальный» и как относитесь к тому, что на Юлию и детей Навального обрушилась невероятная волна хейта?

— Думаю, что фильм заслужил такую высокую награду. Человек оказывается в состоянии комы после покушения, практически восстает из мертвых и указывает пальцем на своих убийц. Не каждый сценарист такое придумает, а тут реальная жизнь!

По поводу волны хейта, окатившей семью Навального... Я не очень понял, чем жена и дети Алексея разозлили «прогрессивную общественность». Адвокаты говорили, что, по мнению комментаторов, у них вроде как была слишком яркая одежда на церемонии? Ну, не знаю... Мне прислали мартовский номер «Собеседника» по почте, там на первой полосе как раз Юля и Даша с оскаровской статуэткой. Выглядят обе прекрасно, и что в этом плохого? Они должны были в трауре, что ли, прийти? Наоборот, я считаю, надо улыбаться, сохранять жизнелюбие и оптимизм назло врагам. Я к этому, кстати, призывал в своем последнем слове на суде. Потому что если мы скиснем, нас очень быстро раздавят. (...)

— Как вы относитесь к решению Леонида Волкова покинуть пост главы «Фонда борьбы с коррупцией»? И что вообще думаете о его несколько беспринципном поведении в истории с подписями в защиту Авена и Фридмана?

— Во-первых, я не считаю Леонида Волкова беспринципным. Вы часто слышали от российских политиков фразу «Я допустил ошибку и поэтому оставляю свою должность»? Мне кажется, это как раз поведение человека, имеющего принципы и готового нести ответственность за свои поступки.

История с подписями и их аннулированиями показалась мне странной, я так и не понял мотивацию этих решений. Жалею, что у меня нет возможности поговорить с Леонидом и спросить его о деталях. Но, по-моему, ФБК показал неплохой пример, как можно цивилизованно выйти из конфликтной ситуации, сохранив лицо.

И хочу обратить внимание, что Навальный создал действительно сильную команду. Сложение Волковым полномочий не привело к развалу организации. Его позицию спокойно могли бы занять и Жданов, и Ярмыш, и Шаведдинов, и Албуров... В ФБК целая плеяда людей с отличными организационными и публичными навыками, которые прошли огонь и воду. Ну а Мария Певчих, возглавившая в итоге фонд, вообще умница и красотка. Уверен, она классно справится со своей новой работой. (...)

Важно помнить, что сейчас каждая публичная разборка между противниками войны — это не просто выяснение отношений, но и усиление тех, кто развязал агрессию. Так что выдыхайте, друзья. Давайте лучше вместе понаблюдаем, как Пригожин, Шойгу и Гиркин друг другу кувалдами грозят. (...)

«Диктатору могут простить многое — и жестокость, и коррупцию, и самодурство. Но диктатору не прощают слабость»

— Вы говорили, что когда Путина не станет, «полтора-два года» пробудет режим силовиков, а потом начнется «широкая общегражданская волна протеста». Но пока нет предпосылок даже для исчезновения Путина. Как это может произойти?

— Предпосылок как раз хватает. За минувший год Путин из «гаранта стабильности» превратился в человека, который портит жизнь всем и не устраивает никого. Все его окружение, сотни чиновников под санкциями. Олигархи лишились многомиллиардных активов и привычного комфорта. Обычных людей ловят на улицах и отправляют умирать на фронт по мобилизации либо вынуждают эмигрировать. Нарушены все социальные договоры, все негласные правила и понятия, на которых годами держался путинский режим.

Вполне вероятно, что ситуация бы снова стабилизировалась, если бы в результате своей авантюры Путин одержал убедительную победу. Если бы в соответствии с его планами удалось стремительно разгромить ВСУ, вынудить Зеленского бежать из Украины, а на его место в Киеве посадить какую-нибудь кремлевскую марионетку. Но вместо обещанной победы он втянул Россию в кровавую канитель, которая несет разорение, множит риски и лишает всех уверенности в завтрашнем дне.

Обнажились проблемы армии, из-за чего даже у сторонников Путина возникает чувство национального позора. В воздухе все отчетливее запах поражения.

Да еще и перспектива международного трибунала маячит, и понятно, что такого сценария много кто в Кремле и Белом доме всерьез опасается. Это уже не шуточки.

Итогом первого года войны стало шоковое, депрессивное, крайне подавленное состояние элит. Слитый в сеть эмоциональный разговор Иосифа Пригожина и олигарха Ахмедова — яркое тому подтверждение. Уверен, что похожие оценки и эпитеты сейчас в голове почти у всех, кто столкнулся с санкциями и лишился активов.

Да и в силовых структурах полный бардак. Минобороны, ЧВК и кадыровцы борются друг с другом так яростно, что иногда, кажется, забывают про украинцев. А Путин просто не в состоянии пресечь эти распри и самоустраняется от проблемы.

В обществе же на этом фоне объективно растет разочарование. Из-за отсутствия обещанных успехов, а также из-за социальных проблем, спровоцированных войной, зреет глухой протест, который даже в Кремле оценивают в 35%.

Диктатору могут простить многое — и жестокость, и коррупцию, и самодурство. Но диктатору не прощают слабость. Путин, очевидно, подавился Украиной, разрушив собственный образ великого стратега и победителя. Да, пока недовольство элит и раздражение народа не трансформировались в политическую волю. Но я полагаю, что это вопрос времени и обратный отсчет запущен.

— *Как вы представляете свое освобождение и освобождение других оппозиционных политиков? Как это произойдет технически?*

— Такие вещи сложно прогнозировать, но обычно оппозиционеры выходят на свободу в результате политической амнистии. Она неизбежна, если власть в России сменится. Причем даже в том случае, если Путина сменит кто-то из его окружения. Если президентское кресло не займет какой-нибудь экзотический преемник вроде Кадырова или Пригожина, что практически исключено, он будет заинтересован в налаживании диалога с мировым сообществом и в смягчении санкций. Подозреваю, что без амнистии никакого диалога не будет.

Вообще, практика политических амнистий существовала и в советские времена. Недавно амнистия была проведена в Иране, где на свободу вышли сотни участников акций протеста. Даже Лукашенко выпускал из тюрем своих оппонентов, пытаясь что-то выпросить взамен у Евросоюза.

Кстати, не исключаю, что амнистия в России возможна и при Путине. Если война в том или ином виде закончится мирными переговорами, то одним из пунктов повестки вполне может быть вопрос об освобождении из-за решетки людей, которых посадили за критику российской агрессии.

— Вам дали 8,5 лет — это довольно много по меркам одной жизни. Допускаете ли вы, что придется отсидеть этот срок полностью? Как думаете, для чего вам этот опыт?

— Это не «довольно много», а чудовищно много.

Помните себя в конце 2014 года? А теперь представьте, что вашу жизнь с того момента и по сегодняшний день просто вырезали.

Ничего не было, только камеры, сборки, этапы, бараки. Вот что такое 8,5 года несвободы. Не секрет, что в России суды часто дают меньшие сроки убийцам и грабителям.

Но да, я понимаю, что мне, возможно, придется отсидеть весь этот срок. Всегда это понимал. Такую мысль сложно принять, и, разумеется, я надеюсь на лучшее. Но морально готовлю себя к тому, что свободу увижу лишь в 2030 году. Верю, что даже это меня не сломает. Однажды я все равно отсюда выйду и точно буду сильней и мудрей, чем в день ареста. Не сомневаюсь, что еще много чего успею в своей жизни. (...)

— Вы сами могли бы баллотироваться на пост президента?

— У меня нет таких амбиций. Но, может, когда-нибудь и появятся.

— Вы все еще верите в «прекрасную Россию будущего»?

— Россия либо станет свободной, мирной и счастливой, либо просто исчезнет с карты под грузом внутренних противоречий и напряженностей, подобно СССР. Миссия нашего поколения в том, чтобы навести порядок в своем доме и не допустить второго сценария. Верю, что мы с этим справимся.

19 апреля 2023
11:31

Мосгорсуд сегодня оставил в силе приговор Илье Яшину, отказав в удовлетворении его апелляции. Почитайте речь, которую он произнес на заседании.

Граждане судьи! Уважаемые слушатели!

9 декабря я осужден по закону о военной цензуре. Закон этот юридически ничтожен. Он вводит неправовой запрет на публичное несогласие с позицией чиновников касательно войны, развязанной Путиным против Украины. Войны, которая резолюцией ООН признана актом преступной агрессии в отношении независимого государства.

Назначенный мне приговор поражает: 8,5 лет за 20-минутное выступление в интернете. В тюрьме я встречал убийц, насильников и грабителей, получивших меньший срок за свои преступления. За настоящие преступления, а не за слова.

В чем же моя вина? В том, что, выполняя свой долг российского политика и патриота, я говорил правду об этой войне. И, в частности, рассказал о преступлениях, совершенных путинскими войсками в городе Буча.

Скоро год, как я за решеткой. За это время произошло несколько важных событий.

Во-первых, проведены полноценные расследования того, что случилось в Буче в период оккупации. После отхода российских частей в городе работали следователи, журналисты и правозащитники из разных стран мира. Обнаружены целые братские могилы мирных жителей. По спутниковым снимкам, сообщениям в мессенджерах и уличным камерам удалось восстановить последние минуты жизни десятков горожан, расстрелянных солдатами. У некоторых руки оказались связаны за спиной, фактически их казнили.

Опубликованы перехваченные телефонные разговоры военных в Буче. Они говорили родным, что совершали убийства, и жаловались, что боятся сойти с ума из-за участия в расправе над гражданскими. Установлены имена целого ряда бойцов и командиров. Журналисты связывались с некоторыми из них и публиковали, по сути, признательные показания.

Преступления в Буче подтверждаются и рассказами местных жителей. Вся доказательная база задокументирована и, несомненно, ляжет в основу обвинения, которое выдвинет международное правосудие. И хотя Кремль продолжает твердить, что резня в Буче это фейк, — отвечать придется.

Второе важное событие — это выдача Международным уголовным судом ордера на арест Путина. Странная ситуация, согласитесь? Путин — военный преступник, а за решеткой остаюсь я — человек, выступающий против развязанной им войны. Не кажется ли вам, граждане судьи, что, удерживая меня в тюрьме, вы становитесь его подельниками? Вы скажете, что ни при чем. Вы же не брали в руки оружие, да? Но и Путин лично не бегал с автоматом, однако теперь вынужден скрываться от правосудия. И не исключено, что в итоге я уступлю ему место в тюрьме.

Преступление Путин совершил не только против Украины, но и в отношении нашей страны. Своей политикой он ударил по экономике и безопасности, изолировал Россию и отправил на убой десятки тысяч человек. Но что еще страшнее — создал условия для радикального роста насилия в обществе. С фронта идет нескончаемый поток мужчин, психика которых травмирована войной. Они научились пользоваться оружием, смерть для них перестала быть табу. Мы видели, сколько ОПГ появилось после афганской войны. Бойня в Украине перекроет этот масштаб. Уже сейчас число преступлений с использованием оружия в Петербурге удвоилось, а в Москве утроилось. Нас ждет еще больший скачок насилия и дегуманизация общества. Абсолютную ответственность за это несет Путин.

Ну а пока Россия захлебывается в крови, суд рассматривает апелляцию на мой приговор. Чтобы добиться его смягчения, надо молить о прощении, называть черное белым, а заодно еще и сдать кого-то из товарищей. Этого не случится. Унижаться перед вами, граждане судьи, я не буду. Моя совесть чиста, поэтому я спокойно принимаю свою судьбу.

Сил мне придает ощущение морального превосходства над ворами и убийцами, захватившими власть. Они знают, что я их не боюсь. Я не стал от них бегать и ни разу не опустил перед ними глаза.

А еще сил мне придает ощущение ответственности за свою страну. Маятник истории неумолим, и я осознаю, что, оказавшись на свободе, стану одним из тех, кому придется разгребать весь этот кровавый бардак. Стану одним из тех, кто построит на руинах путинизма новую свободную и счастливую Россию.

И поверьте: я готов послужить своей стране и своему народу.

21 апреля 2023
10:05

После решения Мосгорсуда 19 апреля мой приговор вступил в «законную» силу. Теперь меня должны этапировать из московской тюрьмы в колонию для осужденных. Когда и в какую именно — неизвестно. Это может случиться и завтра, и через несколько недель.

Покинув СИЗО, я на какое-то время лишусь связи с внешним миром. В поезде и транзитных изоляторах нет возможности сообщить о своем местонахождении. До моего прибытия в колонию ни адвокаты, ни родные не будут знать, где я. Сколько времени займет дорога, тоже никто не скажет.

Это — обычная практика. К этому я готов и воспринимаю все спокойно. Но для подстраховки хочу сделать небольшое заявление.

1. Мое здоровье в полном порядке. Я в хорошей физической форме, не страдаю хроническими заболеваниями и не принимаю никакие лекарства. Все это подтверждено недавним обследованием в медсанчасти СИЗО-4.

2. Моя психика в норме, эмоциональное состояние стабильное. Тревожных расстройств, депрессии и апатии нет.

3. У меня отсутствуют суицидальные наклонности. Ни при каких обстоятельствах я не совершу самоубийство. Это абсолютно исключено.

4. Я выстраиваю ровные и спокойные отношения с другими заключенными. На провокации не реагирую. За более чем 9 месяцев в неволе у меня ни разу не возникло конфликтных ситуаций и тем более физических стычек ни в камерах, ни на сборках, ни на этапах.

5. Все будет хорошо.

22 апреля 2023
09:29

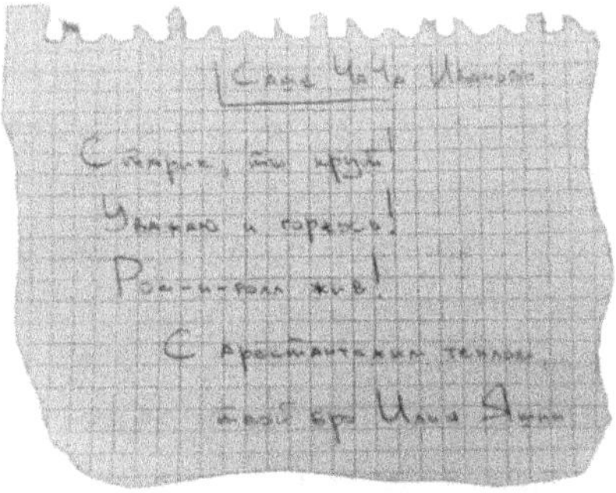

Илья Яшин передал из тюрьмы привет музыканту Александру «Чаче» Иванову после того, как тот на своем концерте выступил в поддержку школьницы Маши Москалевой. Напомним, девочка на уроке ИЗО сделала антивоенный рисунок; в итоге ее отец был арестован, а сама она несколько недель провела в детдоме.

23 апреля 2023
14:39

До моей тюремной камеры новости иногда доходят медленно. Только узнал, что наш документальный фильм «Свидетель» взял премию на «АртДокФест»[45].

Приятно, потому что кино получилось и правда хорошее. И потому что собравший его Дмитрий Кубасов — один из самых талантливых документалистов, с кем мне доводилось работать.

А еще кино получилось немного пророческим. Напомню, оно рассказывает, как я ездил свидетелем на суд к Навальному в покровскую колонию. Чуть больше года назад проходил через забор с колючей проволокой, брел мимо бараков и думал, что скоро, наверное, и сам буду не свидетелем, а заключенным. Война была уже в самом разгаре, шел уже обратный отсчет.

Посмотрите, если пропустили. Это достойное кино.

25 апреля 2023
10:02

Мы все привыкли считать, что массовая поддержка войны российским обществом — это факт. Об этом говорят в Кремле, это повторяют на кухнях, то же самое утверждает Запад. Вроде бы не с чем спорить.

Но я — поспорю.

Есть простой способ определить, насколько война популярна среди граждан: надо всего лишь посмотреть, как власть реагирует на антивоенные протесты. Если правитель уверен, что опирается на большинство, — он спокоен и терпим к инакомыслию. Если же понимает, что поддержка шаткая, то нервничает и злобствует. Классика жанра: «агрессия слабых, спокойствие сильных».

Вспомним 2014 год, когда Путин забрал Крым и поджег Донбасс. Он определенно знал, что страна (к сожалению) это приветствует и что лозунг «Крым наш» действительно овладел умами. Но были заметные протесты: осенью оппозиция вывела в центр Москвы десятки тысяч людей. Огромная колонна шла по бульварам с антивоенными призывами и флагами России и Украины вперемешку. Впереди шагали еще не застреленный Борис Немцов и еще не отравленный Алексей Навальный. Еще не получивший 25 лет лагерей Владимир Кара-Мурза. Еще не эмигрировавший Андрей Макаревич.

Это был — внимание! — согласованный властями «Марш мира». Никого не арестовали и не избили, полиция не отбирала желто-синие знамена и даже отгоняла провокаторов. Почему? Да потому что Путин знал: протестует малая часть общества, а большинство приветствует то, что делает Кремль. Путин не видел опасности в протестах и спокойно реагировал. Мог себе позволить.

А сейчас — не может.

Поэтому сейчас хватают за лайки, минуты молчания и желто-синий маникюр. Запретили любые акции протеста, включая одиночные пикеты. Закрыли вообще все независимые СМИ и заблокировали соцсети. Посадили сотни людей.

Кроме того, на популярную войну никого не надо загонять силой. В военкоматы должны были бы стоять очереди мужчин всех возрастов. Где эти очереди? Все наоборот: сотни тысяч сбежали от мобилизации, а оставшихся ловят электронными повестками и угрозами.

Да, разумеется, у Путина есть ядро поддержки. Пропаганда годами промывала людям мозги и, конечно, добилась каких-то результатов. Но эта поддержка далека от того большинства, что было на стороне власти в 2014-м.

Эта война непопулярна в России. Не тиражируйте пропагандистские мифы.

10:02

Возможно, вы уже знаете, что в моей команде адвокатов — минус один. Вадим Прохоров покинул Россию, опасаясь ареста. И, надо признать, имел для таких опасений все основания. Как пошутил про него один статусный заключенный: «Защищал Немцова, а теперь Яшина и Кара-Мурзу? И до сих пор на свободе? Недоработка товарища майора!»

Шутки шутками, но Вадим давно ходил по грани. Прослушка телефона, открытая слежка, угрозы... Наконец, прокурор на процессе по делу Кара-Мурзы прямо сказал после выступления Прохорова, что добьется его посадки.

Не стану скрывать, что я и сам убеждал Вадима эмигрировать, не дожидаясь, когда за ним придут. Но все равно грустно, конечно. Это не просто адвокат, это мой друг. Ощущение, будто от меня кусок плоти оторвали. Представьте: Прохоров впервые защищал меня в суде почти 20 лет назад! Жулик-единоросс тогда подал против меня иск о защите чести и достоинства, а Вадим красиво отбил претензии, доказав, что у того нет ни чести, ни достоинства.

В 2019 году после обыска меня посадили в автозак с вооруженным спецназом. Прохоров залез следом и сел рядом. Куда везут — непонятно. Пересекли МКАД, за окном сплошные деревья. Бойцы начали ржать и юморить, что везут меня в лес расстреливать. Ну то есть потом уже стало ясно, что это юмор такой. А в моменте было неприятно. И вот автозак притормаживает. Командир говорит: «Вадим Юрьевич, к вам вопросов нет. Может, покинете транспорт?»

Вадик сжал зубы и поудобнее уселся на скамейке. А я понял, что с этим парнем можно идти в разведку.

Немцов иногда говорил: «Выдвинуть единого демократического кандидата в президенты у нас никак не получается. Но зато у нас есть единый демократический адвокат. Это Вадим Прохоров».

Удачи тебе, дружище, и спасибо за все. До встречи в Прекрасной России Будущего.

29 апреля 2023
11:01

В России сегодня почти 600 политзеков, и число их постоянно растет. Правозащитники подсчитали, что по этому показателю страна уже достигла уровня позднего СССР. Людей сажают за лайки, слова, телефонные разговоры…

Среди политических заключенных есть известные персоны и те, чье имя на слуху благодаря общественному резонансу. Но о многих мы почти ничего не знаем. Они месяцами, годами томятся в тюрьмах, им ломают психику, они теряют надежду. Таким людям очень тяжело, потому что они даже не ощущают поддержки единомышленников и остаются один на один с системой.

Сегодня я хочу рассказать про одного из арестантов, о котором вы вряд ли что-то слышали. Александр Струков, московский фотограф, 30 лет, сын обычной школьной учительницы.

Год назад к нему домой вломился вооруженный спецназ. Квартиру разгромили, поломали мебель, парню выкрутили руки и отвезли к следователю. Суть обвинения: Саша поругался в открытом телеграм-чате с анонимными провокаторами насчет войны с Украиной и допустил оскорбления в их адрес. У провокатора на аватарке стоял портрет президента и ник был соответствующий: В. В. Путин. На Струкова прилетел донос, за которым последовали уголовка и тюрьма.

Саша сидит тяжело. Месяц его держали в психбольнице на обследовании. Камера два на четыре метра. Чтобы вывели в туалет, надо долбить в дверь и просить разрешения. Потом перевели в капотнинскую тюрьму, известную своим строгим («красным») режимом. Вообще, это карантинный изолятор, где арестанты проводят не больше двух-трех недель. Но Сашу там «заморозили».

Здесь он рассказывает про свою тюремную жизнь, просто почитайте[46].

И я хочу вас попросить: поддержите морально этого парня. Ему сложно, и даже пара добрых слов не будет лишней. Напишите ему что-нибудь хорошее и ободряющее.

Данные для ФСИН-письмо:

г. Москва

СИЗО-7 Капотня
Струков Александр Алексеевич
1993 года рождения.

Май

1 мая 2023
13:37

В наш тюремный спецблок заехал полковник, еще недавно возглавлявший департамент в центральном аппарате Росгвардии. Спецслужбы считают, что он закупил какие-то неправильные системы борьбы с беспилотниками и что вот это все из-за него. Нашли крайнего, короче.

Вообще мне иногда кажется, что кто-то невидимой рукой собирает в соседних камерах «ведомственный пасьянс». Генералы МВД, ФСИН, МЧС — есть. Полковники ФСБ и СКР — на месте. Армейское командование — представлено. Кого не хватает? О, Росгвардия! Заноси.

Шутки шутками, но чистки в силовых структурах явно набирают обороты. И то ли еще будет.

2 мая 2023
09:20

Говорят, в своем репортаже с моей апелляции «Медиазона» рассказала про начальника пресс-службы Мосгорсуда, который удивлялся и громко возмущался, что на заседании так много людей. Ведь еще накануне он обещал, что никто не придет, поскольку «Яшин никому не интересен» 😊

Мне очень приятно, друзья, что вы испортили настроение этому начальнику. Знаю, какая в зале трансляций была атмосфера единения, с каким интересом вы следили за процессом и как эмоционально реагировали на мою перепалку с судьей.

Ну а завтра у меня еще одна апелляция на постановление суда о законности возбуждения уголовного дела. Скорее всего, конечно, жалобу снимут с рассмотрения.

Мосгорсуд. Богородский вал, д. 8, зал № 221 или 324. Начало в 13:15, 3 мая. При себе надо иметь паспорт.

Мы, разумеется, направили тонну ходатайств о моей личной явке. Но вряд ли получим такой подарок: скорее всего, как и в прошлый раз, меня подключат по видеосвязи.

Впрочем, говорить мне это не помешает.

3 мая 2023
16:02

Мосгорсуд сегодня отклонил очередную апелляцию адвокатов Ильи Яшина. При этом его самого лишили даже возможности выступить в свою защиту.

Запрещенная речь Яшина:

Гражданин судья!

Как вы знаете, уголовное обвинение против меня строится на двух основаниях. И оба эти основания удивительным образом, будто в зеркале, отражают пороки созданной Владимиром Путиным политической системы.

Первая часть обвинения: распространение ложных сведений о российской армии. Однако если уж кто и распространял о ней ложные сведения, так это наши генералы и чиновники. И теперь их ложь разоблачена.

Они годами врали, что вооруженные силы России обеспечены всем необходимым. В реальности же армейские склады тотально разворованы, а солдаты покупают экипировку за свой счет. Они врали, что аналогов отечественному оружию нет в мире, хвастались танками «Армата» и суперсовременной боевой авиацией. В реальности же на фронт поставляют советские танки 50-х годов, а из российских бомбардировщиков вываливаются снаряды прямо на наши города. Они врали, что возьмут Киев за три дня, но уже восемь месяцев ломают зубы о Бахмут, не считаясь с потерями.

Они врали — а я говорил правду. Говорил, что нет никакой спецоперации, что в Украине идет настоящая кровопролитная война, развязанная Путиным. Говорил о преступлениях, совершенных российскими войсками на оккупированных территориях, о резне в Буче, о бомбежках мирных городов. О чудовищном ущербе, который нанесен нашей экономике, безопасности и репутации. Все это неприятная, неудобная властям — но правда.

Вторая часть обвинения: якобы присутствующий у меня мотив ненависти. На самом же деле ненавистью мотивированы те, кто начал войну против Украины. Именно их ненависть обрекла на смерть десятки тысяч людей, уничтожила целые города, лишила домов миллионы беженцев. Ненавистью мотивирован Путин, который угрожает спалить весь мир в ядерном огне. Медведев, который ежедневно бьется в истерике и плюется оскорблениями. Пригожин, который бахвалится тем, что его бандиты разбили кувалдой голову безоружному человеку. Пропагандисты, которые с искореженными от злобы лицами требуют больше крови, больше грабежей, больше репрессий.

Они мотивированы ненавистью, а я — любовью. Любовью к своей стране и к своему народу. К моим родителям, друзьям и близким. Моя любовь требовала от меня не молчать и говорить правду, она помогает мне выжить и оставаться человеком в тюрьме. А их ненависть сжирает изнутри и лишает человеческого облика.

Любовь сильнее ненависти, правда сильнее лжи. Это вечные истины. Я сохраню свою любовь и продолжу говорить правду. Никакой суд и никакой приговор не заткнет мне рот. Потому что это мой долг и моя миссия.

Нет войне.

В этот раз даже фотографировать запретили. У Ильи был плакат «Я вас всех люблю».

5 мая 2023
10:15

Почитал предвыборную аналитику, которую администрация президента подготовила для региональных чиновников и которая попала в прессу. Интересный, конечно, документ. Интересный — но спорный.

Кремль оценивает свою электоральную базу в 84%. Потенциальных избирателей Путина делят на четыре социальные группы, которые надо просто мотивировать прийти на участки. Однако описание группы явно указывает на то, что это вовсе не избиратели Путина, поскольку он действует вопреки интересам их всех.

Судите сами.

Группа № 1: «Лоялисты» (27%). По версии АП, это жители городов со средним образованием в возрасте 22–44. Они хотят, чтобы Россия была стабильным государством с комфортной средой, высоким уровнем жизни и работающими социальными лифтами. Но Путин создает противоположное государство, где доходы населения падают 9 лет подряд, социальные лифты возят разве что детей элиты, а от стабильности после начала войны не осталось и следа.

Группа № 2: «Патриоты» (26%). Это аудитория ТВ старше 45, которая спит и видит, что Россия «вновь великая», громит врагов на фронте и внушает страх. Однако в этой группе, очевидно, доминирует разочарование Путиным, поскольку война в Украине разрушила миф о «второй армии мира» и обернулась большим унижением.

Группа № 3: «Социалисты» (19%). Молодые семьи и женщины до 35, мечтающие о справедливой России, где побеждены бедность и коррупция, а государство помогает людям. И все это — точно не про Путина. Помогает государство у нас олигархам, правительство повышает пенсионный возраст, а разрыв между богатыми и бедными растет из года в год. Хочешь получить поддержку государства? Сдохни на войне — и твоя семья получит денег. Но это не точно.

Группа № 4: «Прогрессисты» (11%). Хотят экономического развития и крупных инфраструктурных проектов. И это даже смешно обсуждать. Путин — олицетворение регресса. Он изолирует Россию, тянет ее в прошлое и до смерти боится всего нового. Ни один «прогрессист» в здравом уме не станет за него голосовать.

О чем это все говорит?

О том, что в реальности база поддержки Путина тает. Понятно, что он может нарисовать себе любой результат на выборах — хоть 84%, хоть 184%. Но даже если смотреть на официальную аналитику критическим взглядом, видно, что его политика идет вразрез с интересами большинства граждан. Включая тех, кого в Кремле по привычке называют сторонниками.

10 мая 2023
10:01

Осенью зеки массово отправлялись из колоний на фронт. Сейчас же тенденция обратная: вернувшиеся с войны все чаще оказываются за решеткой. Вот и очередным моим сокамерником стал боец, еще недавно сидевший в луганских окопах, а теперь обживающий тюремную хату по обвинению в торговле оружием.

Дядя Гриша уже не молод, скоро ему исполнится 57. За спиной две чеченские кампании, где он был снайпером. На теле колоритные наколки: смерть с винтовкой вместо косы, череп в краповом берете.

В июне подписал контракт и оказался в Изюме. В снайперы уже не взяли из-за зрения, определили старшиной пехоты. С первого же дня попал в ад: обстрелы, прилеты, бесчисленные потери. Рассказывает, как зашли в село и попали под бомбежку. Напарнику оторвало ногу, Гриша оттащил его в кусты и вызвал эвакуацию. Пока ждали, прямо на их глазах обезумевшие от голода коты выползали из брошенных домов и объедали оторванную голень...

Через месяц Гриша и сам получил ранение. Во время боя руку зацепил осколок мины. До ноября он лежал в госпитале, читая в интернете, как его сослуживцы бегут из оставленного Изюма, побросав технику.

Зимой вернулся в строй под Сватово и чудом не погиб под ракетами «Хаймарсов». А по окончании контракта почти сразу оказался в тюрьме.

Я расспрашиваю Гришу, зачем он вообще поехал на фронт, пытаюсь понять мотивацию. Но ее нет. Власть он не любит. В «нацистский режим Зеленского» не верит. Командиров с их «мясными штурмами» презирает.

«Что ты там, черт возьми, делал, Гриша?»

«Соскучился по войне, — усмехается. — Ну и деньги... За ранение три ляма дали. Где бы я еще так заработал?»

Описывает, как его часть заняла богатую ферму, разместив там бойцов. Через пару дней появились кадыровцы и вывезли все фуры и трактора. Хозяин фермы побежал к военному прокурору, тот даже оформил жалобу и очень сочувствовал... Ну то есть жил себе украинский фермер, работал, развивал

хозяйство. А потом пришел «русский мир» его спасать. И руками кадыровцев просто ограбил.

«Тебя самого это все не смущает, Гриша?»

Мы провели в беседах и спорах долгие дни. Я рассказывал про Бучу, Мариуполь, бомбежки Киева и Одессы. Кричал, объяснял, разжевывал.

«Илюха, слушай, — сказал, наконец, Гриша. — Если снова поеду на войну, то водилой. Оружие в руки не возьму. Обещаю».

Ну хоть так, Гриша. Хоть так.

12 мая 2023
10:01

Одна моя замечательная подруга, артистка и поэтесса, настолько впечатлилась моими судами, что написала по их мотивам стих. Я очень смеялся. Улыбнитесь тоже.

Яшин,
буду краток:
Может, хватит валять дурака?
Чересчур ты как-то отважен.
Ты совсем не боишься курка?
Может, срок чему-то научит?
Ты поверь, я не скоро уйду.
Я вас долго еще буду мучить.
Я вас всех еще переживу.

Ты б помалкивал,
как другие,
Да на воле б груди женские мял.
Ведь условия в стране неплохие…
Да и кто,
если не я?

Ты присядь,
хорошенько подумай
Так примерно

на восемь лет.
На таких, как ты,
смелых,
тюрем
у меня что,
думаешь, нет?

Ты кто?
Ты х*й в пальто,
А я тут власть.
Ты грязь,
Я князь.
И заткни пасть.
Не мешай воровать.
И хватит глотку рвать
За справедливость,
За лучшие времена.
Щас, ага,
срок на.

16 мая 2023
10:07

⚡ Новое видео на канале! Смотрите скорее[47].

С уважением отношусь к российским эмигрантам, которые за границей заняты делом. Не скандалят и не дефилируют в белом пальто — а делают что-то полезное.

Одним из таких эмигрантов стал мой товарищ Михаил Маглов. Сегодня он представляет на моем канале расследование о семействе жуликов, близких к Кремлю, которые обогащаются на войне с Украиной, но живут и жируют при этом в США. Впечатляющая история. Обязательно посмотрите и поделитесь на своих страницах.

Это расследование особенно важно показать сторонникам т. н. спецоперации, которые все еще верят, что Путин ведет «священную войну за традиционные ценности». Нет, ребята, вы воюете не за «святую Русь», а за частные самолеты и виллы путинских воров. Вот и все ценности.

Данной публикацией я хочу еще раз подчеркнуть: мой арест ничего не изменил. Даже за решеткой я останусь российским голосом против войны, диктатуры и коррупции. А мои друзья мне в этом помогут.

21 мая 2023

Интервью Ильи Яшина Der Spiegel[48]

— *Как ваши дела?*

— Бывали и лучше, конечно. Но в целом я в порядке. За девять месяцев в тюрьме смог адаптироваться к быту, слежу за здоровьем, стараюсь держать себя в тонусе и физически, и эмоционально. Сохраняю оптимизм и философский настрой.

— *Я видел ваши рисунки из тюрьмы. Можете ли вы описать свою повседневную жизнь в тюрьме? Что придает вам силы? Что лишает вас их?*

— Тюремная жизнь — это рутина. Вы день за днем проводите в четырех стенах и видите, как правило, одни и те же лица. Одинаковая еда, прогулки в надоевшем дворике с потолком и бетонными стенами, душ раз в неделю... Дни похожи друг на друга и пролетают стремительно. Угнетает ощущение, будто время утекает сквозь пальцы и жизнь проходит где-то там, за высоким забором с колючей проволокой. Но если зацикливаться на этой мысли, можно впасть в уныние, и тогда сидеть станет еще тяжелее. Редкий человек здесь не страдает депрессией.

От тоски меня спасает, во-первых, твердая убежденность в собственной правоте. Я сижу за то, во что искренне верю. Я в гармонии со своей совестью. Мне не придется стыдливо опускать глаза, когда меня однажды спросят: что ты делал, когда путинские войска бомбили Киев и Одессу?

Во-вторых, я чувствую большую общественную поддержку. Что бы ни говорили про российский народ, среди нас много хороших и неравнодушных людей. Я получаю тысячи писем со словами поддержки и благодарности, которые трогают до глубины души. Это очень воодушевляет и мотивирует.

На самом деле, огромную силу придает еще и осознание морального превосходства над властью, которая дискредитировала себя, развязав агрессивную войну. Удивительно, но никогда еще не чувствовал себя настолько сильным. (...)

— *Как вы общаетесь с другими заключенными? Обсуждают ли они политические события? Есть ли другие политзаключенные, с которыми вы обсуждаете ситуацию? Смотрят ли они телевизор? Как программы влияют на вас и ваших товарищей по заключению?*

— В тюрьме довольно часто обсуждают политику. Многие здесь негативно относятся к власти, и понятно почему. Арестанты по личному опыту знают, что такое полицейский произвол, бесправие и несправедливость в судах. Иллюзий по поводу российского государства здесь ни у кого нет.

На тюремных сборках и в автозаках у меня нередко завязываются беседы с другими заключенными. Некоторые из них меня узнают и спрашивают подробности моего уголовного дела. Многие шокированы тем, что за антивоенное выступление в интернете меня приговорили к 8,5 годам, поскольку в России часто и убийцы получают меньшие сроки.

Арестанты также просят поделиться прогнозами, когда и как закончится война, что будет с российской экономикой, сменится ли власть в ближайшее время. Любопытно, кстати, что за решеткой я встречал немало бывших высокопоставленных лиц: заместителей министров, чиновников, сотрудников спецслужб и даже генералов. Можно предположить, что Путин не очень доволен своим госаппаратом и проводит чистки.

Что же касается телевизора, то в некоторых камерах он установлен. Однако, по моим наблюдениям, заключенные скептически относятся к официальным новостям и не особо доверяют пропаганде. Большинство предпочитает музыкальные, развлекательные и спортивные программы.

— *Насколько я знаю, вы всю свою взрослую жизнь посвятили оппозиционной работе: на рубеже тысячелетий вместе с Алексеем Навальным в «Яблоке», позже - в «Обороне». Я помню акцию на Красной площади, «самосожжение» с Александром Шуршевым, если не ошибаюсь. В те годы, задолго до начала войны, многие оппозиционеры уезжали за границу. Но вы всегда оставались. Почему вы оставались? Что помогало вам оставаться все эти годы? Не было ли у вас ощущения бессмысленности?*

— Я никогда всерьез не рассматривал для себя возможность эмиграции. Не хочу показаться пафосным, но это моя страна, которая мне действительно дорога. Я здесь родился и вырос. Всю свою жизнь посвятил тому, чтобы Россия стала лучше — свободной, справедливой, мирной и комфортной страной.

Не готов бросать все и куда-то бежать, ведь это обесценит то, что я делал до сих пор.

Не стану скрывать: у меня сентиментальная привязанность к своей стране и к родному городу. Я ощущаю себя частью своего народа и, честно говоря, просто не представляю себя за границей. Читал когда-то мемуары русских эмигрантов, которые эвакуировались в Европу после прихода к власти большевиков и жили там столетие назад. Многие писали о выжигающей душу тоске по Родине, и я хорошо их понимаю. Думаю, морально мне было бы очень сложно в эмиграции. Даже сложнее, чем в тюрьме. Я просто потерял бы себя.

Есть и еще один важный момент. В 2015 году в Москве был убит лидер российской оппозиции и мой близкий друг Борис Немцов. Он отдал жизнь за то, чтобы Россия стала свободной. В глубине души я понимаю, что моя эмиграция стала бы предательством его памяти. В день гибели Бориса я пообещал себе, что больше ничего не буду бояться и никуда отсюда не уеду.

— *Здесь, на Западе, в некоторых кругах — я к ним не отношусь — есть сомнения в том, что Россия когда-нибудь сможет вернуться на цивилизованный, демократический путь. Что заставляет вас не терять убежденности в том, что демократическая, свободная Россия возможна?*

— У моей страны долгая и очень тернистая история. Несколько веков мы были под монголо-татарским игом. Потом наступил длительный период самодержавия и крепостного права, когда люди, словно скот, были собственностью помещиков. Царя сменили большевики, которые топили нашу страну в крови и дрессировали народ репрессиями. Казалось бы, после всего этого в России должно было сложиться абсолютно покорное и безмолвное население. Но ведь это не так. В каждом поколении обязательно появлялись яркие, талантливые люди, которые стремились к свободе и справедливости. Они протестовали, рискуя личным благополучием и даже жизнью, поднимали восстания, которые жестко подавлялись, создавали выдающиеся произведения искусства, воспевавшие гуманистические ценности. Тяга, стремление моего народа к свободе и справедливости воистину неискоренимо. Да, наш путь от диктатуры к демократии очень долгий и сложный, извилистый и кровавый. Но я верю, что историческая справедливость в конце концов восторжествует.

— Я знаю, что опросам в России можно верить лишь отчасти. Но мне как наблюдателю сейчас кажется, что Россия, большая часть российского населения за последние двадцать лет сдалась путинизму, по крайней мере, не совсем бессознательно.

Этот режим не просто пришел в страну, он вырос из поддержки. У меня вызывает недоумение тот факт, что Россия, которая, казалось бы, тридцать лет назад оставила тоталитаризм позади, теперь снова отдалась варварству, причем в значительной степени по собственной воле. Является ли эта точка зрения, на ваш взгляд, ошибочной? Что вы думаете по этому поводу?

— Я не могу согласиться с тем, что нынешняя политика Путина стала реакцией на общественный запрос. Хотя Кремль пытается представить все именно таким образом. В реальности же в нашем обществе после развала СССР существовал сильный запрос на европейскую интеграцию. А люди хотели не войны, а спокойной, комфортной и стабильной жизни. Кстати, Путин пришел к власти в 2000 году, обещая обществу именно такую жизнь, а не восстановление советской империи.

Да, 90-е годы были сложными: многие россияне жили очень бедно, в стране сформировался олигархат, резко вырос уровень преступности. Да, в воздухе витала некая ностальгия по советской эстетике и стабильности. Но общество смотрело вперед и, хоть с трудом, но развивалось.

Путин же, оказавшись в Кремле, последовательно спекулировал на постимперском синдроме, национальных обидах и комплексах, манипулировал общественным сознанием с помощью агрессивной пропаганды и шаг за шагом формировал в России собственную диктатуру. Цель его манипуляций была вполне прагматична — из президента он стремился превратиться в «национального лидера» с неограниченными полномочиями, который может занимать свой пост до конца жизни.

Поймите меня правильно: я не снимаю ответственность со своего народа. Мы, конечно, виноваты в том, что допустили диктатуру в своей стране, плохо контролировали власть и поддались влиянию пропаганды. Общество приняло негласный договор с Путиным, обменяв свои гражданские права на потребление. Мы виноваты. Но все же российское общество не породило эту варварскую власть — оно стало жертвой обмана и манипуляций социопата с комплексом Наполеона.

— Есть ли у вас представление о том, как должна быть устроена свободная Россия? Как она должна выглядеть?

— Полагаю, Россию ждет кровавое похмелье, болезненное отрезвление и период сложных оздоровительных реформ. По сути, на обломках путинизма нам придется заново переучреждать свою страну. Принимать новую Конституцию, с нуля строить базовые демократические институты, развивать полноценный федерализм...

В основе будущего устройства нашего государства должны лежать несколько принципов.

Во-первых, обществу надо договориться, что больше никогда мы не доверим свою судьбу одному человеку. Каким бы замечательным ни был тот, кто сменит Путина в Кремле, какую бы разумную политику он ни проводил — его полномочия должны быть ограничены максимум двумя президентскими сроками. Сменяемость власти, сильный парламент и независимый суд должны быть незыблемы. Мы должны ориентироваться в своем развитии не на персону во главе страны, а на работающие и надежные государственные институты.

Во-вторых, смысл существования российского государства должен сводиться к повышению ценности жизни. Приоритетом станут не какие-то абстрактные «великие идеи», а прикладной гуманизм: социальная поддержка людей, развитие человеческого капитала, повышение качества образования и медицины, создание комфортных условий для жизни. Россия должна стать обществом свободных и счастливых граждан.

В-третьих, нам следует отказаться наконец от имперского мышления и перестать считать себя лучше других. Нужно развивать добрососедские отношения с окружающими державами. Я хочу, чтобы мою страну уважали, а не боялись.

— Есть ли у вас представление о том, как можно управлять дорогой к демократической России? Как может выглядеть поворотный пункт? Что необходимо сделать?

— Война стала огромной трагедией для Украины и принесла много бед российскому народу. Но подозреваю, что этой кровавой авантюрой Путин ускорил исторические процессы внутри нашей страны, и последствия ударят по нему бумерангом. Путину не удалось одержать быструю решительную победу, как планировалось, и теперь даже в кругу сторонников власти растет разочарование в президенте. Все наглядно убедились, что государство далеко не так эффективно, а армия не так сильна, как нас убеждал Кремль. Люди чувствуют себя обманутыми, появилось ощущение национального позора. При этом все понимают, что политика Путина портит жизнь как элитам, так и обычным людям, поскольку нарастают экономические и социальные трудности, усиливается изоляция России, исчезают привычные бытовые удобства. Огромным шоком, конечно, стала и мобилизация, которую власть в первые месяцы войны обещала не проводить, но обманула. На убой стали отправлять не только профессиональных солдат и офицеров, но и рядовых обывателей. Война буквально пришла в каждый дом. Напомню, что в итоге из России сбежало примерно в три раза больше граждан, чем явилось по повесткам в военкоматы.

События последнего года, несомненно, подорвали авторитет президента и создали условия для раскола элит. Если раньше Путин удерживал власть с помощью кнута и пряника, то сейчас у него остался лишь кнут — проще говоря, силовой ресурс и страх граждан перед репрессиями. Это не очень надежная и не самая устойчивая конструкция.

Полагаю, в обозримой перспективе нас ждет либо политика смены власти в результате госпереворота, либо серьезные общественные волнения. Путин крупно рискнул, развязав войну с Украиной, и явно просчитался. Расплата неизбежна. (...)

Европа и США критикуют моих соотечественников за то, что мало и плохо протестуют против политики своего правительства. Но забывают, что у нас тут настоящее полицейское государство, безжалостное к людям. Нас арестовывают за лайки в соцсетях и за минуты молчания по жертвам бомбежек в Украине; митинги брутально разгоняют; детей отбирают у родителей и сдают в приют за антивоенные рисунки на школьных уроках. И несмотря на весь этот произвол и атмосферу ужаса, общество все же протестует: с начала боевых действий полиция задержала в России более 20 тысяч граждан, выступавших против войны.

Важно понимать, что антироссийская (а не антипутинская!) риторика лишь помогает Путину удерживать власть. Кремль убеждает общество, что Запад — враг, который хочет уничтожить нашу страну. Не стоит подыгрывать этой пропаганде. Лучше искать в российском народе союзника, протянуть ему руку и помочь избавиться от диктатуры. Это было бы разумно и дальновидно.

— Как могло случиться, что пропаганда исторической обиды упала на такую благодатную почву для многих россиян, а послания с надеждой на лучшее будущее — нет?

— Знаете, что такое фантомные боли? Например, человеку ампутировали руку, ее уже нет, но она продолжает болеть. Примерно такой же эффект возникает в обществах, переживающих развал империи. Политологи называют это постимперским синдромом: империи уже нет, а имперское мышление и тоска по былому «величию» продолжают жить в массовом сознании. Иногда это проходит в легкой форме. А иногда появляются популисты, которые разжигают из этих настроений агрессивный реваншизм, чтобы прийти к власти или удержать ее и чтобы реализовать свои амбиции. В истории немало таких примеров. И Россия, к сожалению, дала еще один. (...)

— Если Путин падет, существует ли угроза гражданской войны? Параллельные армии вроде «Вагнера» или кадыровцев развиваются уже много лет. Насколько опасна ситуация?

— После ухода Путина нас ждет смутное время, поскольку он заложил под Россию множество мин замедленного действия. Одна из этих мин — физическая отмена государственной монополии на насилие. В стране появилась частная армия во главе с Пригожиным, которая действует автономно и агрессивно конкурирует с Министерством обороны. Личной гвардией обзавелся и глава Чечни Кадыров. Они оба готовы бороться за свой кусок власти.

Кроме того, отдельные батальоны создаются в российских регионах, нередко по национальному признаку. На войне эти люди сплотятся, научатся убивать и вернутся домой боеспособным организованным соединением. В смутные времена такие соединения вполне могут стать силовой опорой для сепаратистских лидеров.

В целом мы столкнемся с большой проблемой, связанной с ветеранами боевых действий, которые вернутся с фронта психологически травмированными и лишенными табу на убийство. Очень сомневаюсь, что правительство планирует социальную адаптацию этих людей — в лучшем случае от них просто откупятся бюджетными деньгами. Немало ветеранов советской военной кампании в Афганистане стали основателями и боевиками организованных преступных группировок в конце 80-х — начале 90-х годов прошлого века. Боюсь, после войны в Украине нас ждет нечто похожее, и стоит готовиться к масштабной волне насилия.

— В Германии у Путина много поклонников, там проходят так называемые митинги за мир. Если бы мы могли сегодня вывести их на одну из сцен перед Бранденбургскими воротами — а мы бы этого хотели! — что бы они сказали немцам?

— Я хочу сказать, что любой нормальный человек, все мы мечтаем о мире. Но нельзя строить иллюзии насчет Путина — такие заблуждения не только наивны, но и опасны. Для нынешнего хозяина Кремля человеческая жизнь ничего не стоит, он готов утопить в крови и Украину, и Европу ради достижения своих целей. Отправив войска в соседнее государство, он уничтожил десятки тысяч людей, разрушил целые города, превратил в беженцев миллионы семей. Это нельзя оправдать ничем. Невозможно быть за мир и одновременно поддерживать Путина. Потому что Путин — это война.

22 мая 2023
10:00

Телевизор в нашей тюремной камере иногда показывает сюжеты из госдумы. Там принимают очередной репрессивный закон, опять что-то запрещают, снова разжигают войну и грозят смертными казнями. И почти всегда — единогласно. А на экране мелькают знакомые лица.

Вот Галина Хованская, женщина с благородной сединой. Когда-то мы вместе были в «Яблоке», она рассказывала о ценности человеческой жизни, объясняла мне тонкости жилищного законодательства и делала много полезного. А теперь сидит с каменным лицом по правую руку от бесноватого Миронова, позирующего с «пригожинской кувалдой». Теперь она голосует за войну, за посадки несогласных, за всю подлость и гнусность, что штампует «парламент».

А вот Серега Шаргунов, с которым мы еще студентами подрались в баре. Потом помирились, мечтали о переменах, о сломе диктатуры. Выходили бок о бок на антипутинские митинги. Срывали голос, скандируя «Россия будет свободной!» на акциях против фальсификации выборов. Прошли годы, и Сереге больше не нужна свобода России — достаточно кабинета в Думе, неприкосновенности и хорошей зарплаты. Он фотографируется на Донбассе в кресле сбитого гражданского лайнера, визгливо требует расчленить Украину в телеэфирах, а перед Путиным склоняется в поклоне, называя его национальным лидером.

Сардана Авксентьева в кадре. Грустная какая-то. Еще недавно возглавляла Якутск, была независимым и самым прогрессивным мэром. Отказывалась от привилегий, помогала людям... А потом ей позвонили из администрации президента и сказали, что из мэрии надо перейти в госдуму. Добровольно-принудительно. Спорить Сардана не решилась и теперь, как все, голосует за аннексию чужих территорий и помогает сажать людей, говорящих правду о войне. Репутация спущена в унитаз с характерным звуком.

Все эти и многие другие когда-то приличные люди продали свою душу Путину. Продали дешево: за бытовой комфорт и денежные подачки. Продали, хотя могли этого не делать. Не обязательно ведь даже было идти на баррикады. Каждый из поднимающих сейчас руки в Думе мог просто тихо отойти в сторону, закончив с политикой и сосредоточившись на частной жизни.

Хотя, возможно, дело и не в подачках вовсе, а в банальном страхе. Еще один мой приятель на последних выборах едва не стал депутатом, совсем немного не хватило. Расстроился, конечно... А сейчас счастлив! Говорил мне год назад: «Сидел бы сейчас вместе со всеми, давил бы на кнопку и единогласно голосовал. А куда деваться? Я не герой, мне жить охота. Но повезло, проиграл выборы, слава богу...»

И правда, везучий парень. Не поспоришь.

23 мая 2023
10:00

Путин — эффективный управленец, способный наводить порядок и строить вертикаль власти. Это, пожалуй, самый распространенный миф нашей эпохи. Война показала, что строить он способен разве что «потемкинские деревни»: красочный фасад, скрывающий откровенный бардак.

Впрочем, не совсем так — местами Путину и правда удается насаждать свою пресловутую вертикаль. Но лишь там, где она вредна и предельно токсична. Вертикаль, например, вбивается гвоздем в общественную жизнь, в творчество, в журналистику, приводя к деградации этих сфер.

А вот там, где вертикаль власти и четкая иерархия нужны по определению, Путин почему-то совсем не демонстрирует такой решимости. В вооруженных силах он создал настоящий парламент: место для дискуссий со множеством противоборствующих фракций. Вот вам большая консервативная фракция под руководством угрюмых Шойгу и Герасимова. Вот активная оппозиция во главе с Кадыровым, бойко критикующим генералов и выпячивающим свои «заслуги». Здесь же и «партия частного бизнеса» Евгения Пригожина, который превратил дебаты в скандал и кроет оппонентов матом в стиле классика жанра Жириновского. Даже несистемная оппозиция на месте: клуб «рассерженных патриотов», чей лидер Стрелков-Гиркин критикует вообще всех и предрекает конец света.

И все понимают: это и есть настоящая политическая борьба. За ресурсы, за влияние, за кусок бюджетного пирога, в конечном счете — за власть. Реальной политики в разборках Шойгу, Кадырова и Пригожина гораздо больше, чем в единогласно голосующей госдуме.

Бывший начальник Путина в советском КГБ Виктор Черкесов в свое время написал ему письмо, в котором указал на тенденцию: «воины превращаются в торговцев». Путин тогда обиделся и отправил старого соратника в опалу. Но ведь Черкесов оказался по-своему прав: в России создана армия конкурирующих между собой торговцев. И есть ощущение, что в итоге эти торговцы продадут самого Путина. Потому что продавать и покупать — у них в крови.

25 мая 2023
09:47

Есть ли будущее у России?

Обратил внимание, что радикальные сторонники нынешней власти и самые радикальные ее оппоненты удивительным образом сходятся в общей формуле, озвученной спикером думы Володиным: «Нет Путина — нет России». Понятно, что сторонники Кремля используют этот тезис как страшилку: без Путина, мол, все развалится. А противники отвечают: да как раз из-за него все и разваливается. Но суть одна — будущего нет.

А почему, собственно, нет? Не спорю, проблем накопилось столько, что хватит еще на пару поколений. Есть и бомбы замедленного действия, заложенные в фундамент государственности, и коррозия институтов, и демографическая яма, все это есть... Однако я не могу согласиться с тем, что Россия обречена.

Во-первых, она больше, чем какой-то Путин. И не таких злодеев переживала. А во-вторых, есть примеры стран, которые выбирались и возрождались после более суровых кризисов. Скажем, Германия. В прошлом веке она породила абсолютное зло, которое уничтожало людей в промышленных масштабах и в итоге привело страну к руинам, унижению и расколу. Однако немцы смогли отрефлексировать свои ошибки и на обломках нацизма создали свободное и справедливое общество, которым сегодня по праву гордятся. А Японская империя? Это было предельно милитаризованное, фанатичное государство, где люди становились камикадзе и добровольно отдавали свою жизнь ради абстрактной идеи. Теперь же Япония — процветающая и прогрессивная страна, на которую равняются другие. Разве мало таких страниц в мировой истории? И чем мы хуже? Почему мы не сможем, если смогли те же немцы и японцы?

Да, Россию ждет сложное и смутное время. Я бы сравнил это состояние с жутким похмельем. Общество проснется с тяжелой головой и начнет осознавать, что натворило. Вспомнит, как сели выпивать с каким-то мутным отставником КГБ, и тот разлил по рюмкам подозрительной бормотухи. Вроде сначала все нормально было: «ты меня уважаешь, я тебя уважаю...»

Потом орали что-то про величие вроде... Прохожих цепляли... Наконец пошли к соседям и, мало что соображая, разгромили их дом.

Процесс отрезвления окажется болезненным и унизительным. Станет очень стыдно. Придется просить прощения и компенсировать ущерб. Придется завязать раз и навсегда как с имперским пойлом, так и с собутыльниками из КГБ.

Легко не будет. Но мы справимся.

29 мая 2023
10:01

Ключевой инструмент, который Путин долгое время использовал во внешней политике — это управление страхом. За годы правления он создал себе репутацию человека, склонного к применению силы и решительно идущего на эскалацию ради достижения целей.

Такая репутация неплохо работала: западные лидеры раз за разом искали компромисс с Кремлем, задабривали Путина и пасовали перед ним. Но тем самым лишь мотивировали его действовать агрессивнее.

Российские оппозиционеры пытались объяснить миру, что мягкая линия бесполезна в отношениях с этим человеком. Помню, как во время визита в Москву госсекретаря США Хиллари Клинтон до нее пытался достучаться Борис Немцов.

«Поймите, любую вашу уступку Путин воспринимает как слабость», — горячился Немцов. Госсекретарь кивала в ответ. Но потом Немцов допустил ошибку, сказав: «Ваш муж это хорошо понимал».

«Don't mention my husband»[49], — сухо произнесла Клинтон и завершила разговор.

Однако война в Украине практически обнулила мировой страх перед Путиным. Выяснилось, что его армия не так сильна, как всем казалось. Что оружие, которому «нет аналогов», эффективно лишь на парадах и в рекламных роликах. Что система управления деградировала и военачальники готовы вцепиться друг другу в горло. Что промышленность не способна выполнить оборонный заказ, а снаряды приходится выпрашивать у Ирана и Северной Кореи.

Но главное, что выяснилось, — Путин сам предельно напуган. С первых дней войны он обозначил множество «красных линий» для Запада, и практически все они на данный момент пересечены. ВСУ получают бронетехнику, ракеты, а вскоре получат и боевые самолеты. Удары наносятся по объектам в Крыму, а ДРГ действуют на территории России. НАТО расширяется за счет стран, имеющих общую границу с нами. За все это Кремль обещал страшные кары. Но по факту не сделал ничего.

Осознав, что Путин боится и, вопреки собственным заявлениям, не спешит в рай, Запад стал пугать его еще больше. Яркий пример — ордер на арест, выданный судом в Гааге. А Байден уже откровенно глумится над российским визави. Комментируя заявление МИД РФ о том, что «поставки F-16 Украине несут огромный риск», Байден усмехнулся и сказал: «Так и есть: для них».

По сути, единственный страх, которым Путин все еще может манипулировать, связан с ядерным ударом. Но как только он снова об этом заговорил, над Кремлем появились беспилотники, спокойно преодолевшие ПВО и подпалившие купол первого корпуса. Организаторы атаки как будто намекают, что ответом на применение ядерного оружия может быть не ядерный, а точечный удар. Показывают, что способны залететь буквально в форточку Путина. То есть опять же — пугают.

Такой вот бумеранг страха.

Июнь

1 июня 2023
09:35

На днях в новостях прошел сюжет о встрече президента Путина с председателем Конституционного Суда Зорькиным. Телевизор у нас в камере работал без звука, поэтому не знаю, о чем они говорили — но зато обратил внимание на мимику, позы и жесты. И это, конечно, жалкое зрелище, ярко иллюстрирующее деградацию судебной системы. Зорькин буквально склонялся перед Путиным, заискивающе глядя ему в глаза. Президент же, напротив, смотрел на судью покровительственно, сверху вниз и разве что по плечу его не похлопал. И даже сам факт, что встреча состоялась в Кремле, очень показателен. О какой независимости судов можно говорить, если глава КС покорно ждет аудиенции в президентской приемной?

Очень важно давать честные оценки происходящего сегодня в России. Основная работа любого уважающего себя политика сейчас — говорить правду. Но вместе с тем нельзя забывать и о будущем: о том, какие реформы необходимо проводить, когда появится шанс. С чего начать, чтобы снова не выйти на авторитарный виток исторической спирали.

Мнений много. Кто-то говорит, что начать стоит с реформы политсистемы. Другие ратуют за гуманизацию учреждений исполнения наказаний. Третьи настаивают на приоритете экономических реформ как базисе общественно-политических преобразований.

Но мой ответ — начинать надо с судов. Это фундамент, потому что без независимой судебной системы все остальные реформы будут стоять на «глиняных ногах». Только независимые суды могут гарантировать политическую конкуренцию и застраховать от узурпации власть. Без нормальных судов гуманизация тюрем обернется лишь «косметическим ремонтом» на местах. Да и создание современной экономики без судов тоже невозможно. Кто, кроме честных судей, гарантирует защиту частной собственности? Кто оградит бизнес от хищнических наездов со стороны силовиков?

Ну а первым шагом должно стать изменение принципа формирования судов. Сейчас ведь даже районных судей назначает президент, и, разумеется, они воспринимают его как начальника. Какая уж тут независимость... Полномочия по назначению судей необходимо передать парламенту. А президенту и чиновникам исполнительной власти должно быть разрешено общаться с судьями только в рамках судебных заседаний и официальной переписки. Кроме того, я бы исключил назначение судьями бывших сотрудников следствия и прокуратуры, чтобы хоть немного убрать обвинительный перекос, вызванный профессиональной деформацией.

На самом деле много мыслей, как разгребать весь этот бардак.

И, честно говоря, очень хочется поработать.

2 июня 2023
14:23

Почитайте большое интересное интервью Ильи Яшина из тюрьмы порталу RFI, где он объяснил примерно все[50].

«Невозможно привыкнуть к обыденности зла»: Илья Яшин ответил на вопросы RFI из тюрьмы

В декабре прошлого года суд в Москве приговорил оппозиционного политика Илью Яшина к восьми с половиной годам колонии по цензурной статье о «военных фейках». Поводом для возбуждения уголовного дела стал эфир Яшина на YouTube, где он говорил об убийствах российскими военными мирных жителей в Буче. Политик находится за решеткой уже почти год — с конца июня 2022 года. За это время его успели этапировать в СИЗО Ижевска и вернуть обратно в Москву. Сейчас Илья Яшин ждет этапа в колонию в московском СИЗО «Медведь». Из тюремной камеры он письменно ответил на вопросы RFI о том, как сохранить себя в условиях несвободы, продолжении борьбы и будущем России.

Анна Строганова

— *Как ваше самочувствие и настроение?*

—Тюрьма есть тюрьма. Мало кто здесь чувствует себя прекрасно и радуется жизни. Но я в целом в порядке и не жалуюсь. Не болею, слежу за здоровьем, стараюсь не запускать себя и поддерживаю физическую форму с помощью регулярных тренировок. В уныние тоже не впадаю и стараюсь беречь психику от тревожных состояний. Депрессия — это ведь хроническое заболевание в тюрьме. Если арестант начинает себя жалеть и утрачивает волю, то рискует превратиться в биоробота, существующего и функционирующего лишь по инерции. Не раз видел заключенных, которые сутками лежат, глядя в одну точку, и просто теряют смысл жить дальше.

Но я, к счастью, вижу смысл в своей жизни, и это здорово помогает за решеткой. Знаю, что на моей стороне правда и что меня поддерживает множество людей. Это знание мотивирует сохранять здоровье, укреплять волю и придает сил. (...)

Самое тяжелое за решеткой — ощущение потерянного времени. Дни здесь летят очень быстро. А вместе с ними пролетает и жизнь. Поэтому очень важно наполнить свое время полезным содержанием, чтобы, засыпая вечером в камере, можно было сказать себе: день прошел не зря. (...)

— *Как часто удается увидеть родителей? А друзей и соратников? Могут ли они навещать вас?*

— Я могу видеть родителей и адвокатов. Защитники регулярно навещают меня в тюрьме, делятся новостями, поддерживают морально. Мама с отцом тоже могут меня навестить, но, в отличие от адвокатов, им для этого каждый раз требуется разрешение судьи или следователя. Из-за невыдачи таких разрешений политзаключенных часто полностью изолируют от общения с близкими. Алексей Навальный, к примеру, уже несколько месяцев не видел семью, а Владимиру Кара-Мурзе больше года запрещают даже просто поговорить с детьми. Это, по сути, пытка, эмоциональное давление. Но надо мной так не издеваются, и родители приходят на свидания в тюрьму примерно раз в месяц. Мы общаемся через мутное стекло с помощью телефонных трубок, но все равно это дает мощный заряд положительных эмоций.

Друзей же и соратников я могу видеть лишь в судах, когда они приходят на мои заседания. Но мы можем разве что улыбаться друг другу. Если кто-то пытается со мной заговорить, приставы сразу выводят его из зала.

— *В своих тюремных записках вы часто рассказываете о других арестантах. Кто они? Можно ли выделить какой-то особый тип людей, попадающих в такие обстоятельства? Или, наоборот, становится понятно, что в тюрьму может попасть любой?*

— По моим наблюдениям, тюрьма — это в некоторой степени и с оговорками, но срез российского общества. Конечно, здесь хватает людей, которые многократно совершали преступления и для которых барак за колючей проволокой стал естественной средой обитания. Это особый типаж арестанта, у него есть своя философия, свои понятия и специфический кодекс чести. Наверное, в любом обществе и в любой стране существует прослойка людей, для которых криминал и связанная с ним неволя становятся образом жизни.

Но в российской тюрьме немало людей, которые и представить не могли, что когда-нибудь окажутся за решеткой. Очень много предпринимателей, которые все чаще становятся «пищей» для силовиков. У них отбирают бизнес, а в случае сопротивления фабрикуют уголовные дела по мошенничеству или налогам и просто сажают. Хватает чиновников низкого уровня, на которых вешают грехи начальства и делают крайними в коррупционных схемах. К моему удивлению, встретил я за решеткой и множество силовиков, представляющих самые разные ведомства. Генералы армии, МЧС и следственных органов, высокопоставленные полицейские и даже офицеры ФСБ. В России явно идет не очень публичная, но довольно жесткая чистка силовых структур. Могу предположить, что это связано с раздражением Путина из-за неудач на фронте.

Отвечая на ваш вопрос — да, в тюрьме может оказаться любой. Судебная система в нашей стране максимально предвзята, защитить себя по закону фактически невозможно, а урегулировать проблему с полицией или ФСБ неформально получается далеко не у всех. Но это, в общем-то, не новое явление, такое положение вещей давно укоренилось в России. Не даром у нас уже много лет не теряет актуальности народная поговорка: «От сумы (т. е. от нищеты) и от тюрьмы не зарекайся».

— *Как они относятся к вам? Приходилось ли вам сталкиваться с неприятием, непониманием вашей позиции? Подсаживали ли к вам провокаторов?*

— Отношение арестантов ко мне корректное и даже уважительное. Все ведь понимают, что я ненастоящий преступник и сижу в тюрьме за свою позицию. Даже если кто-то не согласен с моей точкой зрения на политическую ситуацию, само уголовное дело и мой приговор вызывают шок. В России же грабители и убийцы получают по пять-семь лет. А мне дали восемь с половиной за несколько слов, сказанных в интернете. Ни разу еще не встречал за решеткой человека, который посчитал бы, что это нормально и справедливо.

Бывают, конечно, и споры, но вполне интеллигентные и спокойные. Людей скорее интересует мое мнение о перспективах нашей экономики, прогнозы об исходе войны или о сроках ухода Путина.

Разговоры на тюремных сборках иногда мало чем отличаются от обычных встреч с избирателями на выборах: я отвечаю на вопросы, разъясняю свою позицию по той или иной теме, а время от времени иногда даже пишу людям что-то на память. Забавно, что к этим встречам иногда присоединяются и тюремщики. Вопросов не задают, но слушают с интересом.

Нередко, кстати, я встречаю за решеткой и сторонников. Кто-то подписан на мои соцсети, кто-то смотрел стримы на YouTube, а некоторые даже ставили за меня подписи на выборах. Сюрпризом стало, насколько тепло при встречах приветствуют чеченцы: почти всегда обнимают и благодарят за то, что не боялся рассказывать правду про Кадырова.

Что же касается провокаторов, то подозрения у меня вызвал лишь сосед по камере в первые пару дней ареста. Он представился украинским диверсантом, который по заданию ВСУ заминировал мост рядом с границей. Беседу со мной этот человек вел очень странно и как будто пытался выудить из меня слова в поддержку террористических методов. Но я не особо поддерживал разговор, в основном слушал.

— *Генералы и силовики, которых вы встречали в СИЗО, видят в вас врага*?

— Как ни странно, нет. Напротив, арестованные силовики, как правило, настроены гораздо радикальнее большинства заключенных. Иногда я слышу от генералов и полковников такие жесткие оценки происходящего и такие характеристики первых лиц государства, которые далеко не каждый оппозиционер себе позволяет. По стилистике это напоминает эмоциональные выпады главы ЧВК «Вагнера» Пригожина в адрес министра обороны России. Здесь, конечно, есть обида на бывших коллег и на страну в целом.

Но значительную роль играет и то, что попавшие в опалу силовики хорошо знают нашу государственную систему, видели изнутри всю ее гниль и не питают никаких иллюзий. Удивительно, но эти люди всегда желают мне успехов. Однако говорят это шепотом, поскольку знают, что в тюрьмах повсеместно размещены видеорегистраторы. А примеров, когда против заключенных возбуждают новые уголовные дела за неаккуратно брошенную фразу, достаточно.

— *Что другие арестанты говорят о Путине и о войне? Получается ли у вас открыто говорить о происходящем? Получается ли у вас переубеждать тех, кто поддерживает войну?*

— Я не стесняюсь открыто выражать свое мнение, хотя и понимаю все риски. Для меня это принципиально: считаю важным последовательно отстаивать свое право говорить правду даже в тюрьме. Арестанты с интересом слушают и часто соглашаются. В тюрьме поклонников Путина не так уж много, ведь если ты оказался за решеткой, то у тебя по определению конфликтные отношения с властью и государством. Поэтому мои слова ложатся на благоприятную почву. Многие осознают, что в России создано неэффективное и коррумпированное государство, что произвол спецслужб опасен и угрожает каждому, что судебная система карикатурна и несправедлива. Но война, конечно, вызывает более сложные чувства и эмоции. Мало кто считает, что ее стоило начинать, но все же хватает тех, кто говорит, что раз ввязались в бой, то надо доводить его до победы любой ценой, а потом уже разбираться, кто прав, кто виноват. Впрочем, у большинства моих собеседников, независимо от отношения к войне, она вызывает тревогу, страх из-за возможной мобилизации родных и близких, а также опасения, что масштабные боевые действия перенесутся на территорию России. Самая частая фраза: «Пусть это поскорее закончится».

Но встречал я и тех, кто сам принимал участие в боевых действиях. Один из моих сокамерников — старшина пехоты, еще в феврале воевавший под Сватовом. Сейчас он арестован за незаконную торговлю оружием. Он рассказывал много жутких подробностей. И о потерях, и о мародерстве, и о «мясных штурмах»... А я в свою очередь пытался убедить его в том, что эта война варварская и преступная. Откровенно говоря, он даже не особо с этим спорил, оправдываясь тем, что армия сейчас дает возможность заработать большие деньги, недоступные в мирной жизни. Но все же мои аргументы, надеюсь, дали плоды. В конце концов, он пообещал, что если и вернется на фронт, то разве что водителем, а оружие в руки больше не возьмет. (...)

— А как складываются отношения с конвоирами и другими работниками системы ФСИН?

— Отношение сотрудников ко мне в целом нейтральное. Да, среди них, конечно, есть люди, склонные к садизму, и те, кто самоутверждается за счет власти над заключенными. Но со мной пока не происходило ничего, выходящего за пределы относительной нормы. Разве что обыски до трусов проходили десять дней подряд. Впрочем, это скорее инициатива начальства, чем рядовых сотрудников.

Добавлю еще, что почти за год заключения я слышал слова поддержки от тюремщиков гораздо чаще, чем ожидал. До ареста мне казалось, что здесь одно мнение на всех и тотальная поддержка власти. Ведь тюрьма — это фундамент любой репрессивной системы. Но я побывал уже в пяти тюрьмах, и везде находились конвоиры, симпатизирующие оппозиции. Пожалуй, у этого явления вполне простое объяснение. Если высокопоставленные силовики, обладающие реальной властью, коррумпированы и допущены к бюджетной кормушке, то рядовые сотрудники чувствуют себя обделенными и социально уязвимыми. Они получают крошечные зарплаты, их трудовые права систематически нарушаются, а переработки и унижения со стороны руководителей воспринимаются как норма. Так что на этой прослойке общества оппозиционерам точно не надо ставить крест. Необходимо искать подходы и привлекать их на свою сторону. Я, к слову, стараюсь это делать.

— Увидели ли вы в тюрьме другую Россию, о которой раньше не подозревали?

— Я хорошо знаю свою страну, был почти во всех ее уголках и регионах, люблю общаться с самыми разными людьми. Кроме того, я работал «на земле», четыре года возглавляя муниципалитет, и каждый день вел прием граждан, приходивших со своими проблемами. Так что удивить меня не очень легко. Но, как я уже сказал, тюрьма — это в некотором смысле срез общества, своего рода Россия в миниатюре. Здесь все как будто сконцентрировано — и человеческие беды, и эмоции, и разочарование в настоящем, и надежда на будущее. Как будто снимается обертка, исчезает все напускное и искусственное, остается лишь оголенный нерв. Скажу откровенно: мне тяжело в тюрьме, здесь некомфортно, давят стены, гнетет атмосфера. Но я понимаю, пребывание здесь дает мне и важный жизненный опыт, помогает лучше понять свою страну, стать сильнее и мудрее.

— С какого момента в своей политической карьере вы начали готовиться к тому, что можете оказаться за решеткой?

— В 2012 году я чудом избежал ареста. Это был год очередных президентских выборов Путина и одновременно год самых массовых уличных протестов в современной истории России. Я был одним из организаторов этих митингов и шествий, мы требовали честных выборов, демократических реформ, выступали против узурпации власти. В конце концов, у Путина сдали нервы, и накануне своей инаугурации он приказал жестоко пресечь манифестации. Как сообщил позже пресс-секретарь Кремля, от полиции требовалось «размазать по асфальту печень» протестующих. А после брутального разгона митинга начались массовые аресты, и спецслужбы публично называли меня «организатором беспорядков». Пошли допросы, обыски дома у меня, моих родственников, близких. Мне прямо говорили, что если я не эмигрирую, то окажусь за решеткой. Тогда мне повезло, и ареста удалось избежать. Однако, столкнувшись с давлением силовиков 11 лет назад, я понимал, что отныне это станет нормой нашей жизни до тех пор, пока Путин остается у власти. С того времени я четко отдавал себе отчет в том, что арест за оппозиционную деятельность — вероятность, а скорее всего, вопрос времени.

Ну а после начала войны с Украиной 24 февраля 2022 года допущение превратилось в осознание неизбежности. Через неделю после вторжения Путин подписал пакет законов о военной цензуре, которые криминализировали, по сути, любое антивоенное высказывание. Посыл власти своим критикам был предельно прост и понятен: либо заткнитесь, либо валите из страны, либо вас ждет тюрьма. Я убежден, что российский политик и патриот в такой ситуации не может ни молчать, ни сбежать — надо оставаться и говорить правду о войне, говорить как можно громче. Поэтому мой арест был неизбежен, и я это понимал.

— К чему в тюрьме все равно невозможно быть готовым?

— Невозможно привыкнуть к обыденности зла. Вот представьте: вы общаетесь с человеком на сборке, в автозаке или в тюремном поезде. Приятный собеседник, говорит что-то разумное, вызывает у вас живой интерес. Достает из кармана шоколадку, отламывает кусок, делится. Дружелюбен, шутит, смеется. И ты думаешь: за что его посадили? Наверное, какая-то ошибка. Но нет, не ошибка. Человек откровенно рассказывает, как забил пожилую женщину в подворотне, чтобы купить наркотики. Или задушил собственную мать, потому что не хватало денег на бутылку водки. Или зарезал кого-то... Страшно осознавать, что на самом деле отличить хладнокровного убийцу от обычного человека практически невозможно. И от такого осознания иногда просто пробивает холодный пот.

— *Какие книги вы читаете в тюрьме? Поддерживает ли вас возможность много читать?*

— Конечно, литература очень помогает. В тюрьме шутят, что когда арестант спит или читает — он на свободе. И в этом есть доля истины, поскольку книги включают воображение и позволяют на время погрузиться в другой мир. Читаю я здесь много, в том числе литературу, до которой много лет не доходили руки. Например, с удовольствием прочел трилогию Айзека Азимова «Академия». Еще очень зацепил роман «Мотылек» французского автора Анри Шарьера. Ну и отмечу новую книгу замечательного немецкого писателя Бернхарда Шлинка «Внучка». (...)

— *Есть ощущение, что российская оппозиция остается крайне атомизированной и никак не может объединиться даже в ситуации полномасштабного вторжения в Украину. Вас это печалит?*

— Меня скорее печалят скандалы и взаимные оскорбления. Споры и дискуссии в оппозиции — это нормально. Мы же не армия, чтобы ходить строем, правда? Могут быть разные точки зрения, разное понимание стратегии и тактики, разные методы работы. Но неправильно давать волю эмоциям и переходить на личности, стремясь смешать собеседника с грязью. Такие вещи не красят спорщиков, а главное — деморализуют сторонников демократического и антивоенного движения.

Что же касается объединения оппозиции, то я не склонен драматизировать эту тему. По-моему, разумнее сейчас не стремиться к созданию единой структуры или классической партии с политсоветом и председателем, которую силовикам было бы не так уж сложно обезглавить и уничтожить. Наша сила — в горизонтальной организации, множестве независимых групп и информационных ресурсов, как в России, так и за ее пределами. Да, надо усилить сотрудничество между этими группами, развивать механизмы коллективного действия и взаимопомощи. Но «вертикаль власти» оппозиции не нужна. Полноценное объединение потребуется, когда для этого возникнет запрос, и в правильно выбранный момент. Скажем, если появится шанс на участие в выборах и нужен будет единый кандидат в президенты от оппозиции — тогда, конечно, всем надо садиться за стол и договариваться. Именно это, к слову, произошло в Турции. Местная оппозиция там ссорилась между собой даже жестче, чем российская. Однако начались выборы и пусть с трудом, но была создана коалиция, выдвинувшая компромиссного кандидата против Эрдогана. Хороший пример.

— *Может ли Запад содействовать объединению российских оппозиционных сил?*

— Не думаю, что это задача иностранных государств. Демократию нельзя принести извне — это вызовет лишь отторжение общества. Оппозиция должна научиться договариваться и сотрудничать без западной помощи. Россия должна стать гражданским обществом, осознав, что это нужно нам самим, а не потому, что так советуют за границей. Демократия пустит корни на нашей земле только в том случае, если станет осознанным выбором нашего народа.

Западу же, с моей точки зрения, стоит сосредоточиться на том, чтобы помочь Украине в обеспечении ее безопасности и защите ее суверенитета. И что важно — помочь в проведении послевоенных реформ. Украина должна стать витриной европейской демократии и свободы, витриной прогресса. Она должна служить позитивным примером для всех постсоветских держав, застрявших в автократии.

— *Думаете ли вы о том, где бы вы сейчас были и что бы делали, если бы приняли решение уехать из России?*

— Сидел бы сейчас с вами в парижском кафе и старался поскорее закончить интервью, чтобы заказать круассан. Но если говорить серьезно, то в моей жизни не было ни одного дня, когда я всерьез рассматривал бы для себя возможность эмиграции. Россия — мой дом. Здесь много недостатков, много проблем и зла. Но это все равно мой дом, который я люблю и который не хочу никому оставлять. Тем более бандитам и убийцам, которые разрушают этот дом — а заодно и соседний, превращают мой дом в Мордор. Считаю своим долгом противостоять этому.

— Что вы думаете о будущем России в ближайшей перспективе?

— Я понимаю, что Россию ждет смутное время и очень сложный выход из нынешнего состояния. Это можно сравнить с тяжелым похмельем. Путин опоил мою страну империализмом, замешанным на ненависти; глаза общества застилает кровь. Но Путин не вечен, в конце концов придется трезветь. Будет очень стыдно. Придется просить прощения у соседей, которым мы испортили жизнь. Придется компенсировать ущерб. Придется терпеть косые взгляды и унизительные подозрения. Нас ждет болезненный и тернистый путь. Но мы не первые на этом пути: те же немцы после Второй мировой войны смогли создать на обломках гитлеровского режима свободное общество, ставшее сегодня примером справедливости и гуманизма.

Не знаю уж, насколько это ближайшая перспектива... Думаю, что по историческим меркам — не такая уж далекая. Полагаю, что приводить Россию в чувство и возвращать ее в сообщество цивилизованных стран предстоит моему поколению.

3 июня 2023
10:02

Существуют люди с обостренным чувством справедливости. Те, кто не молчат, когда молчать стыдно, и пытаются хоть что-то изменить, даже если это опасно и кажется безнадежным.

В числе таких людей — Наталья Филонова, 61-летняя пенсионерка из Улан-Удэ, которая последовательно протестует против бесправия, коррупции и войны. И которую, разумеется, посадили после начала боевых действий в Украине. Сейчас она в тюрьме. Филонова много лет трудилась воспитателем в детском саду и участвовала в профсоюзном движении. Работала также в районной газете, а потом выпускала небольшой самиздат, пытаясь достучаться до земляков. За ее спиной десятки акций протеста, судов и задержаний.

Через два месяца после начала войны Наталью сдал в полицию водитель автобуса, обвинив в том, что она сорвала в салоне букву Z и назвала ее свастикой. Позже Филонову задержали за протест против мобилизации. Наконец, женщина получила уголовное дело за якобы нападение на полицейских. Когда Наталью скручивали двое силовиков, она держала шариковую ручку, о которую поцарапался щекой майор МВД. Он сразу же написал донос по ст. 318.2 УК РФ («применение насилия, опасного для жизни и здоровья», до 10 лет колонии). Так началось уголовное дело в лучших путинских традициях: пенсионерка, вооруженная ручкой, и рисковавший жизнью силовик, который ее обезвредил, — настоящий мужчина и офицер.

С ноября Филонова в СИЗО. Хуже того — после ареста из ее семьи забрали и сдали в детдом приемного сына Натальи, которого она воспитывала 15 лет. Здесь можно почитать ее интервью[51].

Я даже не представляю, насколько тяжело сейчас Наталье и как на душе скребут кошки. Поддержите ее, напишите что-нибудь доброе и обнадеживающее.

Либо через электронный сервис Зонателеком:

Филонова Наталья Ивановна, 1961 г.р.

Республика Бурятия, СИЗО-1 Улан-Удэ

Либо бумажное письмо по адресу:

670000, г. Улан-Удэ, ул. Пристанская, д. 4-а, ФКУ СИЗО-1 УФСИН России по Республике Бурятия

4 июня 2023
10:02

Алексей!

Не знаю, когда ты сможешь это прочитать и прочитаешь ли вообще. Но хочу сказать, что ты кремень и я горжусь нашей дружбой.

Каждый раз, когда в тюрьме ко мне подкрадывается уныние, я вспоминаю, как ты держишься в своих пыточных условиях и какую волю проявляешь. И тогда я мысленно встаю с тобой плечо к плечу, а от уныния не остается и следа. Твердо верю: мы победим.

С днем рождения, бро! Да пребудет с тобой Сила.

7 июня 2023
10:20

Привет, друзья!

Многие из вас волнуются и спрашивают, как я и что сейчас происходит в моей тюремной жизни. Решил написать вам письмо и рассказать о своих делах.

Я все еще в московском СИЗО-4. Уже полтора месяца жду бумагу из суда, в соответствии с которой меня этапируют в лагерь. Не стану скрывать: ожидание тревожное. Судя по опыту моих товарищей (Алексей Навального, Андрея Пивоварова, Алексея Горинова), ничего хорошего лагерь не сулит. Впрочем, я знал, на что иду, и настроен философски. Справляюсь. Но когда и куда меня повезут, все еще неизвестно.

Неприятно только, что уже месяц не видел родителей. Поскольку мое дело ушло из суда, но еще не дошло до СИЗО, некому выдать разрешение на свидание. С другой стороны, Вова Кара-Мурза больше года не то что не видел своих детей, но ему даже позвонить им не дают. Так что мне грех жаловаться.

В камере у меня трое соседей, у всех разные статьи: наркотики, оружие, мошенничество. Сокамерники давно не менялись, поэтому и новые тюремные истории пока не публикую.

Я по-прежнему много читаю: книги, газеты, ваши письма. Большую часть дня провожу в берушах, которые помогают сосредоточиться и спасают от пропаганды, льющейся из ТВ. Беруши — вещь! Могу, кстати, составить для вас мой личный топ прочитанных за решеткой книг. Хотите?

Занимаюсь спортом, конечно. В основном — турник в прогулочном дворике. Но иногда удается попасть в тюремный спортзал, который выглядит, как качалка из 90-х, но имеет свой колорит. Я, кстати, физически окреп за последние месяцы и стараюсь держать себя в форме. Здесь это важно.

Работаю каждый день. В день ареста я обещал, что и в тюрьме постараюсь оставаться вашим голосом против войны и диктатуры. Слово держу. Менее чем за год у меня вышло почти 50 интервью в российских медиа и почти во всех основных мировых. Я последовательно призываю вывести войска из Украины и публично отстаиваю интересы антивоенной части нашего общества. Объясняю западной аудитории, что Путин не Россия, что он держит людей в страхе и что неправильно делить ответственность за преступление между террористом и его заложником.

Ну а главное искушение в тюрьме — озлобиться, потерять веру в людей и в справедливость. Вся система работает на это. Но я сопротивляюсь. И вы сопротивляйтесь.

Всех обнимаю,
ваш Илья Яшин

P.S. Открытка к письму — еще один мой тюремный набросок.

9 июня 2023
10:02

В прошлом августе сидел в одной камере с модератором телеграм-канала, которого арестовали за «вымогательство у Ростеха», а потом эфэсбэшники еще и заставили извиняться на камеру перед Чемезовым. Узнал на днях, что парень в итоге 8 лет строгача получил. Как пошутил один из моих адвокатов: с таким сроком лучше бы про Бучу рассказал, а не фигней занимался.

11 июня 2023
10:02

Хотите знать, что такое по-настоящему тонкий тюремный юмор? Рассказываю.

Встретил на сборке мужика, с которым познакомился еще прошлым летом в автозаке. Спрашиваю, как дела. А дела его, прямо скажем, не очень. Получил 18 лет колонии, жена подала на развод, имущество и счета арестованы, собака умерла…

«Как ты вообще держишься?» — спрашиваю.

«С помощью сарказма», — говорит.

«И как, помогает?»

«Да просто замечательно!»

13 июня 2023
10:01

А помните, как Путин клеймил оппозицию за «втягивание детей в политику»? Как показушно возмущались и брызгали слюной в думе. Сколько репрессивных законов приняли на этой волне, сколько уголовных дел завели.

За этой истерикой явно просматривалась обеспокоенность Кремля, который понимал, что теряет молодое поколение. Старшеклассники и студенты совсем не увлеклись имперской блевотиной, считают Путина маразматиком и жить хотят не мечтами о СССР, а в современном цивилизованном мире. Поэтому за последние годы антиправительственные митинги сильно «помолодели», аудитория оппозиционных медиа заметно расширилась, а возрастная группа от 18 до 24 лет, по опросам социологов, оказалась самой протестной.

И вот администрация президента взялась за дело, стараясь сломать новое поколение через колено, перевоспитать и вернуть его лояльность. Действуют привычными методами — либо «шершавым языком плаката», либо грубым давлением.

В школах теперь проводят «уроки патриотизма», где ученикам гадят в мозги пропагандой милитаризма и нашей «национальной исключительности». Одновременно травят тех, кто проявляет независимость. Все знают, как в Ефремове школьницу сдали в полицию и детдом за антивоенный рисунок. А знакомый адвокат на днях рассказал, как педагог наорал перед всем классом на его дочь за рисунок с надписью на английском. Потому что «это язык врага и ты нас всех позоришь!».

На конкурсе «Герои русских побед», профинансированном грантом президента, призы дают детским рисункам, изображающим казни через повешение и убийства украинцев.

В телеэфире показывают подростков, повторяющих заученные фразы о величии Путина.

То, что мы наблюдаем, это в чистом виде политическое растление детей на государственном уровне. И опасность этого нельзя преуменьшать: такое агрессивное воздействие может серьезно травмировать, покалечить психику школьников.

Надежда на то, что в головах детей сработает защитный механизм. Подросткам ведь свойственно сопротивляться тому, что им грубо и безапелляционно навязывают. Хочется верить, что пропаганда в школах даст обратный эффект и будет стимулировать ребят искать альтернативу, мыслить независимо.

Хочется верить, но все равно тревожно. Берегите своих детей от этих маньяков.

16 июня 2023
10:37

В письмах мне все чаще попадаются ваши истории про друзей, знакомых и родственников, которые в целом за войну — но желательно так, чтобы она велась чужими руками. И признаюсь: такие истории поднимают во мне цунами эмоций.

Вот, например, девушка рассказывает о подруге, которая с первого дня горячо поддерживала вторжение в Украину и хвалила Путина. По ходу развития конфликта несколько разочаровалась в армейском командовании и стала симпатизировать Пригожину. Но сейчас брату исполнилось 18, и она... всеми силами «спасает» его от призыва. Ее спрашивают: «Как же так? Ты ведь сама кричала, что надо воевать жестче и до победы. Что же братика от военкомата прячешь?» Дамочка включает железную логику: «Пусть на фронт едут профессионалы. А мой там чего навоюет? Он школу-то еле окончил».

Что ж, у меня для вас, дамочка, новость. Профессионалов эта война выкосила в первые полгода. Осмотрите свежие могили на кладбищах: они все там. Поэтому осенью Путин объявил мобилизацию. Поэтому Соловьев визжит, что на Донбасс надо посылать призывников. Поэтому дума приняла закон об электронных повестках.

Я понимаю, что вам прикольно смотреть войну в телефоне за барной стойкой, отвлекаясь на маникюр и «лонг-айленд». Потому что на экране это вроде как и не война, а «патриотическое кино». Да и трупы на экране кажутся скорее декорациями, чем реальными человеческими трагедиями.

Все это интересно и весело, пока война не коснется вас лично. А она коснется. Многих уже коснулась. Что же вы теперь ноете и братиков прячете? Пусть другие погибают? Очень удобно — но это так не работает.

Вы сами вызывали бога войны, голосуя за милитаристов и разжигая ненависть. А бог войны кровожаден и ненасытен. Вы его звали — он пришел. И теперь хочет ваших детей, братьев и мужей. Не нравится? Тогда включайте, сука, мозг и гоните этого «бога» обратно в ад. Требуйте вывода войск из Украины, протестуйте и помогайте отправить Путина в Гаагу.

Только это спасет ваши семьи от цинковых гробов.

17 июня 2023
13:56

«Можем объяснить»

✊⛓✍ **«Многие тюремщики критически настроены к власти». Илья Яшин рассказал об оппозиционных настроениях в тюрьме — и среди действующих силовиков, и среди сидящих.**

В большом интервью «МО» оппозиционер, разоблачавший Кадырова, сообщил, что за решеткой пользуется уважением чеченцев, а сотрудники ФСИН подписаны на его канал.

Уже год Илья Яшин находится за решеткой. Суд приговорил его к 8,5 годам колонии по делу о «фейках» — за высказывания о массовых убийствах Буче. Каналу «Можем объяснить» удалось связаться с политиком и поговорить о быте в тюрьме, отношениях с тюремщиками и заключенными и о личной жизни. Вот несколько цитат из его интервью:

✏ **«Даже лояльные Путину зеки шокированы тем, что мне за несколько слов на ютубе влепили 8,5 лет.** Все понимают, что мой приговор — это откровенный беспредел, и многие сочувствуют».

✏ **«Весьма уважительно со мной общаются бывшие силовики: генералы, следователи, полицейские.** Их в тюрьме немало, и этим людям не надо объяснять, насколько прогнила система, — они сами все прекрасно видели изнутри».

✏ **«С неожиданной для меня симпатией относятся чеченцы**, которые на сборках иногда буквально обнимают, вспоминая мое прошлогоднее обращение к [главе Чечни Рамзану] Кадырову, и благодарят за то, что рассказывал правду про их республику».

✎ «С тюремщиками я тоже ровно общаюсь. Сюрпризом стало, что многие из них довольно критически настроены по отношению к власти и **подписаны на оппозиционные каналы, включая мой**».

✎ «Считаю принципиально важным, чтобы голос против войны и диктатуры звучал не только за границей, но и здесь, в России. Поэтому и **стараюсь превратить тюрьму и суд в политическую трибуну**, с которой надеюсь докричаться до общества».

19 июня 2023
10:02

Вы наверняка уже подробно обсудили встречу Путина с т. н. военкорами. У меня нет возможности оперативно комментировать такие события, но все же хочу обратить внимание на эпизод, который считаю ключевым.

Хвастливо рассуждая о том, что «наши танки лучшие в мире», Путин привел пример из зоны боевых действий. Он сообщил, что российский танк Т-90 подорвался на фугасе, но в итоге остался практически невредим. «Мехвод, правда, погиб, — посетовал президент. — Просто ударился там сильно». Но зато железо почти целое.

Я, конечно, не военный эксперт (как, впрочем, и Путин). Но мне всегда казалось, что важнейшая задача современной бронетехники заключается в сохранении экипажа. Сбережение солдатской жизни, а не железа. Потому что железо можно произвести на заводе, а погибшего человека уже не вернуть.

Но у Путина, очевидно, иные приоритеты. Для него люди являются расходным материалом, ценность которого ни в какое сравнение не идет с милыми его сердцу танками, самолетами и ракетами.

В этом — наше принципиальное отличие. Мы с вами за жизнь и сохранение человека. А Путин культивирует смерть и буквально видел всех в гробу, своих и чужих. Каждый, кто сегодня берет в руки оружие и отправляется в Украину, должен об этом помнить.

22 июня 2023
11:40

В своих письмах, друзья, вы иногда делитесь со мной новостями, которые не покажут по ТВ. И вот одна девушка рассказала, как 37-летний президент Чили решил скатиться с детской горки и застрял в ней. Говорит, новость сопровождается смешным видео, на котором жена помогает главе государства выбраться. Заканчивается история весело и благополучно.

Как вам? Представьте, идет президент по улице и вдруг такой: «О, горка! Прикольно!» Побежал кататься, а жена — за ним.

А ведь по историческим меркам не так много времени прошло с тех пор, как в чилийской власти и близко не было такой веселой легкости. Страной правила военная хунта. Диктатор Пиночет физически уничтожал оппонентов. На стадионе в Сантьяго массово пытали и расстреливали недовольных. Музыканту Виктору Хара искалечили пальцы за то, что играл на гитаре «вредные песни».

Все еще живы люди, которые видели это своими глазами. Казалось, что это навсегда. Однако теперь у них президент катается на горке...

К чему я это пишу? Да к тому, что не надо ставить крест на России. Не мы первые и не мы последние, кто вляпался в диктатуру. Тоже доживем до момента, когда наш президент не будет стесняться ребячества, а мы сможем над ним посмеяться, ничего не опасаясь.

Так и будет, вот увидите.

6 июня 2023
10:23

Илья Яшин написал из тюрьмы открытое письмо президенту Чехии Петру Павелу, который предложил взять под контроль спецслужб всех россиян, живущих на Западе. Письмо опубликовано в чешском издании Denik N.[52]

Здравствуйте, господин президент!

Меня зовут Илья Яшин. Я оппозиционный политик из России и уже год сижу в тюрьме, откуда и пишу вам эти строки. Путинский суд приговорил меня к 8,5 годам заключения из-за антивоенных высказываний. В нашей стране это стало обычной практикой: за решетку отправлены сотни студентов, рабочих, журналистов, учителей и других граждан, выступающих против войны с Украиной.

На днях, господин Президент, вы стали невольным участником дискуссии, которая развернулась у меня с соседями по тюремной камере. Это разные люди, разных возрастов, с разным опытом. Мой жизненный выбор, открытая позиция и отказ эмигрировать удивляют многих из них. Мы часто спорим. Иногда такие разговоры напоминают встречи с избирателями, которые я регулярно проводил в бытность главой одного из московских муниципалитетов.

И своим избирателям, и сокамерникам я стараюсь донести простую мысль: Россия может быть другой. Мы не обречены на диктатуру, мы можем жить достойно и мирно, а европейские ценности соответствуют интересам русского человека. Рассказываю, как та же Германия прошла путь от мрачного нацизма к демократии, а Гитлера сменил антифашист Конрад Аденауэр. Привожу много исторических примеров. В том числе — пример Чехии и ее первого постсоветского президента Вацлава Гавела, которого считаю великим гуманистом и которого очень уважаю.

Кто-то скажет, что подобные разговоры лишены смысла. Не соглашусь. Например, среди моих сокамерников оказался армейский старшина, еще недавно воевавший на территории Украины. Первое время за решеткой он только и жил мыслью вернуться на фронт. Но спустя пару месяцев пообещал мне больше не брать в руки оружие. Не знаю, сдержит он свое слово или нет. Но думаю, даже сам факт этого обещания и рефлексии имеют значение.

И вот представьте: в разгар очередной такой дискуссии на экране ТВ появляетесь вы, господин президент. Кремлевская пропаганда смакует ваши слова о том, что все россияне, проживающие в западных странах, должны быть взяты под строгий контроль местными спецслужбами. Вы ссылаетесь на опыт США времен Второй мировой, где было интернировано 120 тысяч человек японского происхождения, и называете это «просто ценой войны».

Мои сокамерники внимательно слушают вашу речь.

«Это и есть твой Гавел?» — спрашивает меня один из них.

«Нет, — уточняю я. — Это Петр Павел».

«Не важно, Гавел или Павел, — говорит другой. — Но Путин верно объясняет, что для Запада мы все люди второго сорта. И ты, и я. Без разницы».

Пытаюсь протестовать, однако меня прерывает самый пожилой арестант. «Плохой из тебя политик, Илья, — вздыхает он. — Потому что ты романтик».

Знаете, господин президент... Может, я и правда романтик, но искренне верю в европейские ценности. Я верю, что люди равны и что все заслуживают справедливого отношения. Что каждого надо судить по его поступкам, а не «за компанию». Верю, что в свободном обществе спецслужбы не станут брать человека под контроль из-за его национальности. Верю, что моя страна сможет избавиться от гнета диктатуры — как смогла однажды ваша и многие другие европейские страны Свободного мира. Верю, что Россия и Европа могут жить в мире и добрососедстве.

За эту свою веру я и сижу в путинской тюрьме. Ведь Путин вбивает в головы моих соотечественников, что Европа — это враг, а ее лидеры — русофобы. Пожалуйста, не помогайте Путину убеждать в этом россиян и будьте справедливы к моему народу.

Поверьте, мы не страна убийц. Мы страна, где убийцы захватили власть.

С наилучшими пожеланиями,
Илья Яшин

27 июня 2023
16:04

В течение минувшей субботы наблюдал по ТВ за невероятными приключениями Евгения Пригожина в России. В тюрьме у меня нет возможности оперативно комментировать события, но по итогам «мятежа» все же хочу поделиться своими соображениями.

1. Главный вывод: Путин бездарный госуправленец. Все эксперты в один голос твердили, что создание частных армий и ликвидация государственной монополии на насилие — это прямой путь к гражданской войне. Он никого не слушал и считал себя умнее всех. Когда же одна из армий предсказуемо

взбунтовалась, начал хлопать глазами, а его холуи недоумевали: как же так вышло? Факт в том, что Путин собственными руками создал условия для этого «мятежа», вооружив бандитов, накачав их деньгами и политическим влиянием.

2. Путин, несмотря на показушную брутальность, проявил себя слабым лидером. Им были произнесены жесткие слова: «измена», «мятеж», «предательство». Если за такими словами не следует наказание, то авторитет рушится. Другие потенциальные бунтовщики понимают, что даже если они собьют пару вертолетов, захватят армейский штаб и оккупируют областной центр, то все равно потом можно будет договориться и отскочить. Переговоры возможны на любой стадии.

3. Слабость Путина подчеркнул и Лукашенко. Он в очередной раз просто унизил своего кремлевского коллегу, показав, что способен решать проблемы, которые тот создает. Для полноты картины не хватило только, чтобы в финале Лукашенко отечески потрепал Путина по щеке со словами: «Ну что, щегол? Кто тут батя?».

4. Российское общество снова убедилось в неспособности власти обеспечить национальную безопасность. Части «Вагнера» беспрепятственно оккупировали Ростов-на-Дону и за день вплотную подошли к Москве. С каким там НАТО собрались воевать «кремлевские мечтатели», если по факту спасовали перед группировкой наемников, возглавляемой бывшим зеком?

5. Пригожин весело поураганил, повозил лицом о стол все военное руководство страны, захватил город и пострелял по российской боевой авиации. Но дискредитируем армию все равно Горинов, Ройзман и я. Кто бы сомневался.

29 июня 2023
10:01

Сорокалетие не принято отмечать: плохая примета. Но, будь моя воля, собрал бы сегодня вообще всех приятных мне людей. Кормил бы, поил, обнимал и не отпускал до утра. Вы даже не представляете, как я соскучился в тюрьме по близким и как здесь не хватает живого общения со своими.

Еще с сорокалетием связывают кризис среднего возраста. Мужчины подводят первые итоги и редко бывают ими удовлетворены. Я тоже рефлексирую, чего уж. За моей спиной больше двадцати лет политической деятельности, однако диктатор по-прежнему в Кремле, Россия втянута в ужасную войну, а я за решеткой. Не так представлял себе 2023 год, конечно.

Успокаивает лишь то, что моя совесть чиста: я с этой диктатурой честно боролся, не прятался и делал все, что мог. Очевидно, этого оказалось недостаточно. Но — что мог.

А еще успокаивает то, что я не один. Каждый день ощущаю невероятную поддержку и солидарность огромного числа людей в России и по всему миру. Простите за банальность, но «я узнал, что у меня есть огромная семья». Люблю вас, друзья, и постараюсь не подвести.

Порадовать мне вас сегодня особо нечем. Но! Вы часто присылаете мне в письмах фотографии своих котов. Целая коллекция уже собралась. В качестве ответного комплимента нарисовал вам кота, который жил рядом с моей камерой в Бутырке. Такая вот открытка на день рождения. Потому что, как известно, без кота жизнь не та.

P.S. Еще у меня сегодня вышло большое интервью в «Новой», почитайте.

30 июня 2023
12:02

За несколько недель до ареста мне позвонила Таня Фельгенгауэр и сказала, что все-таки решила уехать из страны. К тому времени я проводил в вынужденную эмиграцию множество своих друзей. Но каждая такая новость все равно расстраивала.

Накануне отлета Таня позвала меня погулять по Москве. Было тепло. Мы несколько часов бродили по бульварам и по нашим любимым местам. Общались с людьми — со знакомыми и со случайными прохожими, которые подходили поздороваться. В саду Эрмитаж встретили Артура Смольянинова. В кафе на

Красной площади обнаружили бывшего главреда «Коммерсанта» Андрея Васильева. Болтали обо всем подряд и уговаривали друг друга, что все это ненадолго. Но в глубине души понимали, конечно: надолго. С того дня прошло уже больше года.

Скучаю по Тане ужасно. И поэтому, когда она прислала мне в тюрьму вопросы, представлял, что не интервью даю журналистке, а просто разговариваю со своей подругой. Почитать нашу с ней беседу можно по этой ссылке[53].

Июль

5 июля 2023
18:53

Сегодня меня неожиданно вывели в комнату тюремной видеосвязи и попросили выступить свидетелем по «экстремистскому» делу Навального. Представьте мое удивление, когда я на экране увидел его улыбающееся лицо.

— Отличная роба, Алексей!

— Скоро у тебя будет такая же, Илья!

Вряд ли мои показания спасут Навального от людоедского приговора. Но я сделал то, что должен был сделать: сказал правду и честно ответил на все вопросы. Да и старого друга приятно было увидеть.

6 июля 2023
10:01

Откуда вырастет новый мятеж против Путина?

Очевидно, что «пригожинский мятеж» показал уязвимость путинской системы. Действия вооруженной группировки почти на сутки парализовали волю силовиков, допустивших оккупацию Ростова и не мешавших движению колонны вагнеров на Москву. Народ не вышел на защиту якобы популярной власти, выбрав роль пассивного наблюдателя. А Путин и вовсе сбежал из столицы, выставив себя довольно робким парнем и разрушив собственный образ мачо. Так называемая патриотическая оппозиция припоминает, что Сталин оставался в Кремле, когда немцы уже стояли в Химках. А либералы сравнивают российского президента с Зеленским, который отказался эвакуироваться из Киева, когда десант высаживался в Гостомеле.

В Кремле делают хорошую мину при плохой игре, но, несомненно, понимают проблему и попытаются провести работу над ошибками, чтобы укрепить власть Путина и ликвидировать выявленные слабости. Уже начался разгром медиа-империи Пригожина. Спецслужбы шерстят военное руководство, выявляя нелояльных офицеров. Наверняка в ближайшее время лишат влияния и некоторых чиновников, которые засомневались в разгар мятежа. Но все это косметические меры, которые вряд ли обезопасят Путина в среднесрочной перспективе. Его система прогнила, а «повар» продемонстрировал практическую возможность смещения президента. Значит, и вероятность новых таких попыток отлична от нуля.

Хочу сегодня порассуждать, откуда теоретически Путину может прилететь в следующий раз. Кто или что может стать источником нового мятежа?

1. ФСБ.

Мы привыкли думать, что «контора» является опорой путинского режима и главным инструментом управления внутренней политикой. Все так, но это не значит, что в ФСБ нет недовольных. Легко представить, что среди старших офицеров хватает людей, не желающих сгорать в «радиоактивный пепел». У них есть деньги, жены-любовницы, дети и вкус к жизни. Они хотят вернуться к довоенной «стабильности», но понимают, что в компании с Путиным это невозможно. Вполне допускаю, что первоначальный успех мятежа был обусловлен саботажем ФСБ, которая не могла не просчитать этот риск, но почему-то его не предотвратила. Теперь же обитатели Лубянки на практике узнали, что такое госпереворот и как это работает. Очень удивлюсь, если там сейчас не идет брожение умов на тему «можем повторить».

2. Военная оппозиция.

Как известно, Минобороны критикуют с двух промилитаристских флангов. С одной стороны, Шойгу и Герасимова мешал с грязью Пригожин, а с другой — группа радикальных разжигателей войны, объединенных в «Клуб рассерженных патриотов» (КРП). Между собой две эти фракции не ладят и, оппонируя Минобороны, противостояли еще и друг другу. Что такое КРП? Это в основном ветераны первой российско-украинской войны. Там и Гиркин, который в 2014 году во главе вооруженной банды захватил Славянск, а потом был «министром обороны» так называемой ДНР, пока окончательно не разругался с Кремлем. И бывший «народный губернатор» Донецка Губарев. И отставной полковник Алкснис, призывающий нанести ядерный удар по Украине. И еще много кто. Воспринимаются они сегодня скорее диванной оппозицией, но вообще-то большинство лидеров КРП имеет реальный боевой опыт и умеет убивать. Важная деталь: в отличие от Пригожина, они претендуют не только на бюджетные потоки, но и на власть. КРП по своей сути политическая партия, предлагающая свою программу и открыто создающая региональную структуру. Скорее всего, имеет некоторую поддержку в спецслужбах — иначе бы силовики пресекли эту активность. При этом председатель КРП Губарев публично называет путинский режим «враждебным по отношению к русским» и допускает революционный сценарий смены власти. При определенном стечении обстоятельств, думаю, они могут попытаться.

3. Кадыров.

Все понимают, что этот деятель себе на уме, имеет большие амбиции, а его зашкаливающей лояльности Путину грош цена. Кремль позволил Рамзану, как и Пригожину, создать личную армию, обеспечив ее тяжелым вооружением и бронетехникой. Кадыров явно бережет своих солдат, не бросая их в пекло украинской войны. Да и мятеж он подавлял в основном на словах: следовавшие из Грозного в Ростов полки, мягко говоря, не спешили и прибыли на место, когда все уже закончилось. Кадыров будет с Россией до тех пор, пока ему это выгодно. Не сомневаюсь, что в голове у него все еще живет «мечта отца» о независимой Чечне. Чтобы реализовать эту идею, у Рамзана есть и политический, и силовой ресурсы, полученные от щедрого Путина. Осталось лишь дождаться подходящего момента.

4. Пригожин.

Его рано сбрасывать со счетов. Да, 24 июня коленки задрожали в решающий момент, и повар, что называется, «чижика съел». Но он прекрасно знает о мстительности Путина, который не прощает предательства и унижения. Сейчас безопасность Пригожина обеспечена лишь персональной договоренностью Лукашенко и Путина. Но Лукашенко ему ничего не должен и может сдать повара в любой момент. И если тот почувствует реальную угрозу, вполне может собрать остатки верных ему боевиков и выкинуть какой-нибудь фортель. Какие-то шансы у него будут за счет эффекта неожиданности, ведь Пригожина уже воспринимают как сбитого летчика и не ждут от него решительных действий. Но вообще-то он бандит, прошедший девяностые. Выживать умеет.

10 июля 2023
14:37

В 2016 году я представил обществу доклад «Угроза национальной безопасности», в котором подробно рассказал о бандитском режиме Кадырова в Чечне (на фото — кадр с презентации доклада). Речь там шла и про воровство бюджетных средств, и про политические убийства, и про личную гвардию Рамзана. Отреагировал он в своем стиле: криками и оскорблениями.

Во время работы над докладом меня консультировала журналистка Елена Милашина, давно и глубоко занимавшаяся Чечней. Она радовалась, что я подключился к этой теме, справедливо отмечая, что «чем нас больше, тем меньше риск для каждого из нас».

На прошлой неделе Елену и адвоката Александра Немова жестоко избили и подвергли издевательствам в Грозном. Кто? У меня нет сомнений: кадыровские отморозки.

В знак солидарности с Милашиной и Немовым я хочу еще раз публично и четко сказать несколько очевидных вещей.

1. Кадыров — бандит и убийца. Его место за решеткой.

2. В Чечне создан криминальный режим, где законы и право подменены волей Кадырова. Госорганы и силовые структуры РФ в этом российском регионе по факту не имеют никаких полномочий.

3. Режим Кадырова представляет полноценную угрозу нашей стране, поскольку Путин позволил ему (как и Пригожину) создать и вооружить свою частную армию. Когда эта армия повернет оружие против России — вопрос времени.

4. Ответственность за превращение Чечни в мину замедленного действия несет Владимир Путин. Автономность, милитаризм и безнаказанность Рамзана — это политическое решение президента, и только его. А расхлебывать придется нам всем.

12 июля 2023
10:02

В прошлую среду меня прямо из тюрьмы подключили по видеосвязи к судебному процессу над Навальным. Он ходатайствовал о допросе меня в качестве свидетеля, и судья не стал возражать. Собственно, сам Алексей в основном и вел допрос. Местами это было даже весело: Навальный, несмотря на все издевательства и карцеры, бодр и в хорошей форме.

Приведу здесь по памяти (и на память) несколько фрагментов диалога.

— Илья, как ты считаешь, за что меня здесь судят?

— Это очевидно, Алексей. За то, что ты лидер оппозиции Владимиру Путину.

— Прокурор сейчас засмеялась на твоих словах. Как думаешь, почему?

— Прошу суд переадресовать вопрос подсудимого доктору Фрейду. Мне не хватает компетенции, чтобы толковать подсознательные реакции прокурора.

(...)

— Илья, из обвинительного заключения следует, что в 2013 году я участвовал в выборах мэра Москвы с экстремистским мотивом разжигания ненависти к власти и с целью ее свержения. Тебе что-то об этом известно?

— Свержение власти через выборы? Хм... Насколько я помню, ты был зарегистрированным кандидатом, получившим поддержку трети избирателей. По логике прокуратуры, вместе с тобой нужно судить весь избирком в полном составе и сотни тысяч москвичей.

— Не подсказывай прокурору!

(...)

— Меня обвиняют в сборе средств на президентские выборы до официального старта избирательной кампании. Насколько это распространенная практика? Кто-то, кроме меня, так делал?

— Это обычная практика и в России, и в мире. Чтобы выиграть выборы, надо готовиться заранее: открыть офис, нанять сотрудников, обучить волонтеров... Так делают все кандидаты в нашей стране. Так делает прямо сейчас Дональд Трамп, собравший уже несколько миллионов долларов больше чем за год до выборов. Да я и сам так делал!

— Хотел спросить, Илья, почему же ты не в тюрьме, если делал так же. А потом вспомнил, что вообще-то ты в тюрьме.

В финале допроса слово взяла прокурорша.

— Скажите, Яшин...

— Не «скажите, Яшин», а «скажите, уважаемый свидетель».

— Кхе... Ну да. Так скажите, правильно ли я вас поняла, что Навальному должно быть позволено нарушать закон, поскольку так делает Трамп?

— Странный вывод. Ведь на самом деле я говорил, что Навальный занимался легальной политической деятельностью и законы не нарушал. Вы вообще меня слушали?

Из переписки с Дмитрием Быковым

Д. Б.: *Почему удар был нанесен именно по Украине? Путину нужна конкретно она, или это мог быть любой сосед, агрессия против которого гарантировала бы дальнейшее сплочение народа вокруг власти?*

И.Я.: К Украине у Путина особое отношение; она явно его раздражает и вызывает гипертрофированные эмоции. Эта страна слишком самостийна и независима, этот народ слишком дерзко и независимо себя ведет. Такое поведение бесит президента, возомнившего себя императором, а кроме того, дает плохой пример другим странам, находящимся в сфере кремлевского влияния. А главное — дает плохой пример российскому народу. Ведь если украинцы могут собраться на площади и выгнать своего коррумпированного президента, то подобные мысли могут прийти в голову и нашим соотечественникам. Поэтому важно показать, что за таким поведением следует жестокое наказание. Чтоб другим неповадно было.

Но помимо этого я, конечно, вижу и фрейдистские мотивы путинской агрессии. Путин ведь не случайно в одном из публичных выступлений обращался к Украине как к девушке, говоря: «Нравится, не нравится — терпи, моя красавица». А красавица не хочет терпеть, у нее есть нрав, есть характер. Она гордо отвечает: «Ты мне противен, я ухожу».

Подарки, обещания, уговоры, угрозы — ничего не работает; красавица непреклонна. И тогда оскорбленный отказом и обуреваемый обидой, он хватает ее в дверях за косу и тащит обратно в дом. Вырывает из ушей серьги, срывает одежду. Это я тебе подарил, сучка! У тебя ничего своего не было! Красавица кричит, отчаянно сопротивляется, пытает расцарапать ему лицо. И в глубине души Путин понимает, что все — красавицу не вернуть, она сделала свой выбор и никогда уже не будет принадлежать ему. Тогда на смену бешенству приходит холодная ярость. Он начинает методично и жестоко ее избивать, калечить, уродовать. Ты больше никогда не будешь красавицей. И никому не будешь нужна.

О выборах 2024

Подозреваю, что выборные процедуры в 2024 году власть заморозит так, что никто даже близко подойти не сможет. Но по-хорошему, конечно, все равно нужно пытаться выдвигать оппозиционного кандидата с антивоенной повесткой. Хотя бы для того, чтобы создать точку сборки здоровой части общества.

У меня есть соображения, кто мог бы теоретически стать таким кандидатом. Планирую писать этим людям письма с соответствующим предложением и со своими аргументами. Но, честно говоря, совсем не уверен, что желающие найдутся, поскольку миссия суицидальная. Вероятно, все будет похоже на Беларусь 2020 года, где всех оппозиционных кандидатов посадили еще на этапе сбора подписей. С той лишь разницей, что никакую «российскую Тихановскую» Путин, конечно, не зарегистрирует, чтобы не рисковать и не повторять ошибку своего усатого приятеля. Для Кремля зафиксировать «исторический рейтинг» Путина в 2024 году будет абсолютно приоритетной задачей — если, разумеется, с Путиным до этого момента ничего не случится. Вся государственная машина станет работать на достижение этого результата. И даже если что-то пойдет не так, подшлифуют итоги с помощью системы электронного голосования.

Однако на этом все не закончится. Я давно обратил внимание, что протест в российском обществе имеет отложенный эффект, подобный пружине. Например, Путин объявил о возвращении на президентский пост в сентябре 2012 года — а протесты начались только в декабре и формально по другому поводу. Пенсионную реформу провели летом 2018 года, когда вся страна отвлеклась на чемпионат мира по футболу — но через несколько месяцев избиратели массово снесли губернаторов из «Единой России» на региональных выборах. Думаю, и с президентскими выборами будет что-то похожее. Война и переизбрание Путина потребуют от государства максимального сжатия пружины, что накопит в обществе мощный протестный потенциал. Потом пружина выстрелит.

— Каким может оказаться главный предлог для общественного возмущения? При каких обстоятельствах выступления станут действительно массовыми?

— Поводом для массового возмущения может стать что угодно. Это невозможно спрогнозировать, и мне это не кажется существенным.

Возмущение может выплеснуться на улицы, например, из-за махинаций на выборах, даже если люди давно к ним привыкли и вроде бы смирились с тем, что голосование никогда не проводится честно. Так было в декабре 2011 года в России и в августе 2020 года в Беларуси. Думаю, в Кремле с тревогой ждут и президентских выборов 2024 года, хотя электоральное поле выжжено напалмом, потенциальные конкуренты Путина в могиле либо за решеткой, а избирком готов нарисовать любой нужный результат. Но история показывает, что все равно могут быть неприятные сюрпризы и предусмотреть заранее каждую мелочь невозможно.

Протесты и даже революции могут быть спровоцированы частной трагедией конкретного человека, который столкнулся с несправедливостью государственной системы и решился на отчаянный шаг, чтобы привлечь к этому внимание. Иногда такой жест отчаяния может прорвать целый гнойник копившихся годами общественных проблем и привести к непредсказуемым последствиям. Например, в 2010 году житель Туниса, обиженный государством, совершил акт публичного самосожжения[54], что по-настоящему потрясло, казалось бы, совершенно консервативное и аполитичное общество в его стране. Это событие дало толчок к серии революций сначала в самом Тунисе, а потом и в соседних странах, получившей в истории название «арабская весна».

Волнения могут начаться и в результате спонтанно возникшего конфликта власти с лояльностью частью общества, которое вроде бы не требует фундаментальных перемен и политических реформ, а всего лишь пытается привлечь внимание к «перегибам на местах». Именно так началась первая русская революция в 1905 году, когда солдаты расстреляли в Петербурге демонстрацию, шедшую с портретами государя и вполне миролюбиво настроенную по отношению к монархии. Социальное напряжение в обществе было столь сильным, нервозность во власти была столь высока, что правительство оказалось неспособно адекватно реагировать на любую критику, даже со стороны «своих». Обратите внимание, что и в современной России немало сторонников Путина, которые все жестче критикуют его окружение и его бюрократический аппарат — бездарных генералов, проворовавшихся чиновников, коррумпированных олигархов. Это повышает напряжение внутри системы, провоцирует нервозность власти и самого президента, одновременно снижая его способность адекватно реагировать на спонтанно возникающие угрозы и конфликты.

В общем, предлог для протестного цунами, повторюсь, может быть любой. Гораздо важнее, мне кажется, анализировать причины, которые делают такой сценарий возможным. Я давно заметил, что специфической особенностью российского протеста является своего рода «отложенный эффект». Вспомните, например, как тихо и безропотно наше общество в 2011 году встретило заявление Путина о том, что он решил вернуться в президентское кресло. Ни один человек на следующий день не вышел с плакатом. Однако спустя несколько месяцев в России начались самые масштабные протесты постсоветской эпохи. Формальным поводом стали вбросы и фальсификации на выборах в госдуму[55], но настоящая причина — возмущение консервацией политической системы и возникшее предчувствие того, что Путин решил править вечно. Протестные волнения продолжались весь 2012 год, а в 2013-м Навальный вполне удачно выступил на выборах мэра Москвы[56]. Был заложен тренд на перемены, переломить который Путин смог лишь с помощью Крыма[57] и радикального смещения фокуса общественного внимания с внутренней политики на внешнюю повестку.

В 2018 году реформа, повысившая пенсионный возраст, тоже сопровождалась массовыми митингами, хотя изначально воспринималась людьми болезненно (в том числе из-за многочисленных обещаний Путина не проводить такую реформу). Общество было отвлечено на проходивший в России чемпионат мира по футболу, и казалось, вовремя выбрав момент для непопулярной реформы, правительство успешно проскочило опасный поворот. Однако накопившееся в обществе недовольство через несколько месяцев вылилось в протестное голосование на губернаторских выборах, когда целый ряд кандидатов «Единой России» внезапно лишились постов, уступив статистам; в московские протесты 2019 года; в долгую череду митингов и шествий в Хабаровске, где силовики арестовали без расчета на такие потрясения местного «народного губернатора»[58]. Везде был свой повод для общественного возмущения, но причины протеста уходили корнями именно в пенсионную реформу и обман Путина про повышение пенсионного возраста.

Мне кажется, этот социальный механизм похож на принцип работы пружины. Власть оказывает давление на общество и создает напряжение. Но стоит немного ослабить давление — и пружина с силой вырывается.

Понятно, что война с Украиной создала в российском обществе колоссальное, беспрецедентное напряжение. Люди сталкиваются с экономическими трудностями, с ростом цен, с потерей доходов. Возникает неопределенность, мешающая планировать будущее. Путин снова нарушил обещание и начал мобилизацию; в Россию пошел поток цинковых гробов; люди массово бегут и прячутся от военных комиссаров.

В обществе явно копится протестный потенциал, потому что недовольны по большому счету все. Часть общества возмущена тем, что война вообще началась. Другая часть раздражена отсутствием успехов на фронте и разочарована в военном и политическом руководстве. Пружина сжимается, сдерживаемая пока лишь репрессивным аппаратом.

Главный риск для Путина — это проигранная война. Он совершил классическую ошибку диктатора: хотел устроить маленькую победоносную войну, но не рассчитал силы и умыл страну кровью. Общество, возможно, готово было бы платить кровью, если бы в качестве компенсации ему предложили чувство национальной гордости. Но если за пролитой кровью следует национальное унижение — это рушит социальную базу режима, создает диктатору репутацию слабака и предателя, формирует общественный запрос на перемены.

— *Может ли война стать постоянным состоянием путинской России?*

— Война дает много преимуществ диктаторам для укрепления своей власти. Можно не проводить выборы, можно запретить оппозицию и любую критику, разогнать независимые СМИ — причем сделать это все абсолютно легально. О какой демократии идет речь, когда «отечество в опасности»? Цель одна — все для фронта, все для победы, любой ценой. Тот, кто против, — предатель и враг.

Конечно, велик соблазн перевести страну на военные рельсы и погрузить ее в милитаристскую атмосферу на постоянной основе. Но есть проблема. Чтобы люди приняли такую некомфортную форму своего существования, обществу надо дать сильную мотивацию — великую идею, которая по-настоящему увлечет массы. Какая это может быть идея? Восстановление советской империи в прежних границах? «Наши МИГи сядут в Риге»? Красный флаг над вашингтонским Капитолием? Допустим. Но в эту игру придется играть всерьез. Придется перестать притворяться Сталиным и стать им по-настоящему. Расстрелять Шойгу и Герасимова за бездарные провалы на фронте, а Рогозина — за воровство и разгильдяйство. Отправить в окопы сыновей Медведева и Патрушева. Пересажать олигархов, включая близких друзей, и национализировать их предприятия. Ну а самое главное: надо быть готовым умереть. Не болтать про попадание в рай, сидя в уютном креслице на пресс-конференции — а всерьез принять мысль о возможной гибели. Потому что если ты хочешь, чтобы народ за тебя умирал, фанатично шел под пули, ты и сам должен стать фанатиком. «Править, как Сталин, но жить при этом, как Абрамович» — такая привычная Путину формула перестает работать, если он начинает воевать всерьез. Готов он рискнуть? Очень сомневаюсь. Кишка тонка.

Если же играть в войну как бы понарошку, растянув боевые действия на годы и параллельно ведя политический торг с Западом, то эффект будет противоположным ожидаемому. Чтобы общество было увлечено идеей войны, ему надо дать повод потешить национальное эго. То есть нужны победы. Не взятие деревни Пески ценой огромных потерь — а настоящие победы на поле боя.

А когда вместо побед общество получает лишь эшелоны цинковых гробов, задыхающуюся экономику и территориальные уступки, то желание воевать пропадает даже у радикалов. Война перестает быть популярной и генерирует все больше издержек.

«Маленькая победоносная война» при отсутствии побед оборачивается большими политическими проблемами для любого диктатора.

> **Альтернатива Путину**
>
> Путин президент войны и насилия. Я — за мир и добрососедские отношения. Он разрушает целые города и множит врагов России. Я — за созидание и диалог. Он установил личную диктатуру и закрутил гайки. Я — за свободный парламент, независимый суд и гражданское общество. Он культивирует ненависть в обществе и репрессии инакомыслящих. Я — за человеколюбие и милосердие в том числе и по отношению к своим оппонентам. Очень важно показать стране альтернативу. Показать, что можно жить иначе, а не так, как нас приучали все последние годы. Потом уже, в лучшие времена, мы будем выбирать между либералами, социал-демократами и консерваторами, будем вникать в тонкости их экономических программ, спорить о плоской и прогрессивной шкале налогообложения... А сейчас выбор простой, по сути — черно-белый. Либо Путин, либо «не Путин».

— *О грядущем распаде России говорят все уверенней. Это страшилка или страна действительно разбежится при первом ослаблении власти?*

— Распад России совсем не кажется мне фантастическим сценарием. Напротив — это тревожит и занимает мои мысли. Мы видели, как стремительно развалился Советский Союз, и можно легко представить, что системный кризис российского государства в обозримом будущем так же стимулирует центробежные тенденции в регионах и сепаратизм в национальных республиках.

Не секрет, что некоторым странам исчезновение России с мировой карты видится благом, поскольку в этом случае, по их мнению, будет ликвидирована и перманентная угроза ее соседям. С моей же точки зрения, это опасный и вредный сценарий, способный обрушить всю систему международной безопасности. На обломках России могут появиться сразу несколько государственных образований, и далеко не факт, что все они будут демократическими и миролюбивыми. Неизбежно начнут возникать горячие точки, где бывшие российские регионы будут спорить, у кого из них больше прав на тот или иной клочок земли, чьи предки появились там раньше и на какие правовые нормы следует ориентироваться. Разумеется, такие споры в основном будут заканчиваться базовыми столкновениями, кровью и колоннами беженцев. Легко спрогнозировать и военные конфликты, которые повсеместно будут возникать вокруг источников природных ресурсов. Арсеналы российской армии попадут в распоряжение политических групп, действия которых сложно будет предсказать. Отдельная проблема — судьба ядерного оружия, которое тоже может оказаться под контролем опасных людей. Возникнет хаос на огромной территории, способный дестабилизировать всю планету и привести к чудовищным последствиям.

Альтернативой этому мрачному сценарию, как я считаю, является Россия в границах 1991 года с демократическим режимом; Россия, отказавшаяся от имперских амбиций и интегрированная в международное сообщество.

Но повторюсь: угроза распада России действительно реальна, это не просто страшилки. Риски связаны с гиперцентрализацией государства. При ослаблении власти в Москве эффект будет обратным, и начнется расползание территорий, как это часто бывает на закате империй. Рецепт же от этой болезни простой: реальная федерализация страны и развитие местного самоуправления. Если будем пытаться удержать регионы силой, то получим военные конфликты и крушение государства. Если же начнем передавать полномочия на места, то Россия обновится и выйдет из этого кризиса, став сильнее.

— Согласны ли вы, что Россию придется переучреждать полностью, с нуля, что все ее общественные институции, и культура в том числе, полностью негодны и обречены?

— Идея переучреждения России кажется мне правильной и разумной. Речь идет про демонтаж существующей общественно-политической системы — именно про демонтаж, а не разрушение. Смысл в том, что это здание не надо крушить кувалдой. Когда представится такая историческая возможность, следует его разобрать, аккуратно и в должном порядке разложить на газетке детали и составные части конструкции. После этого необходимо провести тщательную ревизию этого хозяйства. Часть деталей, несомненно, придется отправить на помойку вследствие необратимой коррозии. Но часть, если ее смазать и протереть должным образом, вполне может пригодиться при строительстве нового здания нашего государства.

Впрочем, сами государственные институты производят впечатление совсем уж безнадежной рухляди — тут, похоже, все придется возводить с нуля. Однако и больших сложностей я здесь не вижу, поскольку многие страны вполне успешно прошли через такие реформы. Их опыт поможет нам избежать ошибок и обойти острые углы. Думаю, что при наличии политической воли не составит труда создать такую систему сдержек и противовесов, которая обеспечит политическую конкуренцию и гарантирует сменяемость власти. Все механизмы судебной, административной и полицейской реформы известны.

С общественными институтами, по моим ощущениям, ситуация получше, чем с государственными. Мусора тоже хватает, конечно, но, как ни странно, через путинский асфальт пробились и вполне живые растения, приносящие пользу. Например, в России сформировалось довольно массовое и эффективное волонтерское движение. Есть очень достойные и хорошо работающие благотворительные организации, которые появились как замена государственным структурам там, где чиновники демонстрировали полную несостоятельность. Мы часто возмущаемся, что в нашей богатой ресурсами стране всегда хватает денег на дворец президента и на ракеты с танками, а вот на операции детям приходится собирать средства эсэмэсками и с миру по нитке. Такая критика, разумеется, справедлива, но правда еще и в том, что деньги на эти операции детям все-таки собираются. Находятся неравнодушные люди, которые организуют эти процессы, находятся те, кто перечисляет средства; возникает общественная солидарность на фоне полной отрешенности государства от подобных проблем. Так что в этой сфере точно ничего ломать не стоит — надо просто предложить людям помощь и дать им возможность спокойно развивать свои инициативы.

С культурой сложнее. Соглашусь, пожалуй, что есть ощущение обреченности, хотя и не тотальной. Но, видимо, это признак эпохи — где сейчас нет ощущения обреченности? Мы все как будто пассажиры «Титаника», и творческие люди ощущают это более остро. Кто-то спасается, пытаясь запрыгнуть в шлюпку; кто-то мрачно напивается в корабельном баре в надежде успеть разрушить себя быстрее, чем произойдет столкновение с айсбергом; кто-то дает последний концерт на палубе, стремясь хоть немного облегчить участь окружающих.

Скажу откровенно: как «перезагрузить» российскую культуру, я не знаю. Возможно, стоит просто оставить ее в покое, избавить от госзаказа и давления сверху — просто дать возможность жить и развиваться самостоятельно.

Впрочем, все это, конечно, детали и частности, потому что первоочередная задача постпутинской эпохи — это закладка нового фундамента для устойчивого и цивилизованного развития России. Полагаю, нужна еще одна попытка созыва Учредительного Собрания, как это делалось после отречения от престола императора Николая Второго. На этом собрании избранные народом представители должны будут договориться о создании нового государства: Третьей Российской республики. Учредительное собрание подготовит проект новой Конституции, написанной не под конкретного политического лидера, а в интересах всего общества. После референдума о принятии Конституции и формирования новых органов власти правительство приступит к реформам, часть которых я упомянул выше.

Именно так я вижу следующий исторический период нашей страны. Или, правильнее сказать, хочу видеть его таким.

— *Почему, как вы считаете, повторяется русский цикл с одними и теми же стадиями?*

— Проблема в том, что в отличие от тех же европейских стран, мы имеем лишь теоретическое представление о народовластии. Демократическая традиция так и не сложилась, хотя я считаю, что для этого были все основания.

Российский народ часто подозревают в холуйстве, якобы заложенном в нас на генетическом уровне. Но вообще-то, если заглянуть в историю XX века, можно определить у нашего народа две ключевые ценности, которые во многом стимулировали наши национальные устремления. Речь про свободу и справедливость.

Но вот беда: мы никак не можем примирить эти ценности между собой, они всякий раз сталкиваются, образуя непримиримые противоречия. В 1917 народ страстно желал справедливости, но при создании нового государства сразу же пожертвовал свободой. А в 1991 году общество, наоборот, поднялось за свободу, но вскоре утратило основы справедливости. Ощущение, что этот маятник и отсутствие разумного баланса — наше национальное проклятие. Однако, возможно, проблема связана еще и с колоссальным размером нашей страны. На такой огромной территории всегда гораздо проще было сбежать от государства, чем бороться с ним за свои права, рискуя жизнью и личной свободой. Так складывалось веками. Кругом просторы: хочешь беги на юг, на Дон, откуда «выдачи нет», хочешь спасайся за Уралом, в сибирских далях, где тебя вряд ли найдут. Бегство от государства, вместо гражданского сопротивления, стало для людей в нашей стране способом выживания, адаптации, а также естественной формой протеста.

Замечу, что такая модель поведения сохраняется и сейчас — правда, в более глобальном масштабе. После объявления Путиным мобилизации сотни тысяч противников войны принялись штурмовать не Кремль, а пропускные пункты на границе, вновь предпочитая бегство сопротивлению. Но это тоже был протест, поскольку люди решились оставить свой дом, вместо того чтобы по призыву власти ехать на фронт и убивать украинцев. Хочу также обратить внимание, что уехало за эти месяцы из России как минимум вдвое больше граждан, чем было мобилизовано военкоматами. Полагаю, это лишнее свидетельство не очень высокого уровня популярности войны с Украиной

О героях перестройки

К перестроечным героям у меня сложное отношение. На этих людях лежала большая ответственность за страну и за реформы. И они, к сожалению, не справились. Постсоветский демократический энтузиазм быстро сошел на нет. Далеко не все лидеры новой России выдержали испытание коррупцией и роскошью. Вместо устойчивых демократических институтов, справедливого общества и социально ориентированной рыночной экономики мы получили олигархию, бандитский капитализм и войну в Чечне. Все это постепенно вполне естественным образом сформировало в обществе запрос на «жесткую руку» и выродилось в полицейское государство и диктатуру. Ну и напомню, что семья Ельцина буквально за руку привела в Кремль чекистов во главе с Путиным, обменяв будущее страны на личный комфорт и гарантии безопасности.

Вообще, опыт «прорабов перестройки» и постсоветской элиты девяностых требует серьезного осмысления и глубокого изучения. Как минимум для того, чтобы не повторять их ошибки и не наступать на те же грабли, когда в России вновь откроется историческое окно возможностей и появится шанс на демократические реформы.

— *Может ли сегодняшняя всемирная враждебность к России привести к тому, что протестную инициативу перехватит уже настоящий низовой фашизм? Сегодня преобладает инерция, а завтра это может оказаться искренняя всенародная ненависть и кровожадность. Желающих возглавить этот настоящий фашизм, уже не бюрократический и не сверху спущенный, сейчас полно.*

— Риск существует, и вы правы: главным образом он связан с внешней враждебностью, спровоцированной путинской агрессией.

Вообще до определенного момента угроза доминирования фашистских настроений в обществе не казалась мне слишком уж высокой. Ведь фашизм, помимо всего прочего, подразумевает предельную политизацию населения, фанатичность властных элит и сильную государственную идеологию, проникающую буквально в каждый дом и овладевающую умами масс. Система же, которую Путин строил в России с первого дня своего правления, была основана на иных, во многом противоположных, принципах.

В отличие от классических фашистов и национал-социалистов, Путин стремился деполитизировать общество, всячески отвлекая его от участия в делах государства ростом потребления. Элиты тоже были далеки от фанатизма: президент осознанно развращал их коррупцией и роскошью, сквозь пальцы глядя на их денационализацию и вывод капиталов за границу. Правящая партия, хоть и спекулировала темой национального единства, оставалась аморфной бюрократической массой. Да и никакой четкой и понятной идеологии и Путина за эти годы тоже не появилось; он просто жонглировал идеологическими терминами, исходя из популистских соображений — то объявляя себя либералом, то представлялся националистом, то возвращал большевистские символы, то открывал памятники жертвам большевистского террора.

За время, проведенное в Кремле, Путин создал не фашистский, а скорее персоналистский режим — режим личной власти. И базировался он вплоть до 24 февраля 2022 года на нехитром договоре, суть которого можно описать формулировкой «права в обмен на потребление». Проще говоря, президент купил лояльность общества, большая часть которого фактически добровольно отказалась от самостоятельного участия в политике. Такая сделка стала возможной благодаря сверхдоходам российской казны, связанным с ростом нефтяных цен в начале нулевых годов.

В чем суть сделки? Олигархи получили в распоряжение жирные куски национальной экономики и промышленности. Им разрешили жить с размахом арабских шейхов — сорить деньгами, приобретать виллы и яхты, приобретать английский футбольные клубы, демонстрировать роскошь. Условие: отказ от любых политических амбиций, безусловное принятие власти Путина и его роли третейского судьи в любых спорах.

Чиновникам был значительно повышен уровень жизни, обеспечен дополнительный коррупционный доход и гарантированы широкие привилегии. Условие: беспрекословное подчинение воле Путина, обслуживание и укрепление его политической монополии.

Население в основной массе также получило некоторый рост уровня жизни на фоне реанимированной нефтегазовыми инъекциями экономики. После кризисов 90-х у людей появились какие-никакие деньги, туристы даже из провинции стали ездить на отдых в Турцию и Египет, увеличилось число автовладельцев, заработало ипотечное кредитование. В общем, людям тоже стали перепадать крошки с барского стола. Условие: фактический отказ от гражданских прав и полная лояльность.

Немцов описывал это состояние общества словами: «Жить стало лучше, но противнее». Но факт в том, что и от фашистской практики такая модель общественно-политического устройства очень далека.

Сейчас же ситуация изменилась. Путин во многом пожинает плоды той самой деполитизации общества, которую сам же насаждал годами. То, что помогало ему удерживать власть раньше, теперь стало мешать. Политика мобилизовать народ военной пропагандой вызывает у людей скорее страх и желание спрятаться, переждать бурю. Энтузиастов, готовых брать в руки оружие и умирать за вождя, — минимум. Да и откуда им взяться? Людям обещали ипотеку и возможность безопасность ругать США на диване, а не большую кровавую войну. Я уверен, что раскачать общество в этом плане Путину не удастся.

Однако внешняя враждебность, становящаяся сейчас, судя по всему, мейнстримом не только по отношению к Путину, но и к русским, может дать крайне ядовитые плоды и радикально изменить настроения в нашем обществе.

Фашизм часто начинается именно с военного провала, который сопровождается высокомерием победителей, кабальной контрибуцией и чувством национального унижения побежденных. Если в обществе появляется амбициозный популист, способный манипулировать этим чувством, возникают крупные риски. Ведь именно так все и происходило в Германии после Первой мировой войны. Унизительные условия Версальского мирного договора немцы восприняли как оскорбление, как легализацию в европейской политике германофобии. Власти образованной в послевоенной Германии Веймарской республики (вполне демократические и цивилизованные власти, между прочим) многими немцами воспринимались как сборище предателей, забывших о национальных интересах своего народа. А появившийся на политической арене шумный ефрейтор, проливавший кровь за свою страну в окопах Первой мировой, произносил именно те слова, которые люди хотели слышать. Он стал для обиженных немцев символом национального возрождения и быстро завоевал популярность, которая в итоге обернулась трагедией и для Германии, и для всего мира.

В тюрьме я часто переписываюсь с западными журналистами. И всеми силами стараюсь донести мысль о том, как на самом деле опасна русофобия, признаки которой все более отчетливо проявляются. Унижая русских, оскорбляя наш народ, наказывая его за политику Путина, вы рискуете заложить бомбу замедленного действия. Путин не вечен, рано или поздно он уйдет. Но вот кто заменит его во главе России — вопрос открытый.

Если русофобия станет общим местом, а послевоенное урегулирование будет сопровождаться унижением нашего народа — это вполне может открыть дорогу в Кремль для популиста гитлеровского типа, который сейчас, возможно, сидит в окопе где-то у Днепра и фамилию которого пока еще никто не знает.

Если же мировое сообщество проявит мудрость; если осознает, что русский народ не соучастник путинских преступлений, что он заложник этого человека; если после войны русским протянут руку и помогут найти достойные место в семье цивилизованных стран — в этом случае будущий лидер России скорее будет похож на Конрада Аденауэра[59], чем на Адольфа Гитлера.

Об уехавших навсегда или на время

Думаю, многие хотели бы вернуться в Россию. Ясно же, что большинство людей, покинувших нашу страну после 24 февраля, сделали это вынужденно, по сути — спасались бегством. Либо потому что не хотели убивать и быть убитыми, попав под мобилизацию. Либо потому что опасались за свою безопасность на фоне усиливающихся репрессий. Либо потому что просто устали жить в страхе и духоте путинского режима. И важно понимать, что эмигрантская жизнь — не сахар. Ладно, если ты успешный айтишник с хорошим английским: сможешь освоиться в любой точке земного шара. А учителя? А офисные работники? А юристы, врачи, инженеры? Пенсионеры, наконец? Все они, по сути, выживают за границей, перебиваясь случайными заработками и проедая сбережения. Многие к тому же столкнулись с дискриминацией и несправедливыми обвинениями в причастности к агрессивной политике российского правительства.

Мне кажется, заметная часть последней волны эмиграции потянется обратно, как только закончатся боевые действия. Даже если окончание войны не будет связано с отстранением Путина от власти и режим сохранится, люди все равно потихоньку начнут возвращаться. И дело, кстати, не только в бытовом дискомфорте, языковом барьере, не только в сложностях трудоустройства. Я переписываюсь со многими эмигрантами и хочу сказать, что тоска по дому — это не пустые слова. Люди за границей часто ощущают себя потерянными, оторванными от чего-то родного. Они ждут лишь повода, чтобы приехать назад. Даже гарантий безопасности не потребуется — довольствуются и иллюзией нормализации.

Впрочем, хватает, конечно, и людей, которые пускают корни на новой земле. И чем дольше они живут за границей, тем меньше шансов на их возвращение. Речь про хороших и востребованных специалистов, обладателей редких навыков и знаний, профессионалов своего дела. Таким людям, чтобы решиться на обратный переезд в Россию, и правда потребуются серьезные гарантии безопасности и свободы, которые невозможны без смены политического режима. Понятно, что никаким гарантиям Путина они не поверят: нынешний президент в их глазах тотально дискредитирован. Они захотят своими глазами увидеть глубокие реформы, реинтеграцию страны в европейское сообщество и международные институты. Будущей российской власти придется всерьез бороться за возвращение этих людей, потому что при строительстве новой России их знания, опыт и мышление будут очень востребованы.

— *Есть ли в современной России политики будущего или, как это уже случалось, всем придется обучаться на ходу?*

— Если у России есть будущее (во что я искренне верю), значит и политики будущего, конечно, найдутся. Вообще, эпоха перемен может вывести на первые роли не профессиональных политиков, а неожиданных людей, которые сейчас заняты в совсем иных сферах. Давайте, например, вспомним Восточную Европу в период «бархатных революций» конца восьмидесятых годов. Коммунистических функционеров заменяли во власти докеры, рабочие, преподаватели вузов, представители культуры... Лех Валенса, Вацлав Гавел... И между прочим, неплохо справлялись — уж точно не хуже, чем перекрасившиеся комсомольцы и деятели КПСС в нашей стране. Помните, как шутила про наши девяностые годы Валерия Новодворская? Левые в России — это коммунисты, говорила она, а правые — комсомольцы.

Впрочем, проблема, которую вы обозначаете, действительно существует. Для того чтобы серьезно заниматься политикой, голого энтузиазма недостаточно. Нужны и теоретические знания, и навыки, и возможность набраться опыта. Проще говоря, нужна школа, где старики могли бы делиться знаниями и опытом с молодыми, а молодые — толкаться локтями и учиться конкуренции. Нужна независимая и творческая политическая среда, из которой выходили бы живые политики, а не деревянные солдаты Урфина Джуса. Ничего общего с такой атмосферой в России нет, как нет и школы. Отсутствует нормальная партийная система, культура дебатов, да и независимая политика как таковая.

Хочешь заниматься политикой, юноша? А папа у тебя при этом не генерал ФСБ? И даже не министр? Что ж, тогда у тебя две двери на выбор. Можешь идти в «Единую Россию», холопствуй там, выслуживайся. Однажды получишь шанс стать региональным депутатом, который голосует по команде. Ну или сходи в баню к престарелому партийному вождю: он там, говорят, щедро депутатские мандаты раздает, а иногда (если повезет) есть шанс и губернаторское кресло отхватить. Ой, прости, дружок, эта дверь, кажется, захлопнулась... Престарелый вождь отдал богу душу, там теперь новая метла. Но ты все равно сходи, на месте сориентируешься.

Все, кто хочет заниматься независимой политикой в нашей стране, это по большому счету самоучки. Мне, наверное, повезло немного больше, поскольку я рано начал и успел поработать с разными людьми, которые занимали высокие должности, руководили страной в разные годы и довольно щедро делились своим опытом государственного управления и публичной политики. Я впитывал, как губка, все, что слышал от Явлинского, много лет руководившего парламентской фракцией, от Касьянова, возглавлявшего кабинет министров, от Немцова, который успел поработать губернатором, и вице-премьером, и законодателем на всех уровнях. И считаю, что в отличие от многих мне действительно повезло.

Но хорошая новость в том, что даже через асфальт иногда прорастает что-то живое. Вопреки всему, в России, например, появилось вполне достойное муниципальное движение. Это феномен, потому что у нас и местного самоуправления-то, по сути, нет, оно в руинах. А хорошие районные и городские депутаты, даже главы муниципальных образований все равно на этих руинах появились. Причем это не местечковое, а довольно широкое явление: когда мы собирали форумы независимых депутатов, я своими глазами видел этих людей из самых разных регионов, слушал их удивительные истории, перенимал их опыт и делился своим. Вот эти люди, работающие на земле, как мне кажется, и станут кадровым источником для будущих органов власти свободной России. Если вы, например, дали бы мне задание в течение недели сформировать правительство Москвы, то, наверное, как минимум на две трети оно состояло бы их вчерашних муниципальных депутатов.

Об оппозиции

«Объединение оппозиции» — это красивая мантра, которую мы все любим повторять, но которая, как мне кажется, сегодня лишена какого-либо сущностного содержания. Что вообще значит в нынешней ситуации объединение оппозиции? Кто-то из оппозиционеров сидит в российских тюрьмах и колониях, кто-то проводит форумы «хороших русских» в Европе, многие разъехались по разным городам мира, от Лондона до Сиднея. Как объединить этих людей? И главное — зачем? Создать визуальный совет оппозиции, где все виртуально пожмут друг другу руки ради красивой картинки? Ну это можно.

Только все мы знаем цену подобным объединениям. Плавали — знаем. Сегодня все объединились, а завтра разбежались по фракциям и принялись увлеченно бороться за места в президиуме, интриговать, скандалить и публично бить посуду на нашей уютной оппозиционно-коммунальной кухне.

Стоит ли снова городить этот огород? Сомневаюсь. С моей точки зрения, объединение имеет практический смысл, лишь когда происходит вокруг какого-то конкретного проекта. Например, если возникнет необходимость выдвинуть единого кандидата в президенты. Или сформировать предвыборный блок, претендующий на большинство в парламенте (ну или хотя бы на что-нибудь претендующий). Или для проведения крупной уличной манифестации. Такое объединение может быть эффективным, потому что у него есть четкая цель. А объединение ради объединения или ради красивой фотографии не работает — опыт российской оппозиции вполне наглядно это доказал.

Да и вообще, единая структура сегодня скорее сделает оппозиционное и антивоенное движение уязвимым и лишит его мобильности, маневренности. Мы живем в эпоху горизонтальных связей и коммуникаций — они и должны быть в основе нашего движения. Они — а не иерархия. Нам нужно много лиц. Нужны популярные и не связанные друг с другом информационные ресурсы как в России, так и за ее пределами. Нужна большая сеть автономных ячеек по всей стране. Такое движение силовикам гораздо сложнее разгромить, чем классическую партию с председателем и политсоветом, которую можно обезглавить буквально одним днем в результате полицейской операции.

Объединено такое движение должно быть лишь общим пониманием целей и задач, а также мораторием на публичные конфликты (хотя бы пока идет война). Ну а когда придет время, из этой среды обязательно вырастут и политические партии, и кандидаты в президенты, и общественные организации. Потому что эта среда, по сути, и есть гражданское общество.

О Навальном

Думаю, их основная задача — сломать Навального. Нет надобности углубляться в историю и вспоминать советских диссидентов. Перед глазами хватает и свежих примеров, когда люди, столкнувшись за решеткой с психологическим давлением и пыточными условиями, публично отрекаются от своих принципов, подписывают какие угодно бумаги и сдают товарищей.

Основатель телеграмм-канала Nexta Роман Протасевич, арестованный в Беларуси, не выдержал давления местного КГБ. Сотрудничает с пропагандой Лукашенко, отрекся от своей так же арестованной невесты, сдал всех и вся. А по новому уголовному делу об «экстремистском сообществе» против ФБК ключевым свидетелем обвинения выступает бывший сотрудник фонда Паша Зеленский. Искренний и хороший парень, которого в тюрьме запугали, сломали и склонили к предательству.

Очевидно, что мучители Навального преследуют примерно такую же цель в его отношении. Авторитет Алексея в обществе основан в первую очередь на его личном мужестве и несгибаемости. Он никогда ничего не боялся и всегда стоял на своем. По задумке властей, теперь надо показать людям другого Навального: униженного, сломленного, признающего вину, отрекающегося от своих взглядов и сторонников, умоляющего о пощаде. Как этого добиться? Созданием пыточных условий, невыносимых для человека. Постоянным напряжением психики. Нескончаемым психологическим давлением.

Я, кстати, уверен, что и место содержания Навального выбрано не случайно. Он сидит в лагере на территории Владимирской области, то есть под Владимиром. Это очень похоже на свойственный Путину криминально-дворовой юмор. Легко представить, как он с фирменной ухмылочкой дает указание начальнику ФСИН: «Пусть этот сидит под Владимиром».

Честно говоря, я сам не понимаю, как Навальный до сих пор держится. Не понимаю, как он до сих пор не сошел с ума. Удивительно, но его выступления в суде, его шутки, его тексты создают впечатление, что он психически гораздо здоровее и крепче тех, кто сидит в Кремле.

Есть для Навального и еще один большой риск: озлобиться, сделать месть смыслом своей жизни и основным источником питания. Но, судя по всему, это тоже не про Алексея. Я читал его призыв освободить Саакашвили из грузинской тюрьмы. Хороший и мудрый текст человека, душа которого не отравлена злобой. Он пишет о милосердии и о том, что власть не должна сводить личные счеты с оппонентами, гнобить их. На то она и власть.

В общем, факт в том, что у Путина не получается сломать Навального в колонии. Третий год пытается — без результата. И судя по всему, терпение уже на исходе, поскольку теперь наряду с психическим давлением к Алексею стали применять физическую силу...

Не думаю, что на сегодняшний день поставлена задача физически ликвидировать Алексей за решеткой. Тем не менее я всерьез опасаюсь, что это может случиться. Потому что если Путин осознает, что Навального невозможно поставить на колени, он может и психануть.

О Каспарове

Не хочу переходить на личности и опускаться до выяснения отношений. Скажу лишь одно: я всегда жалел, что Гарри Каспаров чемпион по шахматам, а не по футболу. Потому что футбол — игра командная.

— *Что будет с Кадыровым? Есть ли у него шансы возглавить Россию?*

— Надо признать, что Кадыров оказался нетривиальным персонажем с чрезвычайно развитым политическим чутьем. Его детство прошло в полуразрушенной республике на фоне войны. Отец объявлял джихад России и был заметной фигурой в движении чеченского сопротивления федеральным войскам. По понятным причинам Рамзану не хватает образования и воспитания, но это с лихвой компенсируется практически звериными инстинктами и готовностью зубами рвать любого, кто претендует на его кусок добычи. Кадыров с детства видел много крови, привык к ней и без малейших сомнений готов сеять смерть, если это помогает достичь желаемого результата. Это важная особенность и главное конкурентное преимущество Кадырова в российской политике, которое помогло ему добиться нынешнего положения.

Давайте вспомним, как Рамзан шел к своему лидерству в Чечне. После гибели отца во время взрыва на грозненском стадионе Кадыров — младший совсем не выглядел фаворитом в борьбе за власть в республике. Совсем еще молодой и неотесанный, в спортивном костюме на встрече с Путиным в Кремле. Кроме фамилии, как многим тогда казалось, у него нет ни единого серьезного козыря. При этом его конкурентами были действительно могучие фигуры — с деньгами, с полицейским влиянием, с большими погонами, с силовым ресурсом. Но это «сытые львы», уже приученные играть по относительно цивилизованным правилам. Кадыров же бы голодным и злым волком, и никаких правил для него не существовало. Он окружил себя такими же молодыми и голодными — вчерашними боевиками, готовыми драться за свое будущее. И они начали драться, действуя, как чикагские гангстеры в двадцатых годах прошлого века.

Бойцы Рамзана устраивали перестрелки с охраной президента Алу Алханова на улицах Грозного. Они изрешетили полковника ФСБ Мовлади Байсарова, когда тот парковал машину на Кутузовском проспекте. Влиятельный депутат госдумы Ямадаев получил пулю в голову посреди Москвы через 10 минут после того, как вышел из Белого дома. Его брата, героя России, наемный убийца настиг в столице ОАЭ. Кадыров расправился со всеми, невзирая на чины и заслуги. Он взял за основу старомодный принцип «винтовка рождает власть», выложил дорогу во власть трупами и омыл ее кровью своих врагов.

Стоит отметить, что все это не очень-то вписывалось в изначальный план по умиротворению Чечни, придуманный Путиным. После гибели Кадырова — старшего Кремль пытался выстроить в республике сложную политическую конструкцию, основанную на противовесах, на балансе и на конкуренции местных кланов. Но молодой борз разломал эту конструкцию и, если использовать средневековую метафору, явился во дворец Путина с отрезанными головами своих конкурентов в руках.

Что оставалось Путину? Либо уничтожить наглеца, продолжив возводить в Чечне сложные конструкции без гарантий успеха. Либо смириться с тем, что отныне Чечня — это Рамзан Кадыров, вручить ему мандат сюзерена и согласиться, что он единственный и безальтернативный представитель этой территории, с кем разговаривает Москва. Он же в свою очередь гарантирует спокойствие на вверенной ему земле в обмен на щедрый поток денег из федерального бюджета. И Путин выбрал второй вариант, потому что, очевидно, понял: этот отморозок действительно сможет держать под контролем беспокойную республику, до сих пор создававшую столько проблем.

За прошедшие после описанных событий 15 лет Кадыров повзрослел, заматерел и теперь уже сам производит впечатление сытого «короля джунглей». Впрочем, его инстинкты не притупились: он не стал менее злым, он не изменяет своим методам, а главным источником власти в Чечне по-прежнему остается огнестрельное оружие. Финансовые потоки из Москвы он тратит не только на нужды республики и свою роскошную жизнь — все эти дворцы, спортивные машины, личный зоопарк, гонорары голливудских звезд, выступающие на его днях рождения. Он создает еще и собственную армию, хорошо вооруженные и подготовленные подразделения. Около 20 тысяч бойцов, которые подчиняются и лояльны лично ему. Кадыров явно готовится к будущим битвам, время которых придет в первую же постпутинскую эпоху.

Но станет ли Кадыров претендовать на главное кресло в Кремле? Сомневаюсь. За все эти годы, несмотря на ультрапатриотическую риторику, Рамзан психологически так и не адаптировался в России, не ассоциирует себя с этой страной. Он чеченец из девяностых, а мы для него — страна, бомбившая его родной дом и уничтожавшая его земляков. Страна, которую он смог победить с помощью хитрости и коварства, обманул и вынудил платить. Однако в душе — я уверен — все так же ненавидит Россию, как в свои 16 лет, когда он «убил первого русского». И воспринимает Россию как пищу, неисчерпаемый источник добычи.

Я думаю, что настоящий стратегический интерес Кадырова — это Северный Кавказ. Вижу его амбиции в том, чтобы в период грядущей (и, видимо, к сожалению, неизбежной) большой нестабильности забрать у России часть территорий, граничащих с Чечней, и провозгласить на этой земле «кавказские эмираты» со столицей в Грозном. Его амбиции в том, чтобы стать основателем и лидером такого государства.

Для этого ему нужна собственная армия — а не для похода на Кремль. Для этого под шум канонады российско-украинской войны он выпрашивает у Министерства обороны РФ системы ПВО для своего родного Центороя. И подозреваю, что именно этот сценарий Рамзан обсуждает со своими друзьями-шейхами во время «государственных визитов» в страны арабского мира.

О себе

Я политик в стране, где не осталось политики. Кто-то вроде рыбака в пустыне или пчеловода на мясокомбинате. На самом деле таких исчезающих профессий сейчас становится все больше. Журналисты, например, которым после закрытия всех независимых СМИ практически не оставили работы в России. Или адвокаты, которые продолжают отчаянно биться в судах, но сами понимают, что исход дел от их усилий и аргументов больше никак не зависит: приговоры по факту пишутся еще до начала процессов.

С одной стороны, все это грустно и кажется безнадежным. С другой — интересный вызов. Попробуй-ка выловить рыбу среди песчаных просторов. А мне к такому не привыкать. Например, в 2017 году я решил выиграть выборы в районе, где живу, и стать его главой. Мои товарищи крутили пальцем у виска. Какие муниципальные выборы, ты о чем вообще? В стране давно уже нет никаких выборов, нас тут убивают и сажают. А ты будешь ходить по квартирам с агитационной листовочкой? И я отвечал: да, буду ходить с листовкой. Да, буду агитировать. Потому что я политик. А политик должен участвовать в выборах. Пусть даже таких, где в любой момент могут снять с дистанции, посадить, украсть голоса.

В Кремле и в мэрии над нами тоже посмеивались: посмотрите на дурачков, на выборы они идут. Против нас! Против нашего административного ресурса! Против нашей пропаганды! Мы даже особо напрягаться не будем и без всяких фальсификаций загоним вас в двухпроцентное гетто.

Ну и вы помните, чем закончилась та история. Вместе со своей командой я взял да и выловил рыбу в пустыне. Мы победили на выборах в стране, где и выборов-то уже не было. Превратили «Единую Россию» в оппозиционную партию в отдельно взятом московском районе. И следующие несколько лет я занимался нормальной политической работой на выборной должности, пусть и с минимальными полномочиями, пусть и под постоянным давлением. Но продолжал ходить с удочкой по пустыне. Сейчас же я пытаюсь оставаться публичным политиком, сидя в тюрьме, — и это тоже нетривиальный опыт. Стараюсь быть голосом антивоенной части российского общества: регулярно публикую из-за решетки тексты, говорю правду о военных преступлениях, выступаю с колонками и интервью в российской и мировой прессе. Использую судебную трибуну, чтобы оппонировать Путину и людям, реализующим его политику. Ну а что делать, если не дают парламентскую трибуну? Использую ту, что есть в наличии. Наверное, кто-то скажет, что все это лишено смысла и заведомо обречено. История нас рассудит, а я отвечу словами героя «Пролетая на гнездом кукушки»: «Я хотя бы попробовал».

— Не следует ли будущей России начать с пенитенциарной реформы, чтобы тюрьма перестала быть главной скрепой общества и главным сдерживающим страхом?

— Начать все же следует, я считаю, с реформы судебной системы и обеспечения ее независимости. То есть с того, чтобы радикально снизить вероятность попадания за решетку невиновных и гарантировать людям правовую возможность защитить себя от тюрьмы. Сейчас судьи по факту ощущают себя игроками одной команды вместе со следователями и прокурорами. Их, судей, так воспитывают с первых шагов в системе, и понятно, что у системы формируется обвинительный уклон.

Судья, видя, например, ошибки в ходатайстве следователя, зачастую сам подсказывает и помогает их исправить. Любые сомнения трактуются не в пользу обвиняемого. Свидетель защиты всегда вызывает у судьи скепсис, а свидетелю в форме сотрудника МФД он верит безоговорочно, поскольку, как пишут в приговорах, «у полицейского не может быть мотива вводить суд в заблуждение, он лицо незаинтересованное».

Если на вас надели наручники, то в понимании типичного судьи вы уже виновны, даже если вина еще не доказана, а аргументы следователя о необходимости заключить вас под стражу слабые и формальные. Роль адвокатов сводится к функции статистов, их просто не слушают. И процент оправдательных приговоров остается на уровне жалких долей процента.

У меня создается впечатление, что абсолютное большинство работников судебной и правоохранительной системы в нашей стране стали жертвами неправильного, извращенного понимания идей братьев Вайнеров, изложенных в «Эре милосердия». Ну книгу, может, кто-то и не читал, зато все смотрели «Место встречи изменить нельзя». И все слышали рык Высоцкого в образе капитана Жеглова: «Вор должен сидеть в тюрьме». Все кивают. Ну а что? Правильно же говорит Глеб Егорыч. Конечно, должен сидеть в тюрьме — где ж ему еще сидеть-то? И в этих очевидностях теряется, забывается контекст, остается непонятным аргумент Шарапова о том, что «закон — не кистень» и нельзя сыщикам его под себя подстраивать.

Жеглов говорит: «Наказания без вины не бывает». Да как же не бывает, если ты сам, сука, невиновного человека в камере на Петровке держал, чуть жизнь ему не сломал? И даже не нашел в себе мужества извиниться.

В общем, суды — в первую очередь. Я бы для начала, например, запретил работать судьями бывшим силовикам, прокурорам, следователям, чтобы их профессиональная деформация не переносилась в судебную систему. А вот адвокатам — пожалуйста. Если среди судей станет больше бывших защитников, то, глядишь, и процент оправдательных приговоров подрастет; немного выровняется этот чудовищный дисбаланс.

Однако и пенитенциарная реформа, несомненно, окажется в числе главных приоритетов новой власти. Впервые попав в уголовный изолятор и оглядевшись по сторонам, я подумал: а ведь тюрьмы у нас в таком состоянии, потому что люди, принимающие решения и законы, никогда не видели их изнутри и не примеряли на себя. Они живут в счастливом неведении, уверенные в том, что сами никогда не окажутся в этих обшарпанных и переполненных камерах, не будут пользоваться этими грязными сортирами, не станут давиться баландой.

Перефразируя группу «Сплин»: тюрьма — это то, что бывает с другими.

Но мировоззрение быстро меняется, когда хозяева жизни волею суде все же попадают за решетку. Сидельцы в «Лефортово» говорят, что бывший сенатор Арашуков едва ли не каждый день посыпает голову пеплом, сожалеет, что не занимался проблемами арестантского быта, когда имел такую возможность во власти. А в изоляторе «Медведь» конвойный в красках описывал мне, как встречал у дверей обвиненного в коррупции бывшего главу ФСИН Реймера. Тяжело дыша, он вывалился из автозака, затравленно посмотрел по сторонам и заплакал, как ребенок, жалуясь на узкие скамейки и тесноту. И он прав: в этих КамАЗах даже скот возить негуманно. Только вот эти условия для арестантов сам же Реймер и создавал...

Важно понимать и то, что тюрьма очень эффективно используется следствием как инструмент давления на обвиняемых, и в этом смысле система заинтересована в том, чтобы изоляторы были сосредоточением ужаса и дискомфорта.

Сегодня ты спишь в своей уютной и теплой постели — и вдруг резко переносишься в чистилище на пороге ада. Забитые под завязку камеры, сигаретный смог, лязг дверей, спящие прямо на полу люди, снующие по углам мыши... Неподготовленный человек переживает такой стресс, что готов на какие угодно условия и сделки, лишь бы вырваться и снова оказаться дома. И вот тогда появляется следователь, который просит всего лишь подписать признание вины в обмен, скажем, на домашний арест или даже подписку о невыезде. И неважно, виноват ты на самом деле или нет. Раз попал сюда, значит виноват; система не ошибается. Тебе же Высоцкий в кино объяснил: наказания без вины не бывает. А то послушаешь вас, так все кругом невиновные... Ну что ты там возишься? Подписал, что ли? Молодец. Так, теперь еще одна небольшая формальность: надо дать показания на этого и на этого гражданина. Как это ничего плохого про них сказать не можешь? Я с тобой тут в игры, что ли, играю? Передумал домой ехать, обратно в камеру хочешь? Или, может, тебя в пресс-хату определить? Пиши!

Надо ли добавлять к сказанному, что в девяти из десяти случаев те, кто подписывает все эти признания, показания и прочие бумажки, остаются за решеткой? Потому что система эта еще и иррациональна, с явными признаками садизма. Если ты ломаешься под давлением, тебя добьют и доломают.

И вот что я хочу добавить. Люди, претендующие на власть в будущей России, нынешние оппоненты Путина, хорошо знают, как работает система тюремного подавления личности. Мы сталкивались с этим на своей шкуре и всей душой презираем такие методы. Поэтому у нас есть личные мотивы выкорчевывать всю эту гниль.

Тюрьма стала центральным элементом господствующего в России культа насилия. Государство ставит перед системой исполнения наказаний задачу сломать психику человека, унизить, подчинить его чужой воле. Так быть не должно. Общее направление всех будущих реформ должно исходить из гуманизации общественной жизни, искоренения того самого культа насилия.

— *Кем вы хотите быть, когда вырастете, в смысле когда выйдете? Есть ли у вас конкретная работа мечты и конкретная должность, которую вы хотели бы занимать в России будущего?*

— Мне много что интересно. Я получал настоящее удовольствие, работая главой района на муниципальном уровне. Хотя полномочий было совсем мало, все равно видеть конкретные результаты своего труда очень приятно, и это здорово мотивирует.

Думаю, я мог бы неплохо себя проявить и в законодательной власти. Меня привлекает парламентская трибуна, я люблю работать с законами и придумывать правовые нормы, которые могли бы на практике делать жизнь людей лучше.

Но если говорить о по-настоящему серьезных вызовах, то, конечно, мне хотелось бы попробовать свои силы в московской мэрии. Я родился и вырос в столице, люблю свой город, и у меня очень сентиментальное отношение к Москве. Мечтаю прожить здесь жизнь и хочу сделать Москву процветающим, удобным, счастливым — лучшим городом Земли. Кстати, работа на земле, в муниципалитете, дала в этом смысле важный практический опыт, поскольку я увидел изнутри, как работает система городского хозяйства и управления, понял ее изъяны и разобрался в тонкостях, которые сложно понять извне.

Думаю, из меня и правда получился бы хороший мэр Москвы. Но знаете, скажу откровенно: если в будущей российской власти я окажусь невостребованным, это не станет для меня трагедией. Мне было бы интересно поработать на некоторых должностях, но как таковой жажды власти я, к счастью, лишен. Насмотревшись на Путина, я уж точно не буду цепляться за кресла и мандаты.

Легко могу представить себя и без политики в будущем. Могу стать журналистом, например. Могу читать студентам лекции о современной России. Даже футбольным комментатором могу стать — почему нет?

В политике я до тех пор, пока чувствую внутреннюю потребность этим заниматься, и пока вижу, что моя работа востребована людьми. Если пойму, что морально устарел — уйду. А если не пойму, то, надеюсь, вы мне подскажете.

Об эмиграции

Я не готов говорить за других, но для себя такой вариант не рассматриваю. Если ценой моего освобождения является эмиграция — такая цена для меня неприемлема. Собственно, я и до ареста мог спокойно уехать за границу. Власти мне дали на это четыре месяца после начала войны и явно предпочитали видеть меня политэмигрантом. На первом допросе следователь вполне откровенно интересовался, почему же я не уехал. Мол, и времени тебе дали достаточно, и намекали, и подталкивали...

Мое тюремное заключение — это, помимо всего прочего, еще и борьба за право жить и работать в России. Я вполне допускаю, что власти будут готовы обменять меня на какого-нибудь провалившегося агента ГРУ. Но я плевать хотел на их хотелки. Я упирался и буду упираться, никуда не уехал из своей страны и никуда уезжать не собираюсь.

Так что никакого обмена. Я эту позицию изложил своим адвокатам еще в июле 2022 года, сразу после ареста.

Примечания

1 URL: https://holod101.global.ssl.fastly.net/2022/07/01/ilya-yashin/.

2 URL: https://youtu.be/asf1BNDIKVo.

3 Алексей Александрович Горинов (род. 26 июля 1961) — российский политик, муниципальный депутат Красносельского района города Москвы.

4 URL: https://t.me/alexei_gorinov_2022/150.

5 Михаил Сергеевич Лобанов (род. 24 февраля 1984) — российский ученый-математик, политический и общественный деятель, профсоюзный активист, доцент механико-математического факультета МГУ. 23 июня 2023 года включен в реестр иноагентов.

6 Главное управление по противодействию экстремизму МВД.

7 Здесь и далее курсивом даны сообщения от команды Ильи. Facebook: https://www.facebook.com/yashin.ilya. Сообщество на YouTube: https://www.youtube.com/channel/UCoHH5raTevyI35tfb1YF6qA/community.

8 АП — администрация президента РФ.

9 URL: https://youtu.be/8Cpf6lgfth.

10 https://www.bbc.com/russian/news-62293575

11 Изолятор временного содержания.

12 URL: https://youtu.be/bN1RWAjY_r4.

13 URL: https://www.dw.com/ru/ilja-jashin-nahodjashhijsja-v-moskovskom-sizo-7-otvetil-na-voprosy-dw/a-62770393.

14 URL: https://www.lemonde.fr/en/international/article/2022/08/12/imprisoned-russian-opponent-ilya-yashin-the-future-is-in-our-hands-no-one-can-save-us_5993359_4.html

15 Тайник с наркотиками.

16 URL: https://youtu.be/6Uf82Uw9OdA.

17 URL: https://www.youtube.com/watch?v=KrONV45bPmQ.

18 Имеются в виду референдумы в сентябре 2022 года о вхождении в состав России в ДНР и ЛНР, а также в Запорожской и Херсонской областях Украины.

19 URL: https://www.rusolidarnost.ru/putinym-nedovolny-kak-protivniki-vojny-tak-i-samye-radikalnye-ee-storonniki-intervyu-ili-yashina-portugalskomu-izdaniyu-observador/; https://observador.pt/especiais/entrevista-a-opositor-russo-preso-em-moscovo-para-manter-o-poder-putin-e-capaz-de-lavar-a-russia-com-sangue/.

20 Генеральный директор корпорации «Ростех».

21 URL: https://youtu.be/1LGHkhoarEQ.

22 URL: https://sobesednik.com/politika/20221107-ilya-yasin-za-pravo-zit-v-svoei-strane/.

23 Накопитель, где собирают арестованных до и после поездки в суд.

24 URL: https://elpais.com/internacional/2022-11-05/el-opositor-ruso-ilia-yashin-me-convirtieron-en-un-criminal-por-poner-en-duda-que-los-soldados-rusos-no-hubieran-matado-a-ningun-civil-en-bucha.html.

25 URL: https://meduza.io/feature/2022/11/23/tyuremnoe-zaklyuchenie-kogda-nibud-zakonchitsya-a-samouvazhenie-ostanetsya.

26 URL: https://www.youtube.com/watch?v=F6lJ2NakOaI.

27 СИЗО номер 4 находится в московском районе Медведково, отсюда и название «Медведь».

28 URL: https://zona.media/online/2022/11/29/yashin.

29 URL: https://youtu.be/ZDUhoX2vEvc.

30 URL: https://ovdinfo.org/interviews/2022/11/22/inogda-voznikayut-momenty-kogda-nelzya-prosto-otmolchatsya.

31 Старейшая благотворительная организация, оказывающая социальную, финансовую и юридическую помощь бездомным людям в Санкт-Петербурге и Москве.

32 Человек среднего возраста.

33 URL: https://www.youtube.com/watch?v=FNfoYJVS9wY.

34 URL: https://www.repubblica.it/esteri/2023/01/22/news/dissidenti_russia_ilja_jashin_ucraina-384402595/.

35 Российский актёр и телеведущий с «неоднозначной» позицией.

36 Антон Красовский — российский пропагандист

37 *Английская версия статьи*: https://time.com/6254450/ilya-yashin-a-message-to-the-world-from-inside-a-russian-prison/

38 По данным правозащитного сообщества «ОВД-инфо». Опубликовано изданием «Верстка». — Примеч. редакции Time.

39 URL: https://www.theguardian.com/world/2023/mar/04/ilya-yashin-kremlin-critic-speaks-out-from-russian-prison-putin-ukraine.

40 Си Цзиньпин —председатель КНР.

41 Федеральный закон от 4 марта 2022 года, устанавливающий уголовную ответственность «за распространение заведомо ложной информации об использовании вооруженных сил РФ». А также Федеральный закон от 25 марта 2022 года № 63-ФЗ «О внесении изменений в Уголовный кодекс Российской Федерации и статьи 150 и 151 Уголовно-процессуального кодекса Российской Федерации» за публичные действия, направленные на дискредитацию российской армии и действия госорганов за рубежом.

42 Полностью его можно прочитать здесь: https://holod.media/2023/04/05/ilia-iashin-interview/

43 Основной элемент экипировки страйкболиста — игровое снаряжение класса «мягкая пневматика» для метания с помощью сжатого воздуха или газовой смеси пластиковых шариков диаметром 6 мм.

44 https://republic.ru/posts/108013

45 URL: https://youtu.be/AkGvUva6LO8.

46 https://ovdinfo.org/stories/2022/12/01/arthausnaya-galereya-kotoruyu-ne-zahochesh-poseshchat-rasskaz-byvshego-fotografa

47 URL: https://youtu.be/btjr1ZMe5Gg.

48 URL: https://www.spiegel.de/ausland/kreml-gegner-ilja-jaschin-auf-russland-wartet-eine-blutige-ernuechterung-a-aca59dbe-04d8-44b4-b979-a96bf2b3b800?sara_ref=re-so-app-sh.

49 «Не ссылайтесь на моего мужа».

50 URL: https://rfi.my/9YIV.

51 URL: https://www.sibreal.org/a/pensionerku-posadili-za-napadenie-na-politseyskih-/32204278.html

52 URL: https://denikn.cz/1178638/rusky-vezen-svedomi-pise-prezidentu-pavlovi-z-cely-nejsme-zeme-vrahu/.

53 URL: https://zona.media/article/2023/06/27/yashin.

54 17 декабря 2010 года Мохаммед Буазизи совершил акт самосожжения в знак протеста против полицейской коррупции и жестокого обращения.

55 4 декабря 2011 года госдума впервые избиралась на 5 лет.

56 Досрочные выборы мэра Москвы 8 сентября 2013 года. Алексей Навальный набрал 27,24% голосов и вышел на второе место после Сергея Собянина.

57 Аннексия Россией Крыма в 2014 году.

58 Губернатор Хабаровского края Сергей Фургал был задержан около своего дома 9 июля 2020 и этапирован в Москву. 10 февраля 2023 года Фургал был осужден на 22 года колонии строгого режима.

59 Первый федеральный канцлер ФРГ в 1949–1963.

В издательстве Freedom Letters
вышли книги:

Дмитрий Быков
VZ. Портрет на фоне нации

Сергей Давыдов
СПРИНГФИЛД

Светлана Петрийчук
ТУАРЕГИ. СЕМЬ ТЕКСТОВ ДЛЯ ТЕАТРА

Вера Павлова
ЛИНИЯ СОПРИКОСНОВЕНИЯ

Сборник рассказов для детей 10–14 лет
СЛОВО НА БУКВУ «В»

Дмитрий Быков
БОЛЬ-
ШИНСТВО

Ваня Чекалов
ЛЮБОВЬ

Демьян Кудрявцев
ЗОНА ПОРАЖЕНИЯ

Евгений Клюев
Я ИЗ РОССИИ. ПРОСТИ

Алексей Макушинский
ДИМИТРИЙ

Александр Иличевский
ТЕЛА ПЛАТОНА

Сборник рассказов
МОЛЧАНИЕ О ВОЙНЕ

Людмила Штерн
БРОДСКИЙ: ОСЯ, ИОСИФ, JOSEPH

Людмила Штерн
ДОВЛАТОВ — ДОБРЫЙ МОЙ ПРИЯТЕЛЬ

Шаши Мартынова
РЕБЁНКУ ВАСИЛИЮ СНИТСЯ

Shashi Martynova
BASIL THE CHILD DREAMS
Translated by Max Nemtsov

Алексей Шеремет
СЕВКА, РОМКА И ВИТТОР

Сергей Давыдов
ПЯТЬ ПЬЕС О СВОБОДЕ

Ася Михеева
ГРАНИЦЫ СРЕД

Виталий Пуханов
РОДИНА ПРИКАЖЕТ ЕСТЬ ГОВНО

Юлий Дубов
БОЛЬШАЯ ПАЙКА
Первое полное авторское издание

Юлий Дубов
МЕНЬШЕЕ ЗЛО
Послесловие Дмитрия Быкова

Илья Бер, Даниил Федкевич, Н.Ч.,
Евгений Бунтман, Павел Солахян, С.Т.
ПРАВДА ЛИ
Послесловие Христо Грозева

Серия «Слова України»

Генрі Лайон Олді
ВТОРГНЕННЯ

Генри Лайон Олди
ВТОРЖЕНИЕ

Генрі Лайон Олді
ДВЕРІ В ЗИМУ

Генри Лайон Олди
ДВЕРЬ В ЗИМУ

Максим Бородін
В КІНЦІ ВСІ СВІТЯТЬСЯ

Андрій Бульбенко
Марта Кайдановська
СИДИ Й ДИВИСЬ

Олег Ладиженський
БАЛАДА СОЛДАТІВ
(Вірші воєнних часів)

Олег Ладыженский
БАЛЛАДА СОЛДАТ
(Стихи военных дней)

Александр Кабанов
СЫН СНЕГОВИКА

Алексей Никитин
ОТ ЛИЦА ОГНЯ

Валерий Примост
ШТАБНАЯ СУКА

Артём Ляхович
ЛОГОВО ЗМИЕВО

Сборник современной
украинской поэзии
ВОЗДУШНАЯ ТРЕВОГА

Серия «Февраль/Лютий»

Светлана Еремеева
МЁРТВОЕ ВРЕМЯ

**** *******

У ФАШИСТОВ МАЛО КРАСКИ

Денис Греков
ГОВОРЯЩАЯ НЕФТЬ

Сборник эссе
НОСОРОГИ В КНИЖНОЙ ЛАВКЕ

Серия «Не убоюсь зла»

Натан Щаранский
НЕ УБОЮСЬ ЗЛА

Выступления российских
политзаключённых и обвиняемых
НЕПОСЛЕДНИЕ СЛОВА

Серия «Отцы и дети»

Иван Тургенев
ОТЦЫ И ДЕТИ
Предисловие Александра Иличевского

Лев Толстой
ХАДЖИ-МУРАТ
Предисловие Дмитрия Быкова

Александр Грин
БЛИСТАЮЩИЙ МИР
Предисловие Артёма Ляховича

Содержание

Milton Keynes UK
Ingram Content Group UK Ltd.
UKHW021942281024
450365UK00018B/1223

9 781998 084975